Karl-Heinz Ruffmann:
Fragen an die sowjetische Geschichte
Von Lenin bis Gorbatschow

W0188355

Deutscher
Taschenbuch
Verlag

Von Karl-Heinz Ruffmann
ist im Deutschen Taschenbuch Verlag erschienen:
Sowjetrußland (4008)

Originalausgabe
September 1987
© 1987 Deutscher Taschenbuch Verlag GmbH & Co. KG,
München
Umschlaggestaltung: Celestino Piatti
Gesamtherstellung: C. H. Beck'sche Buchdruckerei,
Nördlingen
Printed in Germany · ISBN 3-423-10792-8

Das Buch

Siebzig Jahre sowjetische Geschichte von Lenin bis Gorbatschow im konzentrierten Überblick: Durch gezielte Fragestellungen gelingt es dem Autor, die wesentlichen Vorgänge sowie die Grundmerkmale und Entwicklungstendenzen der sowjetischen Geschichte zu erfassen und kritisch zu würdigen. Gilt für die Sowjetunion, daß Revolutionen, wie Marx es formulierte, »Lokomotiven der Geschichte« sind? Wie funktionstüchtig und wandlungsfähig ist das System der Sowjetunion? Ist die sowjetische Geschichte das Werk ihrer bedeutenden Führer? Wurde die sowjetische Außenpolitik von anderen als den üblichen Triebkräften einer Groß- und Weltmacht bestimmt? Und zuletzt eine der häufigsten Fragen: Wie wichtig war und ist die marxistisch-leninistische Ideologie für Vergangenheit und Zukunft der Sowjetunion?
Karl-Heinz Ruffmann, seit Jahrzehnten einer der hervorragenden Kenner der sowjetischen Geschichte, geht diesen Fragen in fünf Kapiteln nach und erläutert, wohin diese Großmacht voraussichtlich steuert – Rückblicke in die Zukunft, die seit Michail Gorbatschows Machtantritt von größerem Interesse denn je sind.

Der Autor

Karl-Heinz Ruffmann, 1922 in Memel/Ostpreußen geboren, ist seit 1962 ordentlicher Professor für Osteuropäische Geschichte und Zeitgeschichte an der Universität Erlangen-Nürnberg. Er veröffentlichte u.a.: ›Das Rußlandbild im England Shakespeares‹ (1952), ›Der Sowjetkommunismus. Dokumente‹ (2 Bände, 1963/1964), ›Kommunismus in Geschichte und Gegenwart. Ausgewähltes Bücherverzeichnis‹ (1966), ›Sowjetrußland. Struktur und Entfaltung einer Weltmacht‹ (1967), ›Sowjetunion‹ (1972), ›Kulturpolitik der Sowjetunion‹ (1973), ›Sport und Körperkultur in der Sowjetunion‹ (1980).

Inhalt

Für B.

Vorwort
Was will dieses Buch?

Das Buch will sieben Jahrzehnte sowjetischer Geschichte bilanzieren. Es geht dabei nicht um einen neuen, mehr oder weniger vollständigen Gesamtüberblick über Entstehung und bisherige Entwicklung des ersten kommunistisch regierten Staates der Welt im 20. Jahrhundert. Einen derartigen Überblick habe ich vor 20 Jahren, anläßlich der 50. Wiederkehr der bolschewistischen Oktoberrevolution, ebenfalls als Taschenbuch, vorgelegt und seither mehrfach ergänzt. Wie schon der Haupttitel des jetzigen Buches anzeigt, geht es diesmal darum, durch gezieltes Fragen einige wesentliche, vielleicht sogar zentrale Vorgänge, Grundmerkmale wie Hauptprobleme, Ergebnisse wie Entwicklungstendenzen der sowjetischen Geschichte zu erfassen, zu analysieren und kritisch zu würdigen.

Als Leitlinien dienen folgende Fragen, die – nach eigener dreißigjähriger Erfahrung in der akademischen Lehre und in der politischen Erwachsenenbildung – keineswegs nur von wissenschaftlichen Fach- und Sachkennern immer wieder aufgeworfen und diskutiert werden:

– Inwieweit trifft auf Sowjetrußland das berühmte Marx-Wort zu, daß »Revolutionen die Lokomotiven der Geschichte« sind?

– Inwieweit ist das nachrevolutionäre Sowjetsystem wandlungsfähig? Vor allem: Welche Ziele verfolgt und welche Erfolgsaussichten hat die von Gorbatschow begonnene Politik der »Erneuerung« und des »Umbaus«?

– Ist die sowjetische Geschichte nicht weitgehend das Werk und damit die Biographie großer Männer?

– Betreibt die Sowjetunion eine ganz »normale« Groß- und Weltmachtpolitik, oder sind ihrer Außenpolitik besondere, vielleicht sogar einmalige Triebkräfte und Zielsetzungen, zumindest jedoch Methoden eigen?

– Und schließlich die bislang wohl am häufigsten gestellte und höchst unterschiedlich beantwortete Frage: Wie

wichtig war und ist eigentlich die marxistisch-leninistische Ideologie?

Diese Probleme und die damit angesprochenen Determinanten sowjetischer Innen- und Außenpolitik sind – in
der angeführten Reihenfolge – Gegenstand von fünf, inhaltlich vielfach eng miteinander verbundenen Kapiteln;
auf sie konzentriert sich mein Interesse. Dafür werden
andere, gewiß ebenfalls wichtige Bereiche und Aspekte
bewußt vernachlässigt oder gar nicht berücksichtigt.

Zum Mut zur Lücke gesellt sich der Mut zur Prognose.
Rückblicke in die Zukunft möchte dieses Buch bieten;
dieses Vorhaben macht es allerdings erforderlich, etwas
ausführlicher zu begründen, woher dafür ausgerechnet
der Historiker als professionell nach rückwärts gewand-
ter Prophet die wissenschaftliche Legitimation bezieht.

Auszugehen ist von der in der modernen Geschichtswissenschaft, gleichgültig welcher Richtung und Cou-
leur, unstrittigen Einsicht, daß jeder Historiker in seiner
eigenen Zeit befangen, ihr unwiderruflich verhaftet ist. In
seinen mündlichen und schriftlichen wissenschaftlichen
Aussagen schwingen unüberhörbar Töne, wenn nicht gar
ganze Melodien aus seiner geistigen und sozialen Umwelt
mit, die auf ihn einwirkt, wird seine Gegenwarts- und
schon allein dadurch Standortgebundenheit sichtbar.
Standortgebundenheit als Gegenwartsgebundenheit heißt
aber nicht zuletzt, daß in das Forschen, Schreiben und
Lehren des Historikers seine bewußten oder unbewußten
Vorstellungen von Zukunft beziehungsweise solche seiner Zeit, seiner Gesellschaft in irgendeiner Weise ebenfalls mit eingehen. Denn Gegenwart und Zukunft sind
nicht voneinander zu trennen; die Zukunft ist das Feuer,
das die Gegenwart in jedem Augenblick buchstäblich
verzehrt.

Wenn es mithin richtig und unstritt ist, daß der Historiker nur von seiner eigenen Gegenwart her Geschichte schreiben, analysieren, interpretieren kann (weshalb
übrigens Geschichte stets neu geschrieben, analysiert und
interpretiert werden muß), dann ist auch das Element
Zukunft aus keiner historischen Betrachtung auszuschlie-
ßen, ist Zukunft selbstverständlich eine Kategorie der
Geschichte. Sie tritt in den Fragestellungen der Ge-

schichtswissenschaft fortlaufend in dreifacher Gestalt in Erscheinung: als »vergangene Zukunft«, als »historische«, das heißt im bereits abgelaufenen Geschichtsprozeß aufgetretene und entwickelte Prognose, sowie – mit beidem auf das engste verbunden – als »kommende Zukunft«.

Dies alles zusammengenommen zeigt und belegt wohl hinreichend, daß, wie sehr und warum der Historiker sein wissenschaftliches Geschäft in Forschung und Lehre nach der Devise »Blick zurück in die Zukunft« betreibt. Diese nur scheinbar paradoxe, tatsächlich von meiner Zunft seit eh und je praktizierte Arbeitsdevise hebt einerseits unmißverständlich die der Geschichte gestellte Aufgabe hervor, als gegenwarts- wie zukunftsbezogene Gedächtnisstütze und Orientierungshilfe zu fungieren. Zum anderen weist und rechtfertigt die Losung »Blick zurück in die Zukunft« den methodischen Weg, den ein Historiker, der genau in diesem Sinne Zeitgeschichte als integralen Bestandteil einer vernünftigen Gegenwarts- und Zukunftsorientierung zu begreifen sucht, bei der Durchführung seines hier anstehenden Vorhabens einzuschlagen sich entschlossen hat.

Unter dem Doppelmotto »Woher kommt die Sowjetunion?« und »Wo befindet sich die Sowjetunion heute?« beschäftigen sich die einzelnen Kapitel in der Regel am ausführlichsten mit den Vorgängen und Problemen, die in der vergangenen beziehungsweise defizienten Zukunft des Landes und Imperiums bis hin zur unmittelbaren Gegenwart in Erscheinung getreten sind. Darauf gestützt, auch unter Einbeziehung historischer, früher bereits gestellter Prognosen, werden unter dem Motto »Wohin geht die Sowjetunion?« dann erheblich knapper, aber erneut in fast jedem Kapitel, mögliche oder gar wahrscheinliche Entwicklungstendenzen in absehbarer Zukunft, das heißt in den ausgehenden achtziger und beginnenden neunziger Jahren, aufzuzeigen und zu bewerten versucht.

Zwar meint der Kölner Sowjetologe Heinz Brahm apodiktisch feststellen zu müssen: »Die Prognostik ... gehört nicht zum Metier des Kremlologen« (H. Brahm: Grenzen und Möglichkeiten der Kremlologie, in: Sowjetsystem und Ostrecht. Festschrift für Boris Meissner. Ber-

lin 1985). Sein sofortiger Zusatz: »Er kann ... durchaus
Trends aufspüren, muß dies in der gebotenen Vorsicht
tun«, umreißt indessen sehr genau meine Zielsetzung einer argumentativen Vorausschau, die nicht beanspruchen
will und darf, sogenannte sichere Voraussagen zu liefern.
Das wäre »Futurologie«, die in der Tat abzulehnen ist,
weil schon der Begriff unterstellt, »es gäbe eine Wissenschaft der Zukunft, die fähig wäre, mit Sicherheit auszu-
sagen, was sein wird« (B. de Jouvenel: Die Kunst der
Vorausschau. Berlin/Neuwied 1967). Wegen der sattsam
bekannten Arkan-Praxis der Sowjetunion muß sich im
übrigen selbst derjenige leider viel zu häufig als »Kremlo-
loge« betätigen, der sich »nur« mit bisheriger sowjetischer Politik und Geschichte befaßt.

Gewiß muß man sich, noch dazu angesichts des gegenwärtig (Anfang 1987) ungewissen Ausgangs der Reformpolitik Gorbatschows, vor unqualifizierten Mutmaßungen und sensationsträchtigen Thesen ebenso hüten wie
vor Fallstricken von Kontinuitätsstereotypen, in denen
westliche Rußland- und Sowjetunionforscher sich häufig
genug verfangen haben, ohne gebührend zu berücksichtigen, daß die Kategorie der Veränderung das eigentlich
Geschichtliche, weil das aller Geschichte innewohnende
dynamische Element ausmacht. Zugleich ist freilich – mit
Jürgen Habermas – seit geraumer Zeit und aus vielerlei
sattsam bekannten Gründen (tiefgreifende Wirkungen
der neuen technologischen Revolution auf Produktions-
sphäre und – nicht nur – Arbeitswelt; Bürokratisierung
aller ohnehin total vernetzten gesellschaftlichen Probleme; Schwerfälligkeit, teilweise sogar Unregierbarkeit vieler Prozesse; bis hin zum möglichen Untergang im Feu-
ersturm atomarer Vernichtungswaffen) überall eine Aus-
zehrung und Verkümmerung der großen Entwürfe, der
welterklärenden und weltverändernden Programme zu
konstatieren, eine Erschöpfung jener Energien, denen mit
»dem politisch wirksamen Geschichtsbewußtsein eine
utopische Perspektive« (J. Habermas) eingespeist wird.

Deshalb lautet die Frage an die sowjetische Geschichte,
die meine Darlegungen in fast jedem Kapitel begleitet,
vielfach sogar wie ein roter Faden durchziehen wird: Wie
vital oder erschöpft ist die utopische Perspektive im je-

weils real existierenden Sowjetsozialismus, und droht ihm in absehbarer Zukunft ein totaler Utopieverlust?

Ein Anhang mit biographischen Angaben zu den bisherigen »ersten Männern« der Sowjetunion und einer Zeittafel zur sowjetischen Innen- und Außenpolitik kann vielleicht behilflich sein bei der Lektüre des Buches. Es berichtet über die Sowjetunion aus der Sicht eines Historikers, der sich darum bemüht, kühle Distanz und engagierte Nähe zum Untersuchungsgegenstand in ein zumindest ungefähres Gleichgewicht zu bringen.

Erlangen, im Mai 1987   Karl-Heinz Ruffmann

Erstes Kapitel
Sind Revolutionen die Lokomotiven?

Diese erste Kernfrage an die sowjetische Geschichte ist dem bekannten provokativen Marx-Wort aus dem Jahr 1850 entlehnt: »Die Revolutionen sind die Lokomotiven der Geschichte.« Sie geht aus von dem in Ost und West unstrittigen Sachverhalt, daß die Oktoberrevolution ab 1917 und Stalins Revolution von oben ab 1928 fundamentale und unauswechselbare Ecksteine im Gesamtgebäude der Sowjetmacht sind. Die bolschewistische Forderung nach der »Weltrevolution« verweist zugleich auf die internationale Dimension der innerrussischen Vorgänge. Dementsprechend zielt unsere Leitfrage darauf ab, weist sie dem Kapitel als Hauptaufgabe zu, Richtung und Richtungssinn, Charakter und Reichweite der beiden bolschewistischen Revolutionen unter dem vorrangigen Aspekt ihrer Lokomotivfunktion, das heißt Modernisierungsfunktion, zu bestimmen sowie daran einige gegenwarts- und zukunftsbezogene Überlegungen als Ausblick anzuschließen.

Ausgangspunkt ist der gemeineuropäische Entwicklungszusammenhang. Die Geschichte der Neuzeit steht seit jetzt zweihundert Jahren im Zeichen der Revolution. Sie ist, wie der konservative Staatsrechtler Friedrich Julius Stahl in auffälliger Übereinstimmung mit Karl Marx ebenfalls schon 1850 seinen Berliner Studenten prophezeite, seit 1789 »eine Weltmacht geworden, und der Kampf für und gegen sie erfüllt die Geschichte«. Erst recht wird man heute, nach den gewaltigen revolutionären Umbrüchen, die inzwischen nicht nur in Europa stattgefunden haben, Hannah Arendt darin beipflichten müssen, daß die Revolution mit ihrem Anspruch, »die Sache der Menschheit zu vertreten«, »als politisches Phänomen ... zu den modernsten Gegebenheiten gehört«, daß sie »das geheime Leitmotiv des neunzehnten Jahrhunderts war« und »daß kein Historiker die Geschichte unseres eigenen Jahrhunderts je wird erzählen können, ohne sie am Faden der Revolution aufzureihen«.

Derartige Feststellungen der bedeutenden amerikanischen Politikwissenschaftlerin deutscher Herkunft in ihrem 1963 erschienenen Werk ›Über die Revolution‹ (deutsche Ausgabe 1965) treffen gewiß nicht nur, aber doch in ganz besonderem Maß auf Rußland in der ersten Hälfte des 20. Jahrhunderts zu. Dabei bezeichnet, nach landläufiger Auffassung, das Revolutionsjahr 1917 sowohl den entscheidenden Wendepunkt der neueren russischen Geschichte als auch einen Vorgang von welthistorischer Bedeutung, weil er weit über das unmittelbar betroffene Land hinaus tiefgreifende politische, soziale und geistige Wirkungen ausgelöst hat.

Um darauf näher und kritisch eingehen zu können, ist zuvor eine knappe und griffige, durch keinen ideologischen Deutungsansatz vorbelastete Bestimmung des Begriffs der neuzeitlichen Revolution angebracht. Bei direkter und alleiniger Ableitung aus dem Prozeß der Geschichte stellt Revolution im modernen Sinne eine grundstürzende und grundlegende gesellschaftliche Veränderung dar, die nicht mehr – wie vor 1789 – ein bloßes »revolvere« als Rückkehr zum Schon-Dagewesenen, zum Guten und Alten auf welcher Ebene auch immer zum Inhalt hat, sondern die mit dem Ziel, etwas qualitativ völlig Neues zu erreichen, bewußt gewollt wird und sich zumindest partiell im Sinne des so Gewollten vollzieht. Im Rahmen unserer Themenstellung verdient dabei folgendes besondere Beachtung: Es brachte (erstens) ein neues Selbstverständnis der Menschen, wie es im 18. Jahrhundert wirksam wurde, den modernen Revolutionsbegriff hervor: der Gedanke des »unendlichen Fortschritts« in der menschlichen Geschichte, der weltimmanente Glaube an die Entwicklung der Dinge, das »Pathos der Zukunft«, die Ablehnung einer »ewigen Weltordnung« (K. Griewank). Streben nach Revolution heißt insoweit auch immer Streben nach Fortschritt und Modernisierung, Revolution will seit 1789 Lokomotive des Fortschritts sein. Und der angestrebte und vollzogene Umbruch, der ein Bewußtsein von der Fähigkeit des Menschen zu autonomem Handeln voraussetzt, kann (zweitens) sowohl die Gesellschaft im Ganzen als auch nur einzelne ihrer Bereiche erfassen, dementsprechend als

Totalrevolution oder als politische, soziale, technisch-industrielle oder kulturelle Revolution in Erscheinung treten.

Konzentriert und eingeschränkt auf die Leitfrage des Kapitels, soll deshalb in ihm vor allem veranschaulicht werden, inwieweit die bolschewistischen Revolutionen ab 1917 und ab 1928, jede für sich und beide zusammen, nach dem Willen ihrer Urheber und Gestalter für Rußland in dessen gesellschaftlichen Hauptbereichen und insgesamt einen »Neuanfang unter entschiedenstem Bruch mit der Vergangenheit« (K. Griewank) darstellen. Danach ist noch kurz zu klären, ab wann und warum sich die Sowjetunion in einer inzwischen eindeutig nachrevolutionären Entwicklungsphase befindet und ob ihr in absehbarer Zukunft eine neue Revolution (im gerade gekennzeichneten Sinne) bevorstehen könnte.

Die letzte allgemeine Vorbemerkung gilt dem wohl unstrittigen, jedenfalls unschwer zu begründenden Sachverhalt, daß die heutige Sowjetunion in mehrfacher Hinsicht »moderner« erscheint als ihr Vorgänger, das spätkaiserliche Rußland. Nicht zuletzt dank ihrem Herrschaftssystem ist sie politisch-funktional mit Abstand höher integriert, sozial viel reicher differenziert und wirtschaftlich wie bildungsmäßig weit fortgeschrittener. Als epochale Wendemarke zur sowjetischen Moderne in wohlgemerkt allen genannten Bereichen wird dabei häufig bereits die Oktoberrevolution bezeichnet, verstanden natürlich nicht als bloß punktuelles Ereignis der Machtergreifung der Bolschewiki in Petrograd am 25. Oktober/7. November 1917, sondern als längerer Prozeß, der mindestens bis zu deren endgültiger Machtbehauptung 1920/21, mit seinen unmittelbaren Wirkungen und Folgen sogar bis weit in die zwanziger Jahre reicht. In einem ersten Untersuchungsschritt ist nun die Tragfähigkeit eines solchen Urteils auszuloten.

Daß die Oktoberrevolution das politische System in Rußland grundlegend verändert, im Ergebnis die Alleinherrschaft der leninistischen Partei »neuen Typs« fest und dauerhaft etabliert hat, kann wohl fast als Binsenwahrheit gelten, bedarf zumindest keiner sofortigen Erläuterung und Begründung. Außerdem ist dieses Herrschaftssystem gerade unter dem Aspekt seiner Neuartigkeit auch Thema des nachfolgenden Kapitels. Hier und jetzt geht es primär um die Frage, inwieweit es sich im Verlauf der Revolution wirklich als progressiv erwies beziehungsweise ob ihm gar, verglichen mit der Zeit vor 1914/17, rückschrittliche und desintegrierende Züge eigen waren.

Die Antwort darauf hängt zunächst einmal grundsätzlich und generell vom wissenschaftlichen Standort und ideologischen Blickwinkel des jeweiligen Betrachters ab. Folgt man westlichen Modernisierungstheorien, für die, so sehr sie im übrigen voneinander abweichen mögen, der Zuwachs an politischem und sozialem Pluralismus ein wesentliches Modernitätskriterium ist, wird man Rex Rexheuser unbedingt beipflichten müssen: »Im Aufriß der politischen Institutionen stehen Anfang 1917 neben- und gegeneinander das Ancien Régime mit Zar, Bürokratie und Armee, die Duma und ein breit ausgefaltetes Netz legaler, illegaler und halblegaler Parteien und politisierender Organisationen. Bis Mitte 1918 ist das Ancien Régime verschwunden, dazu die Duma mitsamt ihrem Nachfolger, der Konstituante, und die Räte, die an den Platz beider getreten waren, haben eine unverkennbare Tendenz, sich ins Werkzeug einer Partei zu verwandeln – der einzigen politischen Organisation, die vom reichen Spektrum des Frühjahrs 1917 übriggeblieben war.« So gesehen unternahm die Oktoberrevolution politisch einen eindeutigen Reduktionsschritt; und zu ihm gesellte sich im Frühjahr 1921 ein für Entwicklung und Charakter des sowjetkommunistischen Herrschaftssystems bis heute insofern fundamentaler und richtungsweisender Vorgang gleicher Qualität, als mit dem damals vom X. Parteikongreß beschlossenen Verbot der Fraktionsbildung auch politische Demokratie und politischer Pluralismus *innerhalb* der allein regierenden Partei »neuen Typs« institutionell beseitigt wurden.

Parallel dazu erfolgte ein ebenfalls durch die Oktoberrevolution bewirkter sozialer Reduktionsprozeß großen Stils. Ihn hat erneut Rexheuser, mein langjähriger und ältester Erlanger Mitarbeiter, knapp und treffend so umrissen: »Mit der Nationalisierung des Kapitals und Bodens verschwinden Eigentum und Eigentümer von einer gewissen Größenordnung aus dem Sozialgefüge, im landwirtschaftlichen Bereich überdies ein ganzes Bündel von Funktionen und Berufen, die ökonomisch, administrativ und agrotechnisch an die Existenz der aufgelösten Großbetriebe gebunden waren und in der bäuerlichen Kleinwirtschaft nicht mehr gebraucht wurden.« Durch die Oktoberrevolution ist mithin auch eine bis 1917 vorhandene beziehungsweise sich entwickelnde Berufs-, Funktions- und Rollenvielfalt in der russischen Gesellschaft zunächst drastisch verringert worden.

Zu einer völlig anderen, konträren Bewertung gelangt natürlich jeder, der der marxistisch-leninistischen Entwicklungstheorie folgt. Nach ihr mündet bekanntlich der historische Prozeß überall in der Welt als Geschichte von Klassenkämpfen am Ende notwendigerweise ein in die proletarische Revolution und die Errichtung einer sozialistisch/kommunistischen Wirtschafts- und Gesellschaftsordnung, beides herbeigeführt durch die Avantgarde des Proletariats, die leninistische Kaderpartei als die dazu allein befähigte und legitimierte Machtinstanz. Aus dieser – für die sowjetkommunistische Geschichtsschreibung absolut verbindlichen – Sicht stellen grundsätzliche Beseitigung von politischem und sozialökonomischem Pluralismus bürgerlich-kapitalistischen (und insofern untauglichen, ja schädlichen) Zuschnitts sowie Errichtung und Sicherung der bolschewistischen Einparteidiktatur fundamentale Eckpfeiler, für Fortschritt und Modernisierung im sowjetischen Sinne unerläßliche »Errungenschaften« der gerade und vor allem deshalb »Großen Sozialistischen Oktoberrevolution« dar; und es sind überdies Errungenschaften, denen ein global gültiger Vorbildanspruch zukommt, die die Oktoberrevolution zum »Angelpunkt der sowjetischen Auffassung von Weltgeschichte« (G. Schramm) machen.

Meine eigene Einschätzung orientiert sich, weitgehend unabhängig von beiden angeführten Erklärungsmodellen, vorrangig an realgeschichtlichen Vorgängen von 1917 bis zur Mitte der zwanziger Jahre. Thesenhaft vorweggenommen und danach näher, sogar sehr eingehend erläutert und begründet, erlauben diese Vorgänge drei Feststellungen, die auf unsere Kapitalfrage mehrere wichtige Teilantworten geben.

Einerseits hat die Oktoberrevolution 1917 den durch die vorangegangene Februarrevolution ausgelösten, aber schon nach wenigen Monaten teils stagnierenden, teils ungeregelten Umgestaltungsprozeß Rußlands dynamisiert und radikalisiert, einen unter Dampf stehenden, aber steckengebliebenen Revolutionszug wieder in Gang und zugleich auf einen neuen Kurs gebracht. Andererseits führte sie rasch und teilweise nicht bloß kurzfristig zu einer weitgehenden Desintegration der russischen Gesellschaft in politischer, sozialer und vor allem auch wirtschaftlicher Hinsicht. Schließlich scheiterte sie mit ihrem keineswegs peripheren Bemühen, als Initialzündung und Lokomotive die »Weltrevolution« im marxistisch-leninistischen Sinne voranzubringen.

Die erste der drei Feststellungen stützt sich auf die folgenden Sachverhalte: Die durch die Februarrevolution als Werk kriegsmüder Massen von der Käseglocke des zaristischen Systems befreite Gesellschaft war und blieb zutiefst gespalten, befand sich weiterhin in einem Zustand schwerer innerer Zerrissenheit. Die neuen Institutionen politischer Macht und das Verhalten ihrer Träger machten dies rasch offenkundig. »In der Parallelexistenz von Provisorischer Regierung als Repräsentanz der *bürgerlichen* Demokratie einerseits und Räte-(Sowjet-)Organen als Vertretung der *revolutionären* Demokratie andererseits äußerte sich die fortwirkende soziale Kluft, welche die gebildeten Oberschichten Rußlands von der großen Mehrheit der Bevölkerung trennte.« (D. Geyer) Aus dem so begründeten Dualismus der Macht mit der schicksalhaften Rollenverteilung zwischen Provisorischer Regierung und Petrograder Sowjet wurde binnen weniger Monate ein Dualismus der Ohnmacht mit restlosem Autoritätsverfall der Regierung samt staatlicher Verwaltung ebenso wie mit weitgehender Handlungsunfähigkeit der zentralen Räteorgane. Es kam zu einer durch allgemeine Instabilität, Stagnations-, Lähmungs- und Auflösungserscheinungen gekennzeichneten Dauerkrise. Erst Lenins Bolschewiki, die selbst die Krise bewußt und nachhaltig förderten, um dann mit Hilfe des von ihnen inzwischen beherrschten hauptstädtischen Sowjets beziehungsweise dessen von Trotzkij geleiteten Militärrevolutionären Exekutivkomitees die Macht in Petrograd an sich zu reißen, haben mit ihren umgehend verkündeten Regierungserlassen zur schnellstmöglichen Herbeiführung eines Friedensschlusses mit den Mittelmächten, zur sofortigen Übergabe allen Landes in die Verfügungsgewalt der Bauern, zur »Arbeiterkontrolle über die Produktion« und zur Gewährung von »Freiheit und Gleichheit« für alle Völker Rußlands den Zustand völliger Stagnation im revolutionären Prozeß ganz im Sinne der elementaren Wünsche und Forderungen der überwältigenden Mehrheit der total kriegsmüden, vorwiegend agrarischen, aber auch der industriellen und der multinationalen Bevölkerung zu überwinden vermocht.

Schon Trotzkij betont in seiner bei allem parteiischen Engagement »klassischen« Darstellung der Geschichte der Russischen Revolution die enge Wechselbeziehung zwischen elementarem Massenaufstand und organisierter Verschwörung in der bolschewistischen Oktoberrevolution. Noch prägnanter formuliert der sowjetische Historiker und Dissident Roy Medwedew: »Die Oktoberrevolution war im Grunde die erste große Volksbewegung, in der dem Faktor Spontaneität keine entscheidende Bedeutung zukam; die organisiert und exakt in fast völliger Übereinstimmung mit dem aufgestellten Plan durchgeführt wurde.« In der Tat war sie, im Unterschied zum Elementarausbruch der spontanen Februarrevolution, die auf konspirativem Wege planmäßig vorbereitete und durchgeführte Machtergreifung einer Minderheit auf der Grundlage, mit der Schubkraft einer tiefen revolutionären Massenströmung, handelten die Bolschewiki, allen voran Lenin und Trotzkij, »als geschickte Steuerleute auf dem reißenden Strom einer Massenbewegung« (G. Schramm).

Das alles bedeutet, daß eine Charakterisierung der Oktoberrevolution vornehmlich oder gar ausschließlich als Verschwörung bzw. als deren Ergebnis, nämlich als gelungener Staatsstreich, unzureichend und unzulässig ist, weil die Funktion des elementaren Volkswillens in ihr offenkundig recht hoch veranschlagt werden muß. Die

Bolschewiki konnten im Herbst 1917 zwar bei der breiten Masse und selbst bei der ihnen am ehesten günstig gesonnenen Arbeiterschaft kaum auf begeisterte Zustimmung, wohl aber auf deren tiefe Enttäuschung über die bisherige Entwicklung und die dafür verantwortlichen politischen Kräfte bauen. Lenins plebiszitäre Politik in der Phase des unmittelbaren Umbruchs trug wesentlich bei zur überraschend schnellen Machterringung in der Provinz und erwies sich als wirksames Instrument beim ersten Bemühen um Stabilisierung der Macht. Für eine kurze Zeitspanne waren oder schienen zumindest Oktoberrevolution und noch nicht zum Abschluß gekommene, allein aus eigener Kraft zur Überwindung der lähmenden Dauerkrise nicht fähige Volksrevolution weitgehend identisch (Hauptstichworte: Frieden, Land, Selbstbestimmungsrecht). Die *danach*, erst in einer zweiten Umbruchphase, einsetzende Politik des Rates der Volkskommissare zur Ingang- und Durchsetzung eines spezifisch bolschewistischen Transformationsprogramms bereitete dieser ursprünglichen Übereinstimmung freilich ebenso rasch ein Ende. Die Revolution von oben geriet in immer offeneren Widerspruch zur Revolution von unten, und im Zuge dieser Entwicklung wurde der ohnehin niedrige und schwankende Pegel gesellschaftlicher Integration nochmals drastisch gesenkt. Oder anders, noch deutlicher im Sinne unserer zweiten pauschalen Vorwegfeststellung, die jetzt näher zu erläutern ist, formuliert: Im Verlauf und als Folge der Oktoberrevolution fand ein unübersehbarer politischer, sozialer und wirtschaftlicher Desintegrationsprozeß statt von allerdings unterschiedlicher Dauer, Intensität und Tragweite in den drei genannten Bereichen.

Ganz offenkundig, durch prominente Zeit- und Erlebniszeugen wie vor allem durch die Fachforschung zweifelsfrei belegt, sind Organisationsschwäche und weitgehende Machtlosigkeit beziehungsweise zerstörerischer Machtgebrauch, kurzum, das Nichtfunktionieren der durch die Oktoberrevolution geschaffenen Staatsgewalt. Die Dekrete der neuen Regierung, des Rates der Volkskommissare, besaßen, wie ihr hochrangiges Mitglied Trotzkij im historischen Rückblick einräumt, monatelang »eine mehr propagandistische als administrative Bedeutung«; und nach dem nicht minder aufschlußreichen Urteil eines Angehörigen des Volkskommissariats des Innern aus dem Frühjahr 1918 stellte das damalige Räte-Rußland kaum mehr als ein Konglomerat »unverbundener, einfacher, örtlicher Sowjets« dar, die nur der allen gemeinsame Haß gegen die alte Ordnung zusammenhielt, während sie im übrigen »autonom«, auf eigene Faust und nach eigenem Gutdünken handelten. Dazu gehörten nicht zuletzt Selbstjustiz, Rauben und Plündern, Mord und Totschlag. Der keineswegs antibolschewistische Maxim Gorkij sah darin im Januar 1918 als tief empörter Beobachter vor Ort Hauptkennzeichen des revolutionären Alltags in Petrograd und beschuldigte Lenins Regierung, unter Berufung auf das »Interesse des Volkes« Andersdenkende »verhaften, erschießen, ermorden zu lassen und ihre Feinde mit Verleumdungen und Lügen zu verunglimpfen«. Gorkij hat hier wohl ganz konkret vor Augen die allen Angst und Schrecken einjagende Tätigkeit der Anfang Dezember 1917 gegründeten Tscheka (russische Abkürzung für »Außerordentliche Kommission«), die Lenin als Vorsitzendem des Rats der Volkskommissare unmittelbar unterstellt war und als neues Organ der »revolutionären Gewalt« alle »Feinde der Arbeiterklasse« einer brutalen Terrorjustiz unterwarf.

Der erst im Frühsommer 1918 ausgebrochene Bürgerkrieg hat mithin diese Entwicklung nicht verursacht, sie und den Zerfall der staatlichen Ordnung allerdings weiter vorangetrieben. Zur nunmehr völlig ungezügelten Willkür des »roten« wie des »weißen« Terrors gesellte sich die Auflösung eines Großteils der Sowjets, die sich auf dem flachen Land, wo immerhin fast 80 Prozent der Bevölkerung lebten, meist ohnehin nur so genannt hatten, tatsächlich jedoch Dorfversammlungen in den alten Formen bäuerlicher Selbstverwaltung geblieben waren. Der Versuch, daneben wenigstens die armen Bauern in sogenannten Komitees der Dorfarmut zu organisieren, mußte schon im Herbst 1918 völlig ergebnislos abgebrochen werden. Schließlich äußerte sich die Ohnmacht des im März 1918 endgültig in die nunmehrige Hauptstadt Moskau übergesiedelten Rates der Volkskommissare darin, daß angesichts seiner Unfähigkeit, die Wirtschafts- und Transportprobleme und das hieß konkret vor allem: die Versorgung der notleidenden Bevölkerung auch nur einigermaßen in den Griff zu bekommen, zeitweise in nahezu allen Teilen Rußlands halbautonome, mit der Zentralregierung konkurrierende Regionalverwaltungen und Gebietsregierungen entstanden.

Die strukturellen Schwächen und die daraus resultierende Desintegration der Staatsgewalt konnten auch von der seit März 1918 allein regierenden bolschewistischen Partei nicht aufgefangen, geschweige denn beseitigt werden, weil diese – entgegen dem von ihr immer wieder propagierten Leit- und Selbstbild – damals ebenfalls weder festgefügt noch funktional durchorganisiert, noch straff diszipliniert war. An der Basis, sieht man von Petrograd, Moskau und einigen anderen städtischen Zentren ab, kaum mehr als »der Sammelname einer lose, weit und dünn übers Land verstreuten Gruppe von Gesinnungsgenossen, die gemeinsam an gewisse Stichworte glaubten« (R. Rexheuser) und dementsprechend vor Ort auf eigene Faust handelten, besaß sie zwar mit dem Zentralkomitee (ZK) ein, was die personelle Zusammensetzung anbelangt, hochkarätiges und kompetentes Führungsgremium, dessen damals 19 Mitglieder jedoch durch überaus heftige Auseinandersetzungen über den Kurs der Außen- und Innenpolitik (Friedensschluß mit dem imperialistischen Deutschland, Grundstruktur der Wirtschafts- und Verfassungsordung) die Partei mehr als einmal zu spalten drohten. Erst der sich rasch ausweitende Bürgerkrieg, der Kampf ums politische Überleben, bewirkte ein – zeitweiliges – Verstummen der innerparteilichen Opposition und im März 1919 die Errichtung einer neuen, ebenso elitären wie schlagkräftigen Führungsspitze in Gesalt des zunächst nur aus fünf Mitgliedern bestehenden Politbüros.

Daran unmittelbar anknüpfend sowie unter nachdrücklicher Betonung der herausragenden (im dritten Kapitel näher zu würdigenden) Rolle Lenins läßt sich die siegreiche Machtbehauptung der Bolschewiki im Bürgerkrieg formelhaft zugespitzt so erklären: Eine dynamische Kombination von utopischer Zukunftsverheißung, nüchternem Realitätssinn, unbeirrbarem Machtbewußtsein und rücksichtsloser Gewaltanwendung behielt die Oberhand über ein statisches, weil letztendlich bloß restaurativ-rückwärtsgewandtes »Anti«. Das »Anti« verkörperten die gegnerischen Kräfte, weil sie nur in der bedingungslosen Ablehnung des bolschewistischen Regimes einig, im übrigen jedoch durch tiefe politische, soziale und teilweise auch nationale Gegensätze getrennt, ja zerrissen waren und weil sie kein konstruktives gesellschaftspolitisches Programm besaßen oder diesbezügliche Ansätze im Endeffekt überall dem meist reaktionär-restaurativen Geist und der vielfach großrussisch-nationalistischen Grundeinstellung ehemals zaristischer Offiziere und Beamter erlagen, die in den Führungsgremien der »Weißen« letztendlich den Ton angaben. Demgegenüber verkündete die Kerngruppe überzeugter Kommunisten in unerschütterlichem Glauben, auf dem allein richtigen Weg zu einer freieren, besseren und gerechteren Welt zu sein, unermüdlich utopische Zukunftsverheißungen. Allen voran tat das Lenin, der etwa in seiner Rede zum ersten Jahrestag der Oktoberrevolution, mitten im tobenden Bürgerkrieg und Kampf gegen Hunger und Not sowie für das eigene Überleben, absolut sieges- und zukunftssicher erklärte: »Wir leben in einer glücklichen Zeit, in der sich das, was die großen Sozialisten vorausgesagt haben, zu erfüllen beginnt . . .«

Daß und wie sehr sich damit nüchterner Realitätssinn koppeln ließ, zeigten, um nur zwei herausragende Vorgänge anzuführen, die schon im Frühjahr 1918 erfolgte Annahme des deutschen Diktatfriedens von Brest-Litowsk und genau drei Jahre später die abrupte Wendung vom fehlgeschlagenen »Kriegskommunismus« im wirtschaftlichen und sozialen Bereich zur »Neuen Ökonomischen Politik« (russische Abkürzung: NEP) mit weitgehenden Zugeständnissen vor allem an die »kleinbürgerliche Mentalität« der russischen Bauern. Unter dem Stichwort »Die Oktoberrevolution als wirtschaftlicher und sozialer Rückschritt« wird darauf noch einzugehen sein.

Unbeirrbarem Machtbewußtsein entsprang schließlich die mit rücksichtsloser physischer Gewaltanwendung erzwungene Gleichsetzung der Kommunistischen Partei mit dem Proletariat und der Revolution, die Durchsetzung des Dogmas von der unbedingten Identität von bolschewistischer Parteiherrschaft und Sozialismus. Mit dieser Legitimation wurden vollzogen:

1. die Zerschlagung und das Verbot der in den kritischen Bürgerkriegsjahren 1919/20 in den Sowjets noch geduldeten demokratischen sozialistischen Parteien, insbesondere der Sozialrevolutionäre und der Menschewisten;
2. unter Einsatz geballter militärischer Machtmittel die massenhafte Exekution der streikenden Petrograder Arbeiter und aufständischen Kronstädter Matrosen, die im Februar und März 1921 als einst zuverlässigste bolschewistische Vortrupps spontan gegen die (wie es im politischen Programm der Kronstädter Kommune hieß) »Polizeimaschine der kommunistischen Autokratie« aufbegehrten;
3. die Zentralisierung und Bürokratisierung der bolschewistischen Partei bei gleichzeitiger weiterer Konzentration der Macht in einer elitären Führungsspitze ab 1921/22.

Die Reorganisation der Partei und des (Räte-)Staates unmittelbar nach dem Bürgerkrieg wurde für beide zum Neuanfang. Für die Partei insofern, als nach einer noch 1921 begonnenen ersten Parteisäuberung bereits Anfang 1922 nur mehr zwölf Prozent ihrer Mitglieder Altbolschewisten waren, das heißt, ihr schon vor der Oktoberrevolution angehört hatten, und als zugleich und vor allem in der Partei rasch und unaufhaltsam der Wandel vom Revolutionär zum Funktionär in einem neuen bürokratischen Apparat erfolgte, dessen Aufbau der in das ebenfalls neue Amt des Generalsekretärs berufene Stalin von oben nach unten vorantrieb. Für den Staat in Gestalt der Ende 1922 gegründeten, territorial mit dem Russischen Kaiserreich bald wieder weithin identischen »Union Sozialistischer Sowjetrepubliken« (UdSSR) erst recht insofern, als die Räte nach dem Vorbild der Partei zu hierarchisch gegliederten Verwaltungsorganen umgestaltet wurden und mit ihren revolutionären Vorgängern nur noch im Namen übereinstimmten.

Trotz einer mithin keineswegs geradlinigen und bruch-

losen Entwicklung seit 1917 und trotz, wie ebenfalls aufgezeigt, zeitweiser bedrohlicher Desintegrationserschei-
nungen ist dennoch eine ebenso grundstürzende wie
grundlegende Veränderung des politischen Herrschaftssystems in Rußland als dauerhaftes, bis heute gültiges
Ergebnis der Oktoberrevolution festzuhalten. Deren bolschewistische Lokomotivführer haben den von ihnen an-
gesteuerten Zielbahnhof »Politische Revolution« im In-
land erreicht und sich dort erfolgreich behauptet, auch
wenn die städtischen und vor allem die ländlichen Basis-
organisationen der Partei wie der Sowjets bis zum Ende
der zwanziger Jahre keineswegs hinreichend funktionier-
ten, häufig genug sogar immer noch nicht existierten.

Geht man von der Leitfrage des ganzen Kapitels aus,
interessiert freilich am meisten und muß deshalb in einem
weiteren Untersuchungsschritt geklärt werden, inwieweit
die Gestalter und Gewinner der politischen Umwälzung
mit ihren eindeutig sozialrevolutionären Zielsetzungen
und Maßnahmen die gesellschaftliche und wirtschaftliche
Entwicklung auf neue Grundlagen gestellt und sie dadurch gefördert, gehemmt oder gar zurückgeworfen haben. Da es sich um höchst komplexe Vorgänge handelt,
soll zunächst ein darauf ausgerichteter chronologischer
Abriß die Antwort liefern und dabei gerade auch die
schon angesprochenen Desintegrations- und Reduktions-
prozesse in Wirtschaft und Gesellschaft während und
nach der Oktoberrevolution aufzeigen.

Zweifellos haben die Bolschewiki mit der bedingungslosen Nationalisierung sämtlicher Produktionsmittel und
mit der Schaffung eines Apparates zur zentralen Steue-
rung und Planung aller Wirtschaftsvorgänge sehr rasch
nach ihrer Machtergreifung in Petrograd die beiden
Grundpfeiler errichtet, auf denen das sowjetische Wirt-
schaftssystem seither ruht. Nicht von ungefähr standen
dabei ganz am Anfang gesetzliche Maßnahmen in den
Bereichen, die Lenin in Übereinstimmung mit der marxistischen Doktrin für besonders wichtige »Kommandohö-
hen der Volkswirtschaft« hielt. Dazu gehörte vor allem
der Apparat der Banken. Deshalb wurde schon im Dezember 1917 die Verstaatlichung aller Banken unter Ver-
einigung mit der Staatsbank angeordnet und damit die

Grundlage für das bis heute gültige sowjetische Banksystem geschaffen. Auf der gleichen Linie lag die im April 1918 verfügte Nationalisierung des Außenhandels, die zur Errichtung des ebenfalls bis heute unverändert gültigen Außenhandelsmonopols des Sowjetstaates führte. Schon vorher waren alle Industrieunternehmen »vergesellschaftet« und die Verwaltung zunächst gewählten Fabrikarbeiterkomitees übertragen sowie sämtliche Handelsbetriebe einschließlich des Kleinhandels enteignet und durch staatliche Verteilerorganisationen ersetzt worden. Lediglich auf dem Agrarsektor sah man sich anfangs zu einer gewissen Zurückhaltung veranlaßt. Denn hier wurde zwar ebenfalls sofort durch das Dekret über den Grund und Boden aller Privatbesitz abgeschafft, das Land jedoch größtenteils, unter der Aufsicht und Verfügungsgewalt von Dorfsowjets, den Bauern vorläufig noch zur individuellen Nutzung überlassen.

Was das ökonomisch bis weit in die zwanziger Jahre bedeutete, wird uns noch mehrfach beschäftigen. Während für die Sicherstellung der Ernährung das seit Mai 1918 mit diktatorischen Vollmachten ausgestattete Volkskommissariat für Versorgung verantwortlich zeichnete, war zur Durchführung der Verstaatlichung sämtlicher Industrie- und Handelszweige sowie zur Planung und Lenkung ihrer künftigen Produktion bereits im Dezember 1917 der »Oberste Volkswirtschaftsrat« mit 40 Hauptkomitees (1920 waren es bereits 59!) geschaffen worden. Ihm unterstanden im Januar 1921 Industriebetriebe mit zwei Millionen Beschäftigten, darunter über 5800 Betriebe der Großindustrie.

Aus alledem ist oft der Schluß gezogen worden, Lenin habe sofort nach der Erringung der politischen Macht nach einem vorher bis ins einzelne festgelegten Plan eine zweck- und zielbewußte Industriepolitik in die Wege geleitet. Tatsächlich prallten im Frühjahr 1918 innerhalb der bolschewistischen Partei zwei völlig entgegengesetzte Grundauffassungen über den Kurs und die Methoden aufeinander, die für richtig und notwendig erachtet wurden, um in Rußland möglichst rasch den Sozialismus zu verwirklichen. Während Lenin, unterstützt von Trotzkij, unter bewußter Einbeziehung oder zumindest Inkaufnahme in- und ausländischer Kapitalhilfe auf die Bildung eines Riesentrusts für die gesamte russische Schwerindustrie hinarbeitete, brandmarkten andere namhafte Bolschewisten, darunter Bucharin, dieses Konzept ihrer höchsten Parteispitze als »Sozialismus à la Rockefeller«, das heißt als Verrat an der Arbeiterklasse. Sie forderten statt dessen kategorisch, daß ein ökonomisches Rätesystem als oberste gesamtstaatliche Planungs-, Leitungs- und Kontrollinstanz die sofortige Massenvergesellschaftung aller Produktionsmittel organisieren und durchführen sollte. Tatsächlich kam in der bolschewistischen Industriepolitik zwischen 1918 und 1921 weit stärker dieses Programm als das Lenins zum Zuge, ohne freilich das katastrophale Ergebnis der gesamten frühsowjetischen Wirtschaftspolitik verhindern zu können.

Weil in den Betrieben, wo das leitende kaufmännische und technische Personal meist mit entfernt worden war, wie auch in der von vornherein aufgeblähten Wirtschaftsbürokratie keine qualifizierten Kräfte vorhanden waren und weil darüber hinaus die Bauern – noch dazu angesichts des Fehlens eines erlaubten Marktes zum Kauf und Verkauf von Gütern – nicht daran dachten, freiwillig Lebensmittel ohne Gegenleistung in die Städte zu liefern, entstand eine Wirtschaftskrise größten Ausmaßes. Die industrielle Produktion sank auf ein Drittel bis ein Viertel, die Agrarproduktion auf die Hälfte des Standes von 1913. Die Beschäftigtenzahl in Industrie und Gewerbe nahm bei Stillegung eines großen Teils der Betriebe um mehr als die Hälfte ab. Die daraus resultierende Arbeitslosigkeit, die katastrophale Ernährungslage und der Wunsch, bei der erhofften Neuverteilung von Grund und Boden mitberücksichtigt zu werden, veranlaßte rund acht Millionen Menschen, aus den Städten auf das Land zurückzuwandern. Hier kam es zum von den Bolschewisten geschürten Klassenkampf der sogenannten »Komitees der Dorfarmut« gegen die wohlhabenderen Bauern (Kulaken), denen das Dorfproletariat, angeführt und aufgewiegelt von aus der Stadt entsandten »Lebensmittelabteilungen« der Kommunistischen Partei, ihre Erzeugnisse unter brutaler Gewaltanwendung einfach wegnahm. Das so requirierte Gesamtvolumen machte allein 1920 etwa 50

Prozent der durchschnittlichen landwirtschaftlichen Jahreserträge von 1914 bis 1917 aus.

Im übrigen scheint Lenin angesichts der höchst prekären Lage der Versorgungswirtschaft in Rußland längere Zeit einem ausgesprochen naturalwirtschaftlichen Kommunismus gehuldigt zu haben. »Die Brotverteilung muß die Grundlage unserer Tätigkeit werden«, erklärte er am 2. Dezember 1919 vor dem Zentralkomitee seiner Partei und fuhr fort: »Nur dann, wenn wir diese Aufgabe lösen und ein sozialistisches Fundament besitzen werden, werden wir ... das ganze prächtige Gebäude des Sozialismus erbauen können, das wir mehr als einmal *von oben* zu bauen begonnen haben und das mehr als einmal wieder eingestürzt ist.«

Sozialismus – und das hieß natürlich zugleich auch: Revolution – von unten oder von oben, das war in der Tat die Gretchenfrage, vor die sich die Bolschewisten damals gestellt sahen. Nicht zuletzt an ihr entschied sich das Schicksal der Oktoberrevolution. Dabei sollte man nicht zu vorschnell dem Eindruck anheimfallen, als ob Lenin bereits vom Augenblick der Machtergreifung an jeden Gedanken an eine Weiterführung der sozialistischen Revolution von unten völlig zu den Akten gelegt hätte. Immerhin scheint er in den Wintermonaten 1917/18 eine erstaunlich hohe Meinung von der Bedeutung der revolutionären Spontaneität der Arbeiter gehabt zu haben, betonte er doch damals immer wieder, daß der Sozialismus von unten her, von den breiten Massen, aufgebaut werden müsse. Aber sein Vertrauen in diese revolutionäre Spontaneität der breiten Masse zahlte sich nicht aus, jedenfalls nicht in dem von ihm erhofften Sinne. Das vorwiegend syndikalistisch eingestellte russische Proletariat benutzte die bolschewistische Parole »Die Fabriken den Arbeitern!«, um sowohl die Erzeugnisse als auch das Inventar der Betriebe in die so dringend benötigten Nahrungsmittel umzutauschen. Lenin und seiner Partei blieb deshalb, sofern sie nicht das Land in wirtschaftliches Chaos versinken lassen wollten, keine andere Wahl, als die gewählten Fabrikarbeiterkomitees abzuschaffen und durch staatliche Kontrollinstanzen zu ersetzen. Vergegenwärtigt man sich, daß den Bolschewisten gleichzeitig eine noch größere Entäuschung von den Bauern bereitet wurde, die nicht nur aufhörten, das Land zu bebauen, sondern sich Ende 1920 zu Zehntausenden in antikommunistischen Guerilla-Einheiten zusammenrotteten, dann ergibt sich daraus für uns die Einsicht in die tiefe Diskrepanz, ja kaum noch überbrückbare Kluft zwischen den Wünschen und Erwartungen des überwiegenden Teils der Gesellschaft einerseits und den Zielsetzungen und der praktischen Politik der Gestalter und verantwortlichen Träger der Oktoberrevolution andererseits. Das wiederum bedeutete das Ende dieser Revolution als eines von breiten Bevölkerungsschichten zumindest zeit- und teilweise bejahten Prozesses.

Zugleich bedeutete es das katastrophale Ende des auf dem Höhepunkt der Krise 1919/20 unternommenen Versuchs der bolschewistischen Oktoberrevolutionäre, unter den Bedingungen des Krieges (mit den ausländischen Interventionstruppen) und des Bürgerkrieges auf den Ruinen der alten Wirtschafts- und Gesellschaftsordnung direkt und übergangslos eine völlig neuartige, die »kommunistische« Ordnung zu errichten, eine Ordnung ohne Geld und Steuern, Mieten und Abgaben, dafür mit einem staatlichen Verteilungssystem, das rasch zur bolschewistischen Versorgungsdiktatur entartete, und mit dem Staatsplan für Elektrifizierung (GOELRO), der nach Lenins plakativem Motto »Kommunismus = Sowjetmacht + Elektrifizierung« durch Vermittlung modernster Techniken ebenfalls ganz neuartige »kommunistische« Lebensformen herbeiführen sollte. Eine ebenso grandiose wie utopische Zukunftsvision!

Wirtschaft und Gesellschaft verfielen im Verlauf der Oktoberrevolution nicht zuletzt deshalb zusehends, weil die drei Hauptakteure: Bolschewiki, Arbeiter und Bauern mit den Eigentümern von Kapital und Boden die bisherigen – gewiß höchst eigensüchtigen – Interessenten und Agenten wirtschaftlichen Fortschritts und gesellschaftlichen Zusammenhalts schlagartig beseitigt hatten, ohne aus sich selber neue und bessere hervorbringen zu können. Der schlechte Zustand der Partei Lenins ist schon skizziert worden. Die Arbeiter waren bestenfalls syndikalistisch eingestellt, die Bauern nur auf Subsistenz bedacht und beide in ihrem Denk- und Verhaltenshorizont eng lokalistisch beschränkt. Aus alledem resultierte revolutionäre Desintegration. »Ihre *wirtschaftliche* Seite wird am faßlichsten in der städtischen Ernährungskrise, die – im Winter 1917 sich zuspitzend und dann für Jahre eine Dauerplage – entsprungen ist aus einer drastischen Schrumpfung der Tauschbeziehungen zwischen dem Dorf und der Stadt.« (R. Rexheuser) Mehr noch: Sowjetrußland drohte im wirtschaftlichen und sozialen Chaos zu versinken.

Um es zu verhindern, traten im Frühjahr 1921 die Lenker der bolschewistischen Revolutionslokomotive in der Wirtschafts- und Gesellschaftspolitik nicht nur scharf, ja abrupt auf die Bremse, indem sie die »kriegskommunistischen« Zielsetzungen und Maßnahmen plötzlich für völlig verfehlt erklärten, sondern sie schalteten teil- und zeitweise sogar den Rückwärtsgang ein, mit dem sie in den nächsten sieben Jahren einen Kurs steuerten, den sie selbst »Neue Ökonomische Politik« nannten. Die wichtigsten, meist durch Regierungsdekrete gesetzten Signale für diesen Kurs hießen: Sofortige Einstellung der bisherigen, völlig willkürlichen Zwangseintreibungen von Agrarprodukten, stattdessen Erhebung einer genau vorgeschriebenen Naturalabgabe mit ausdrücklicher Erlaubnis für die Bauern, etwaige Überschüsse frei auf dem Markt zu verkaufen; Wiederzulassung des freien Binnenhandels, grundsätzlich auch des privaten Unternehmertums und in gewissem Umfang selbst ausländischer Kapitalinvestitionen; Erlaubnis zur Reprivatisierung kleiner Betriebe und – durch ein neues Agrargesetz von 1922 – zur Schaffung von sogar bäuerlichem Eigentum; ferner totale Absage an die bisher propagierte absolute soziale Gleichmacherei in allen Berufsgruppen durch Einführung eines auf fester Währung (»Roter Rubel«) und Leistungslohn fußenden, auf Erhöhung von Rentabilität und Arbeitsproduktivität abzielenden Arbeits- und Lohnsystems, dessen Grundsätze bis heute in der Sowjetunion (und seit dem Zweiten Weltkrieg im gesamten Ostblock) gelten; schließlich auch verstärkter Ausbau des zentralen Wirtschaftsplanungsapparates mit Gründung der »Staatlichen Plankommission« (GOSPLAN), die nach vielen organisatorischen Umbildungen und Umbenennungen das bis zur Gegenwart wichtigste Organ der staatlichen Wirtschaftsplanung der UdSSR ist.

Gewiß hat diese eigentümliche, von Lenin selbst unumwunden als »Staatskapitalismus« gekennzeichnete Mischung kollektivistischer und individualistischer, marktwirtschaftlicher und zentralverwaltungswirtschaftlicher Signale und Elemente während der NEP-Zeit einen erstaunlich raschen Wiederaufstieg aus der ökonomischen Talsohle ermöglicht. Bei gleichzeitigem Emporschnellen des privatwirtschaftlichen Anteils an der Bruttogesamtproduktion in der Kleinindustrie auf über 87 Prozent und im Agrarwesen sogar auf über 98 Prozent wurde, mit Ausnahme der weiterhin vollsozialisierten Grundstoff- und Schwerindustrie (wo die krisenhafte Entwicklung nicht abriß), schon bis Mitte der zwanziger Jahre das Produktionsniveau von 1913 wieder erreicht. Vielleicht waren auch die Jahre der NEP, wie Solschenizyn meint, vergleichsweise die glücklichsten, die das russische Dorf in seiner Geschichte überhaupt erlebt hat.

Was indessen auf alle Fälle feststeht und zugleich Solschenizyns Aussage ihren eigentlichen Sinn gibt, sind die überaus begrenzte Reichweite und Durchsetzungskraft der Sowjetmacht in der agrarischen lokalen Gesellschaft vom Beginn der Oktoberrevolution bis zum Ende der Neuen Ökonomischen Politik beziehungsweise das erstaunliche Behauptungsvermögen einer bäuerlichen, keineswegs nur ökonomisch rückwärtsgewandten Utopie gegenüber Lenins vorwärtsgewandter Utopie des Marxismus. In seiner vorzüglichen Studie ›Die Bauern von Tver. Vom Leben auf dem russischen Dorfe zwischen Revolution und Kollektivierung‹ (München 1984) weist Helmut Altrichter all dies detailliert für eine überschaubare Wirtschaftslandschaft im Zentralbereich um Moskau nach. Die wichtigsten Ergebnisse und Einsichten lassen sich, in paraphrasierender Wiedergabe der Gedanken- und Beweisführung Altrichters, in acht Punkten so zusammenfassen:

1. Zumindest vordergründig läßt sich das Scheitern der bolschewistischen Agrarpolitik bis zum Ende der NEP-Periode schon daran festmachen, daß es am 1. April 1928

im gesamten Gouvernement Twer nur noch einen Restbestand von 52 Kollektivwirtschaften mit 0,15 Prozent des Nutzlandes und 0,1 Prozent der ländlichen Bevölkerung gab gegenüber immerhin noch 664 im Frühjahr 1921. (In ganz Sowjetrußland waren, ebenfalls nach offiziellen Angaben, 1928 etwas mehr, nämlich 1,7 Prozent der landwirtschaftlichen Betriebe kollektiviert.) Bei den 52 Twerer Kollektivwirtschaften handelte es sich um keinen festen Kernbestand, sondern um eine ineffiziente Randerscheinung im dörflichen Verband, um ein kaum beachtetes Überbleibsel, dem überdies der Staat seinen ursprünglichen privilegierten Status genommen hatte.

2. Im Twerer – wie wohl überhaupt im russischen – Dorf der zwanziger Jahre bildeten Wirtschaft und Gesellschaft, materielle und geistige Kultur eine untrennbare Einheit. Schon deshalb läßt sich das dortige Scheitern der bolschewistischen Politik nicht monokausal erklären, ist es vielmehr Ergebnis des Zusammenwirkens ökonomischer, sozialer und mentaler Faktoren. Hierbei bestand (wie den nachfolgenden Punkten zu entnehmen ist) das Grunddilemma der Sowjetmacht darin, daß sie mit ihren »aufgeklärten« Normen und sozialistischen Prinzipien, die sie der agrarischen lokalen Gesellschaft verordnen wollte, deren eigene Ratio übersah und mit der traditionellen bäuerlichen Lebenswelt in einen, jedenfalls ohne den Einsatz massivster Zwangsmittel, unlösbaren Widerspruch geriet.

3. Wohl ging der Agrarkodex von 1922 immer noch vom Bauernhof mit seinen Mitgliedern als Zelle des Dorfes aus, definierte er ihn als »familiäre Produktionsgemeinschaft«. Aber schon mit ihren neuen Gesetzen zur Ehe, Vormundschaft, Unterhaltspflicht usw. oder noch genauer: mit den sich daraus ergebenden Konsequenzen für die Rechts- und Eigentumsverhältnisse auf dem Lande stieß die Sowjetregierung auf prinzipielle Barrieren in der dörflichen Gesellschaft, in der die reine oder erweiterte Kernfamilie mit patriarchalischer Grundstruktur gegenüber proletaroiden Kümmerhaushalten und sippenartigen Großfamilien dominierte. Als Verstöße gegen die guten Sitten, das heißt als gefährliche Eingriffe in das feingesponnene Netz althergebrachter sozialer Beziehun-

gen wurden die Regelungen zur Privatisierung der Ehe abgelehnt und meist nicht befolgt, so die Abwertung der Heirat zum bloßen standesamtlichen Akt der Registrierung und die Kampagne für Abschaffung der Mitgift, aber auch die Einführung von Alimentenzahlungen und, was ebenfalls die wirtschaftliche Unterhaltspflicht betraf, die Gleichstellung von Ehe und eheähnlichem Verhältnis.

4. Wohl waren die Bolschewiki 1917 im agrarischen Bereich ihrem Leitbild einer egalitären Gesellschaft insofern ein Stück näher gekommen, als die Beseitigung des Großgrundbesitzes und dessen Verteilung an die Bauern eine Nivellierung der ländlichen Besitzverhältnisse gebracht hatte. Aber diese Nivellierung setzte sich in den zwanziger Jahren in einer Richtung fort, die den bolschewistischen Forderungen nach Errichtung kollektivierter Großbetriebe, Erhöhung der agrarischen Marktproduktion und »Akkumulation des Kapitals« in der Landwirtschaft zuwiderlief, eine Verwirklichung dieser zentralen Zielsetzungen ausschloß. Durch ständig weitergehende Teilung großer Wirtschaften kam es nämlich zur durch den Trend zur Kernfamilie noch geförderten Bildung von immer mehr Zwergwirtschaften, löste sich die Agrargesellschaft in kleinere, häufig unrentable Produktionseinheiten auf, die für den eigenen Bedarf und nicht für den Markt produzierten. Hauptkennzeichen der Twerer Landwirtschaft, in der die Nachfrage nach Landarbeitern gering war und 1927 etwa ein Drittel der Bauernhöfe wieder nebenher ein ortsständiges oder ambulantes Gewerbe hatte, war mithin ihr Subsistenzcharakter. Schließlich fehlte wegen der Grundorientierung der Bauern an Subsistenz, Autarkie und der Vermeidung jeden Risikos eine wesentliche Voraussetzung für irgendeine »Akkumulation des Kapitals«, der die Steuerpolitik des Staates ohnehin im Wege stand.

5. Die Versuche von Partei und Staat, das dörfliche Sozialgefüge mit einer »Klassenpolitik« zu ändern, schlugen fehl, weil es in ihm, wie Altrichter sehr konkret und detailliert nachweist, die behaupteten Klassen gar nicht gab, weil nicht Klassen-, sondern Klientelzugehörigkeit, nicht Besitz, sondern Verwandtschaft mit Beziehungen, die

quer durch alle Besitzschichten liefen, die soziale Gruppenbildung im Dorf bestimmten. Natürlich ergab sich daraus keine soziale Harmonie, mangelte es nicht an repressiver Gewalt. Aber die fortschreitende (und bereits skizzierte) Nivellierung der ländlichen Gesellschaft, die sich an die egalitären Besitzumschichtungen von 1917 anschloß, führte jedenfalls zu keiner neuen ökonomischen Polarisierung des Dorfes und vertiefte stattdessen, indem sie den armen Bauern ebenfalls zum Besitzenden machte, die Distanz zwischen Bauernschaft und proletarischem Staat.

6. Inwieweit und warum es sich dabei sogar um eine kaum überbrückbare Kluft handelte, offenbaren die ebenfalls vergeblichen Bemühungen von Partei und Staat, den traditionellen, weitgehend religiös-weltanschaulich geprägten Grundlagen und Haupterscheinungsformen bäuerlichen Zusammenlebens und Kollektivbewußtseins zu Leibe zu rücken und sie durch sozialistische Normen und Einrichtungen zu ersetzen. In enger Verzahnung von Institutionen, Einstellungen, Verhaltensweisen und Werten manifestierte sich dieses traditionelle Zusammenleben und Kollektivbewußtsein im Dorf – bei recht schwacher Stellung der Kirche – in einer starken Verwurzelung von Volksglauben, Volksmedizin und Volksmagie, in einem Zyklus von Fest- und Feiertagen, der zusammen mit den Sonntagen eine Gesamtzahl von über 100 arbeitsfreien Tagen im Jahr ergab, aber auch im Austrag von Konflikten, in einer Kriminalität, die vom illegalen Schnapsbrennen und Raubbau am Wald über Schlägereien und Rowdytum bis zu Tötungsdelikten und Vergewaltigungen reichte. Die Gegenargumente und -maßnahmen des proletarischen Staates trafen weitgehend ins Leere. Die atheistische Religionskritik war für die Bauern unverständlich und verfehlte den Kern des Volksglaubens. Die bolschewistische Verurteilung der religiösen Feiertage als Freß-, Sauf- und Prügelorgien übersah, wie stark sie, bei noch so verblaßtem religiösem Hintergrund, im dörflichen Brauchtum verankert waren und daß sie eine wichtige soziale Funktion behalten hatten. Dies alles konnten die stattdessen eingeführten neuen sozialistischen Feiertage nicht leisten, weil sie mit Parteizellen, Sowjets usw. als

Festveranstaltern und den Bauern als anonymer, staatsbürgerlicher Öffentlichkeit eine Gesellschaft voraussetzten, die es im Twerer Dorf noch gar nicht gab. Und die Bekämpfung der genannten Vergehen und kriminellen Handlungen mußte schon deshalb wenig glaubwürdig und effizient sein, weil sich die Angehörigen der lokalen Staatsorgane, vom Sowjet bis zur Komsomolorganisation, in ihrem eigenen (Fehl)-Verhalten von der übrigen Dorfbevölkerung nicht positiv abhoben.

7. Erstaunliches Beharrungs- und Durchsetzungsvermögen bewies die alte Ordnung auch in der innerdörflichen Einfluß-, Macht- und Entscheidungssphäre. Die Regelungen aller wichtigen lokalen Angelegenheiten erfolgten weiterhin im Rahmen der traditionellen Herrschaftsverfassung, der obschtschina; die entscheidende Instanz war und blieb der schod, die Versammlung der Hofbesitzer. Dieses alte bäuerliche Selbstverwaltungsorgan drängte den neuen Dorfsowjet, der die Staatsmacht repräsentierte, in eine administrativ-fiskalische Randfunktion. Trotz aller staatlichen Anstrengungen, sie zum Treibriemen der Regierungspolitik zu machen, fehlte den Dorfräten Stabilität und Kontinuität sowie Anerkennung und Engagement von Seiten der Bauernschaft, zumal ein Großteil ihrer Vorsitzenden wegen völliger Untätigkeit oder Amtsmißbrauch immer wieder abgesetzt werden mußten. Nicht besser sah es bei den lokalen Parteiorganisationen aus. Die Zahl der Kommunisten und der Parteizellen im Dorf war klein, ihr innerer Zusammenhalt schwach und ihr Mitgliederbestand ebenfalls stark fluktuierend, während die in sich heterogenen Komsomolgruppen keine einheitliche Strategie verfolgten, Landarbeitergewerkschaften und Vereinigungen der Dorfarmen kaum in Erscheinung traten. Kurzum, auch die parteistaatlichen Bemühungen um eine politische Neuordnung der ländlichen Verhältnisse waren durch Mißerfolg und Stagnation gekennzeichnet.

8. Gemessen an dem von Lenin nach 1917 für Sowjetrußland entwickelten Sofortprogramm der von ihm so genannten »Kulturrevolution«, das dem Bildungswesen und hier insbesondere der Beseitigung des Analphabetentums eine zentrale politische Rolle zuwies, macht die tat-

sächliche Schulentwicklung auf dem Lande in den zwanziger Jahren die dortige Schwäche des staatlichen Einflusses noch einmal offenkundig. Die meisten Twerer Dorfschulen waren weiterhin drei- bis vierklassige Zwergschulen mit jeweils einem, höchstens zwei schlecht besoldeten Lehrern, unzureichender Ausstattung mit den einfachsten Lehrmitteln und Unterbringung – so eine amtliche Erhebung aus dem Jahr 1927 – zu 50 Prozent in »schwer reparaturbedürftigen«, vielfach sogar in für den Unterricht »vollkommen ungeeigneten« Gebäuden. Vor allem aber gab es keinen entscheidenden Durchbruch im Abbau der Analphabetenzahlen. Er wurde genauso wie tiefgreifende, den bolschewistischen Zielsetzungen entsprechende Veränderungen in den in den vorangegangenen Punkten behandelten Bereichen erst durch Stalins erneut revolutionäre Politik von oben erreicht.

Ob in Rußland nach 1917 überhaupt eine Kulturrevolution stattgefunden hat und was darunter zu verstehen ist, kann im Grunde nur für beide bolschewistischen Revolutionen gemeinsam erörtert und soll daher später eingehender untersucht werden.

Werfen wir stattdessen, um zu einem ersten Fazit zu gelangen, noch einen kurzen Blick auf die soziale Gliederung der jungen Sowjetgesellschaft am Ende der NEP-Periode. Sie unterschied sich, was nach allen bisherigen Darlegungen kaum überraschen dürfte, nicht wesentlich von der des späten Zarenreiches. Gegenüber 1913 hatte sich der Anteil der Arbeiter und Angestellten an der erwerbstätigen Bevölkerung nur von 16,7 Prozent auf 17,3 Prozent und der der Einzelbauern und Heimarbeiter immerhin von 65 Prozent auf fast 73 Prozent erhöht. Lediglich der Anteil der »Kapitalisten« (also im wesentlichen der alten Oberschicht) war von knapp 16 Prozent auf 4,5 Prozent gesunken. Mit anderen Worten: Zur erfolgreichen politischen Umwälzung von und seit 1917 kam eine in ihrem Schoß zwar angelegte, aber bis zum Ende der NEP-Periode noch keineswegs konsequent durchgeführte, geschweige denn vollendete soziale Umwälzung. Im agrarischen Bereich wurde sie sogar durch ökonomischen Rückschritt und »aggressive Traditionalisierung« (R. Rexheuser) gehemmt und überlagert, hatten die Bolschewiki der »kleinbürgerlichen Elementargewalt« der Bauern, wie Lenin es nannte, weitgehende Konzessionen machen müssen. Zumindest insoweit markierte sie keineswegs den Durchbruch in die sowjetische Moderne. Die Oktoberrevolution war vom Ergebnis her, um mit Marx zu sprechen, »eine politische Revolution mit sozialer Seele«. Sie war zwar vom Anspruch und Ansatz her, aber nicht in der Realität eine Totalrevolution. Dies gilt schließlich auch und erst recht angesichts des gescheiterten Versuchs ihrer bolschewistischen Urheber und Gestalter, sie zur Lokomotive einer Totalumwälzung im globalen Maßstab zu machen.

So wie Engels bereits 1847 verkündet hatte: »Die kommunistische Revolution ... ist eine universelle Revolution und wird daher auch ein universelles Terrain haben«, verkündete Lenin ab April 1917, daß die proletarische Revolution in seinem Lande nur die Initialzündung zu der vor allem vom deutschen Proletariat weiterzuführenden und zu tragenden Weltrevolution sei, ja daß der Kommunismus in Rußland sich lediglich dann behaupten könne, wenn er auch in anderen Ländern siegen werde. Daß dies keine leere Phrase, sondern verbindliche, von tiefer Überzeugung getragene Maxime bolschewistischer Politik war, beweisen vielfache Aussagen, Projekte und Aktionen des revolutionären Sowjetregimes bis zum Ende des Jahres 1920. Es begann damit, daß Trotzkij, der ursprüngliche und konsequenteste Verfechter einer weltweiten Politik der »permanenten Revolution«, die Ansicht vertrat, daß im nunmehr bolschewistisch gewordenen Rußland ein Auswärtiges Amt eigentlich überflüssig geworden sei. Zwar erwies sich die Hoffnung auf das Ende aller überkommenen Außenpolitik, mochte sie nun Geheimdiplomatie sein oder nicht, sehr rasch – man denke nur an den nicht zu umgehenden Abschluß des Vertrages von Brest-Litowsk – als illusorisch. Die sich anbahnende militärische Niederlage des kaiserlichen Deutschland im Westen und erste Erfolge der Roten Armee im Bürgerkrieg bewirkten jedoch auf bolschewistischer Seite sofortige Anstrengungen, den Kampf um die Machtbehauptung mit konkreten, der Ausweitung der proletarischen Revolution dienenden Maßnahmen zu verbinden, um zu erreichen, daß aus der russischen Oktoberrevolution die Weltrevolution erwuchs.

Am 3. Oktober 1918, an jenem Tag, an dem in einer für das Deutsche Kaiserreich schon aussichtslosen Lage Prinz Max von Baden deutscher Reichskanzler wurde, frohlockte Lenin: »Die Krise in Deutschland hat gerade begonnen, sie wird unausweichlich durch den Übergang der politischen Macht in die Hände des deutschen Proletariats beendet werden. Das russische Proletariat verfolgt die Ereignisse mit größter Aufmerksamkeit und Begeisterung.« Zur Förderung des innerdeutschen Gärungsprozesses kündigte er im Namen des »proletarischen Internationalismus« und der »bolschewistischen Arbeiterklasse Rußlands« die Bereitstellung von russischem Getreide für das deutsche Proletariat und die möglichst rasche Verstärkung der Roten Armee auf drei Millionen Mann an. Lenin schloß seine Ausführungen vom 3. Oktober mit den pathetisch-beschwörenden Sätzen: »Die Weltgeschichte hat in den letzten Tagen ihren Lauf hinsichtlich der Weltarbeiterrevolution ungewöhnlich beschleunigt. Die schnellsten Änderungen sind möglich, Versuche eines Bündnisses zwischen dem deutschen und englisch-französischen Imperialismus gegen die Sowjetmacht sind möglich. Auch wir müssen die Arbeit der Vorbereitung beschleunigen. Verzehnfachen wir unsere Anstrengungen! Möge dies die Losung zum Jahrestag der Großen Oktoberrevolution des Proletariats werden! Möge dies das Unterpfand für die anbrechenden Siege der proletarischen Weltrevolution werden!«

Entsprechend diesen Zielsetzungen Lenins war der in Berlin seit Sommer 1918 als Geschäftsträger akkreditierte diplomatische Vertreter der Sowjetregierung, Adolf Joffe, weniger als Diplomat denn als Berufsrevolutionär tätig, der seine diplomatische Immunität dazu benutzte, um in großen Mengen revolutionäres Schrifttum nach Deutschland einzuschleusen und auf den Sturz des Kaiserreiches hinzuarbeiten. Die Folge war, daß die deutsche Reichsregierung am 5. November 1918 die Beziehungen zu Sowjetrußland abbrach und Joffe auswies. Dieser kehrte zwar auf ausdrückliche Weisung Moskaus gleich nach dem 9. November nach Berlin zurück, aber Friedrich Ebert, der neue und zugleich erste sozialdemokratische Reichskanzler Deutschlands, lehnte es ab, ihn zu empfangen, und nahm auch das inzwischen offiziell unterbreitete Angebot sowjetischer Getreidelieferungen nicht an. »Schlagartig wurde es den Russen klar, woran sie waren. Von nun an waren ihre Bemühungen unbeirrbar darauf gerichtet, die Macht der deutschen Mehrheitssozialisten zu beseitigen und in Deutschland eine radikale Partei aufzubauen, die unter ihrem eigenen Einfluß stehen und eine zweite Revolution nach echter bolschewistischer Tradition in Deutschland herbeiführen sollte.« (G. F. Kennan)

Abgesehen von der bereits am 13. November 1918 ausgesprochenen Annullierung des Brest-Litowsker Vertrages bedeutete das konkret, daß man die Elemente der extremen Linken, die Spartakisten und die Arbeiter- und Soldatenräte, zu fördern versuchte, daß sich der Spartakusbund Ende 1918 endgültig von den unabhängigen Sozialdemokraten (USPD) trennte und als eigene Partei, die Kommunistische Partei Deutschlands (KPD), konstituierte und daß man nach den Straßenkämpfen in der deutschen Hauptstadt und der Ermordung Rosa Luxemburgs und Karl Liebknechts im Januar 1919 immer stärkeren Einfluß in dieser Partei erlangte. An deren Gründung und revolutionärer Aktivität war maßgebend Karl Radek beteiligt, den Lenin zum Leiter der bolschewistischen Propaganda in Deutschland bestimmt hatte. Und Radek schrieb Anfang 1919: »Der Ring der Völker ist schon nahezu geschlossen, es fehlt nur noch das wichtigste Glied, Deutschland.« Die weltrevolutionären Erwartungen der Sowjetkommunisten erschienen zu diesem Zeitpunkt keineswegs unbegründet. Während in Nord- und Mitteldeutschland, im Ruhrgebiet und in Bayern von russischen Agenten mitentfesselte kommunistische Umsturzversuche mit zum Teil blutigen Straßenkämpfen stattfanden und verschiedentlich »Arbeiter- und Soldatenrepubliken« ausgerufen wurden, stieß die Rote Armee in die von deutschen Truppen geräumten baltischen Länder und über Wilna an die ostpreußische Grenze vor. »Es schien nur noch eine Frage der Zeit, bis die Wogen der roten Revolution in Berlin und in den baltischen Ländern

zu einer großen Flut zusammenschlagen würden«
(G. v. Rauch).

Angesichts einer solchen Entwicklung, die schon im
November beziehungsweise Dezember 1918 in Estland
und Lettland sowie im März beziehungsweise Anfang
April 1919 in Ungarn und Bayern zur Bildung von Räterepubliken führte, verstieg man sich in der sowjetischen
Hauptstadt sogar zu der kühnen Prognose: »In tollem
Tempo saust das alte Europa der proletarischen Revolution entgegen ..., nach Jahresfrist werden wir bereits zu
vergessen beginnen, daß es in Europa einen Kampf für
den Kommunismus gegeben hat, denn nach einem Jahr
wird ganz Europa kommunistisch sein.«

Grigorij Sinowjew, Parteisekretär von Petrograd und
prominentes Mitglied des Politbüros, der dies im April
1919 öffentlich verkündete, war Erster Vorsitzender der
soeben (im März 1919) mit Sitz in Moskau gegründeten
III. Kommunistischen Internationale (Abkkürzung:
Komintern), die nach dem Willen Lenins die kommunistische Weltbewegung aus einer lockeren Föderation in
eine »einzige kommunistische Weltpartei« mit nationalen
Sektionen überführen sollte. Diesem Ziel entsprachen die
Statuten und 21 von Lenin formulierte, vom II. Kongreß
der Komintern im Sommer 1920 nach heftiger Diskussion und nicht ohne Widerspruch angenommene Bedingungen über die Mitgliedschaft in der Internationale und
die innere Disziplin der einzelnen Parteien. Obwohl das
bolschewistische Parteiprogramm von 1919 feierlich erklärte: »Führer im Befreiungskampf des Proletariats ist
allein die neue dritte kommunistische Internationale, zu
deren Sektionen die KPR gehört«, und obwohl bei der
Gründung der Komintern die unbedingte Gleichberechtigung aller kommunistischen Parteien ausdrücklich betont wurde, lautete bereits ein Jahr später der Grundtenor der eben erwähnten Statuten und Bedingungen:
Kommunisten, in welchem Lande sie tätig sein mögen,
haben nationale und bürgerliche Bewegungen so lange zu
unterstützen, wie eine solche Hilfe die Imperialisten
schwächt *und* Sowjetrußland und dessen Prestige stärkt.
Das aber hieß: Obwohl formal von der Ebene des Sowjetstaates getrennt, fungierte die Komintern nicht nur

als Instrument weltrevolutionärer Politik und Endzielsetzung der Regierung Sowjetrußlands, sondern stand mindestens ebensosehr im Dienst der unmittelbaren Machtsicherung und -ausdehnung des sowjetischen Staates.

Die hochgespannten Erwartungen, die Moskau in die Entwicklung zu Beginn des Jahres 1919 setzte, erfüllten sich indessen nicht. In Deutschland, wo Radek bereits am 12. Februar inhaftiert worden war, verhinderte die sozialdemokratische Regierung mit Hilfe regulärer Truppen und der Freikorps die akute Gefahr einer Bolschewisierung (sofern eine solche Gefahr überhaupt ernsthaft bestand) und schaltete das Rätesystem aus. Im Baltikum machten Esten, Letten und Deutschbalten, unterstützt von deutschen Freikorps, der bolschewistischen Herrschaft bis zum Sommer ein Ende, und auch in Ungarn brach die Räterepublik Bela Khuns im August zusammen. Vor allem aber wurde Lenins Sowjetregime selbst im innerrussischen Bürgerkrieg nochmals auf das schwerste bedroht und in einen Kampf auf Leben und Tod verwickelt, den es erst, wie dargelegt, im Winter 1919/20 endgültig zu seinen Gunsten zu entscheiden vermochte.

Daß es wenig später zu einer erneuten Flutwelle weltrevolutionärer Ambitionen und Aktionen Moskaus kommen konnte, hing eng mit der Gegenoffensive der im Juli 1920 bis nach Warschau vordringenden Truppen der Roten Armee im Krieg gegen Polen zusammen. Nach Lenins ausdrücklichem Willen sollte nunmehr auf diesem Wege die Fackel der Weltrevolution gen Westen, dabei zunächst wiederum nach Deutschland, getragen und sodann »Europa mit den Bajonetten der Roten Armee auf die Probe gestellt« werden. Bereits Anfang 1920 war die Komintern als neues Instrument der Politik der Sowjetregierung in Deutschland höchst massiv in Erscheinung getreten, als – ausgelöst durch den reaktionären Kapp-Putsch – im März ein Roter Aufstand im Ruhrgebiet ausbrach, bei dem eine »Rote Armee« von nahezu 50 000 Mann aufgestellt wurde, und als gleichzeitig die Kommunisten in Thüringen und Sachsen losschlugen und im Vogtland eine Räterepublik ausgerufen wurde. Nachdem diese Aufstandsversuche, die den Eindruck erwecken sollten, als ob Deutschland nun wirklich reif für eine

Bolschewisierung sei, im Mai endgültig fehlgeschlagen waren, wechselte Moskau zunächst einmal die Taktik und versuchte, auf andere Weise zum Ziel zu gelangen. Denn auf dem Höhepunkt des russisch-polnischen Krieges suchte Lenins Deutschlandexperte Karl Radek die deutsche Heeresleitung mit lockenden Territorialzusagen für ein militärisches Zusammengehen gegen Polen zu gewinnen.

Der durch die schwere Niederlage an der Weichsel (im August 1920) erzwungene Rückzug der erschöpften Truppen Tuchatschewskijs machte nicht nur diese hochfliegenden Pläne der Bolschewisten erneut zunichte. Vielmehr wurde gleichzeitig der ersten und einzigen eindeutig unter weltrevolutionären Vorzeichen stehenden Gesamtphase der sowjetischen Außenpolitik ein Ende gesetzt, in der man vor allem Deutschland die Rolle eines künftigen Hauptträgers, wenn nicht gar Vollenders der kommunistischen Weltrevolution zugedacht hatte. Das konkrete Ergebnis war die Vereinzelung und Isolierung der proletarischen Revolution in Sowjetrußland, die erzwungene Reduktion und Konzentration auf eine Politik und wenig später – unter Stalin – auch auf eine Doktrin des Aufbaus des Sozialismus in einem, eben diesem Land.

In längerfristiger Perspektive wird freilich dadurch die weltgeschichtliche Tragweite und Bedeutung der Oktoberrevolution kaum geschmälert. Sie stellt, wie wir spätestens seit 1945 wissen, nicht nur ein epochales Ereignis der innerrussischen Geschichte dar; vielmehr ist von ihren Wirkungen und Folgen im weiteren Verlauf dieses Jahrhunderts, direkt oder indirekt, die ganze Welt erfaßt und betroffen worden. Die Gewinner des »Roten Oktober« und dessen Erben haben, nicht zuletzt mit der Schaffung eines Blocks sowjet-kommunistisch regierter Länder nach dem Zweiten Weltkrieg, dafür gesorgt, daß die bisherige politische Ordnung der bürgerlich-demokratischen Welt radikal in Frage gestellt und eine in diesem Ausmaß noch nie dagewesene gesellschaftliche Zweiteilung der Welt herbeigeführt worden ist, daß die »Weltgeschichte Europas« (H. Freyer) unwiderruflich an ihr Ende gelangte und eine neue Hierarchie politischer und sozialer Werte Anspruch auf Alleinherrschaft erhob.

Umfassende internationale Dimensionen und Ausblicke eröffnet schließlich auch die höchst gegenwartsnahe, von politischer Virulenz und Brisanz erfüllte Frage: Inwieweit vermag der russische Umbruch von 1917 einschließlich seiner Folgen als Leitbild, als Modell zu fungieren bei der seit geraumer Zeit in revolutionären Wellen ablaufenden Emanzipation der Dritten Welt? Obwohl von einem Monopolcharakter dank der Existenz vor allem des chinesischen Konkurrenzbeispiels nicht (mehr) die Rede sein kann, bleibt festzuhalten: In der Oktoberrevolution ist ein neuer Typus moderner Revolution angelegt, jedenfalls dann, wenn man die von Stalin vollendete »Revolution von oben« als zweite, in vielfacher Hinsicht sogar entscheidende Etappe mit einbezieht und – was nunmehr geschehen soll – in ihrer Funktion als Lokomotive umwälzender Veränderungs- und Modernisierungsprozesse in der Sowjetunion gebührend würdigt.

Bereits 1926 brachte Stalin ziemlich unmißverständlich zum Ausdruck, daß eine solche Revolution bald kommen werde und daß sie unbedingt notwendig sei. Er tat das, indem er seinerseits einen qualitativen Unterschied zwischen einem bürgerlichen und einem proletarischen Revolutionstyp feststellte: »Die Hauptaufgabe der bürgerlichen Revolution besteht darin, die Macht zu ergreifen und sie mit der vorhandenen bürgerlichen Ökonomik in Einklang zu bringen, während die Hauptaufgabe der proletarischen Revolution darin besteht, nach der Machtergreifung eine neue, die sozialistische Ökonomik aufzubauen.« Daraus folgerte er: »Die bürgerliche Revolution wird gewöhnlich mit der Machtergreifung *abgeschlossen*, während die Machtergreifung in der proletarischen Revolution erst ihr *Anfang* ist, wobei die Macht als Hebel für den Umbau der alten Ökonomik und die Organisierung der neuen benutzt wird.«

Zweifellos wurde die ursprüngliche Marxsche Revolutionslehre durch eine derartige Auslegung gleichsam auf den Kopf gestellt. Nach Marx konnte eine neue Staats- und Gesellschaftsordnung nur aus einem herrschenden sozialen Konflikt hervorgehen. Der politisch-ideologische Überbau, dessen Kernstück der Staat bildete, hatte sich der Sozialstruktur des ökonomischen Unterbaus anzupassen. Nach Stalin hingegen war eine kleine herrschende Gruppe, sofern sie im Besitz der richtigen Erkenntnis war, berechtigt, die Gesellschaft mit Hilfe der Staatsmacht – und das hieß für ihn: mit allen Mitteln des Zwanges und der Gewalt – nach ihrem Bilde zu formen. Wie sich sehr bald herausstellte, bedeutete dies auch, daß bei der herrschenden Gruppe die bisherige soziale Basis weitgehend durch eine andere ersetzt werden sollte. Davon war freilich aus naheliegenden Gründen bei Stalin zunächst mit keinem Wort die Rede, um so mehr hingegen von der unabdingbaren Notwendigkeit des Aufbaus des Sozialismus in einem Land.

»Also, ist die Errichtung der sozialistischen Wirtschaft in unserem Lande möglich ohne den vorherigen Sieg des Sozialismus in anderen Ländern, ohne daß das siegreiche Proletariat des Westens direkte Hilfe mit Technik und Ausrüstung leistet?« Es war erneut Stalin, der am 9. Juni 1925 in einer Rede vor Parteifunktionären diese – erstmalig von ihm bereits im Dezember 1924 aufgeworfene – Frage stellte, um sie sofort klar und unmißverständlich so zu beantworten: »Ja, sie ist möglich. Und sie ist nicht nur möglich, sondern auch notwendig und unausbleiblich. Denn wir bauen bereits den Sozialismus auf, indem wir die nationalisierte Industrie entwickeln und sie mit der Landwirtschaft zusammenschließen, indem wir das Genossenschaftswesen auf dem Lande entfalten und die bäuerliche Wirtschaft in das allgemeine System der sowjetischen Entwicklung einbeziehen, indem wir die Sowjets beleben und den Staatsapparat mit den Millionenmassen der Bevölkerung verschmelzen, indem wir eine neue Kultur aufbauen und ein neues gesellschaftliches Leben entfalten ... Es besteht kein Zweifel, daß unsere Aufgabe von Grund aus erleichtert würde, wenn uns der Sieg des Sozialismus im Westen zu Hilfe käme. Aber erstens wird der Sieg des Sozialismus im Westen nicht so schnell zustande gebracht, wie wir das wünschten, und zweitens lassen sich diese Schwierigkeiten überwinden, und wir überwinden sie bekanntlich schon.«

Die hier offiziell verkündete und interpretierte Lehre vom Aufbau des Sozialismus in einem Lande war gewiß auch ein wichtiger Bestandteil des seinem Höhepunkt zustrebenden Machtkampfes um die Nachfolge des im Januar 1924 verstorbenen Lenin, stellte sie doch die offene politisch-ideologische Kampfansage Stalins an seinen damaligen Hauptrivalen Trotzkij und die von diesem seit langem vertretene Theorie der »permanenten Revolution« dar, wonach die siegreiche Behauptung des sowjetrussischen Sozialismus nur bei gleichzeitiger kommunistischer Revolutionierung anderer und schließlich aller Länder der Welt möglich sei. Zwar stand Stalins neue Doktrin, trotz ständiger gegenteiliger Behauptungen ihres Erfinders beziehungsweise dessen Auslegung des »reinen Leninismus«, auch im Widerspruch zu Lenins theoretischen, ebenfalls voll und ganz der weltrevolutionären Zielsetzung verpflichteten Grundaussagen. Viel wichtiger war jedoch, daß und wie sehr sie den inzwischen entstandenen beziehungsweise geschaffenen Realitäten Rechnung trug. Sie lieferte nämlich nicht nur die nachträgliche ideologische Rechtfertigung der praktischen Politik des Schöpfers des Sowjetstaates seit 1921 und verhieß deren konsequente Fortführung, sondern sie entsprach zugleich voll den politischen und materiellen Wünschen der neuen, jungen Parteikader, »deren Horizont und Schulung [allein] durch ihren Aufstieg im Apparat geprägt wurde« (W. Eichwede), die im Unterschied zur Generation der alten Berufsrevolutionäre weder Fremdsprachenkenntnisse noch Auslandserfahrung besaßen und für die Europa und die Welt dementsprechend nur abstrakte Begriffe waren.

Und genau ihnen erklärte 1926 ihr Generalsekretär in ebenso einfachen wie einleuchtenden Sätzen, die Mut und ein Bewußtsein von Kraft vermitteln sollten: »Was bedeutet die Möglichkeit des Sozialismus in einem Lande? – Das bedeutet die Möglichkeit, die Gegensätze zwischen Proletariat und Bauernschaft mit den inneren Kräften unseres Landes zu überwinden, die Möglichkeit, daß das Proletariat die Macht ergreifen und diese Macht zur Errichtung der vollendeten sozialistischen Gesellschaft in unserem Lande ausnutzen kann, gestützt auf die Sympathien und die Unterstützung der Proletarier der anderen Länder, aber ohne vorhergehenden Sieg der proletarischen Revolution in anderen Ländern. – Ohne diese

Möglichkeit ist das Bauen des Sozialismus ein Bauen ohne Perspektive ... Man kann den Sozialismus nicht bauen, wenn man nicht überzeugt ist, daß die technische Rückständigkeit unseres Landes kein *unüberwindliches* Hindernis für die Errichtung der vollendeten sozialistischen Gesellschaft ist.«

Mit anderen – unseren – Worten: In der realen inneren und äußeren Lage Sowjetrußlands nach Lenins Tod, angesichts der gescheiterten Weltrevolution und der Vereinzelung der proletarischen Revolution, angesichts der weltpolitischen Isolierung Sowjetrußlands und des fundamentalen inneren Spannungsverhältnisses zwischen der marxistischen Lehre von der Zukunftsgesellschaft und den Bedingungen ihrer Verwirklichung, stellte Stalins Lehre vom Aufbau des Sozialismus in einem Lande – unter der ja fraglosen Prämisse des unbedingten Festhaltens an den Zielen des Marxismus-Leninismus – das folgerichtige, politisch allein tragfähige und realisierbare Programm für die absehbare Zukunft dar. Nicht von ungefähr enthält deshalb seine Rede vom Juni 1925, in der er es am ausführlichsten zu erläutern und zu begründen suchte, auch diese Feststellungen und Überlegungen: »Eine andere Frage ist, ob es uns ganz bestimmt gelingen wird, die sozialistische Wirtschaft zu errichten. Das hängt nicht allein von uns ab. Das hängt auch von der Stärke beziehungsweise Schwäche unserer Feinde und unserer Freunde außerhalb unseres Landes ab. Wir werden sie errichten, wenn man uns bauen läßt, wenn es uns gelingt, die Periode der Atempause zu verlängern, wenn es nicht zu einer ernsten Intervention kommt, wenn die Intervention nicht siegreich sein wird, wenn die Stärke und Macht der internationalen revolutionären Bewegung einerseits und die Stärke und Macht unseres eigenen Landes andererseits groß genug sein werden, um einen ernsten Interventionsversuch unmöglich zu machen. Und umgekehrt, wir werden sie nicht errichten, wenn eine erfolgreiche Intervention uns zu Boden wirft ...«

Auf den Zusammenhang zwischen Krieg beziehungsweise Kriegsbedrohung und Revolution in Rußland während der Epoche der Weltkriege wird später näher einzugehen sein. Hier und jetzt interessiert, warum die Lehre vom Aufbau des Sozialismus in einem Lande – aus Stalins Sicht folgerichtig – in eine neue Revolution von oben einmündete.

Jeder Versuch, sich die sogenannten objektiven Tatbestände in Gestalt der tatsächlichen sozialökonomischen Verhältnisse zu vergegenwärtigen, die Stalin veranlaßten, die nach Lenins Tod zunächst fortgeführte Neue Ökonomische Politik zugunsten erneuter, von oben inszenierter und genau kontrollierter revolutionärer Aktion aufzugeben, muß davon ausgehen, daß ab 1925/26 das Wachstum der russischen Industrie zu stagnieren begann und weder den gesamtvolkswirtschaftlichen Anforderungen noch (erst recht) den Erwartungen und Ambitionen der bolschewistischen Führungsspitze zu genügen vermochte. Nachdem es in der ersten »Wiederherstellungs- oder Erneuerungsperiode« der NEP gelungen war, durch fast volle Ausnutzung der vorhandenen Produktionskapazitäten zunächst überraschend hohe industrielle Zuwachsraten zu erzielen, hing das weitere Wirtschaftswachstum vornehmlich von Neuinvestitionen ab. Die Hoffnung, diese weitgehend durch Auslandskredite finanzieren zu können, erfüllte sich nicht, weil die westlichen Industrieländer aus den verschiedensten Gründen zu einer großzügigen Kapitalhilfe an die UdSSR nicht bereit waren.

Vor diesem Hintergrund spielte sich von 1924 bis 1928 die sogenannte Industrialisierungsdebatte in der Sowjetunion ab. In ihr ging es darum, Mittel und Wege zu finden, mit deren Hilfe der (erneut) drohende Stillstand in der industriellen Produktion rasch und für immer überwunden werden konnte. Das Finden einer Lösung war deshalb so schwierig, weil eine wenig entwickelte Industrie und eine zurückgebliebene Landwirtschaft sich gegenseitig behinderten, ja lähmten. Eine zur Finanzierung von Neuinvestitionen unbedingt notwendige wesentliche Steigerung der Agrarproduktion bei gleichzeitiger Freisetzung landwirtschaftlicher Arbeitskräfte für die Industrie setzte im agrarischen Bereich Rationalisierung durch Mechanisierung und damit höhere industrielle Lieferungen voraus. Diese setzten ihrerseits erweiterte industrielle Produktion und Übernahme neuer Arbeitskräfte aus dem Agrarsektor voraus, die nicht vor Einführung der Mechanisierung frei werden konnten.

Trotz eines sichtbaren Aufschwungs in der bäuerlichen Wirtschaft während der NEP-Phase warf die Getreideproduktion, um die es vor allem ging, unter den gegebenen Bedingungen keine größeren Überschüsse ab, drohten in ungünstigen Erntejahren sogar ernste Versorgungsschwierigkeiten. Schuld daran waren zwei von uns schon nachdrücklich hervorgehobene Entwicklungen, die sich im Zeichen der NEP vollzogen: die Zersplitterung der Anbaufläche in immer mehr Kleinbetriebe und die erneute wirtschaftliche und soziale Differenzierung auf dem Lande. Ein Erstarken der groß- und mittelbäuerlichen Schicht, der sogenannten Kulaken, ging Hand in Hand mit einem ständigen Absinken der durchschnittlichen Betriebsgröße. 1928 waren – wie ebenfalls bereits erwähnt –, nur 1,7 Prozent der landwirtschaftlichen Betriebe, deren Zahl seit 1918 von 16,5 Millionen auf fast 26 Millionen gestiegen war, genossenschaftlich organisiert. Zum gleichen Zeitpunkt befanden sich 30 Prozent aller landwirtschaftlichen Maschinen in der Hand von etwa sechs Prozent der Dorfbevölkerung. Das alles wiederum bedeutete, daß ein großer Teil der Bauernschaft, insbesondere Landproletarier und Kleinbauern, nicht in der Lage war, die eigenen Bodenanteile selbständig zu bearbeiten, und mehr oder minder stark in die Abhängigkeit der Kulaken geriet.

Kein Wunder, daß die Parteiführung von einer höchst bedrohlichen Entwicklung auf dem Lande sprach, die man so nicht länger hinnehmen dürfe. Kein Wunder, daß bereits im Dezember 1925 ein von ihr dem XIV. Parteitag vorgelegter Wirtschaftsplan nachdrücklich »die Verwandlung der Sowjetunion aus einem Agrarland in ein Industrieland« forderte. Kein Wunder aber auch, daß sofort leidenschaftliche innerparteiliche Auseinandersetzungen darüber entbrannten, wie dies möglichst rasch zu verwirklichen sei, Auseinandersetzungen, die sowohl Konflikte im Kampf der Diadochen um die Macht als auch Reflexe von sozialwirtschaftlichen Vorgängen waren. Freilich darf dabei zweierlei nicht außer acht gelassen werden:

1. Erst von den in der marxistisch-leninistischen Ideologie begründeten machtpolitischen Prämissen und Axiomen erhielt die Frage der künftigen wirtschaftlichen und gesellschaftlichen Entwicklung Rußlands ihre spezifische Brisanz, die über die der Industrialisierungsproblematik allgemein und überall innewohnende Dynamik hinausging, diese erheblich verschärfte und bestimmte Lösungsmöglichkeiten von vornherein ausschloß. Das gilt ebenso für die Forderung der »Linken« mit Preobrashenskij und Trotzkij als Wortführern, im Zeichen der »primären sozialistischen Akkumulation« die Bauern zugunsten der »Metropole« der Staatsindustrie auszubeuten, wie für die Absicht der (in diesem Falle vor allem durch Bucharin und Rykow vertretenen) »Rechten«, bei härterer Besteuerung der Kulaken und staatlicher Vorratsbildung (ohne Rückfall in das gescheiterte Requisitionssystem des Kriegskommunismus) doch auf die Lage der Bauernschaft grundsätzlich Rücksicht zu nehmen und dementsprechend ein langsameres Industrialisierungstempo einzuschlagen.

2. »Noch stand das russische Imperium mit China und Indien in der Reihe der industriell unterentwickelten politischen Großräume der Welt; doch war es, ungleich diesen, durch kulturelle Nachbarschaft und nationale Machtentfaltung mit der Dynamik der großen Industriemächte schon lange unmittelbar verbunden.« (H. Raupach) Zweifellos erblickte das sowjetische System im Nach- und Einholen der ökonomischen Entwicklung der westlichen Industrieländer auch eine unbedingte politische Notwendigkeit. Dies um so mehr, weil es sich einerseits – ob zu Recht oder Unrecht, kann hier dahingestellt bleiben – für politisch und militärisch bedroht, ja eingekreist hielt und weil es sich andererseits als Vormacht *und* Vorbild der kommunistischen Weltbewegung fühlte und dementsprechend agieren wollte. Gewiß spielte der Gedanke an einen großen zivilisatorischen Fortschritt, darunter nicht zuletzt auf dem Gebiet der Bildung, ebenfalls eine Rolle; aber für Stalin und seine nächsten Mitarbeiter hatte ebenso wie für die meisten seiner politischen Gegenspieler im Parteiapparat der beschleunigte Auf- und Ausbau der Schwer- einschließlich der Rüstungsindustrie

absoluten Vorrang. Hinter alledem stand unverkennbar das Streben nach wirtschaftlicher Autarkie.

Insgesamt gesehen handelte es sich also um ein ganzes Bündel macht- und wirtschaftspolitischer sowie ideologischer Motive und teilweise auch Notwendigkeiten, untrennbar miteinander verflochten im persönlichen politischen Ehrgeiz Stalins, die dazu führten, daß im Jahrzent von 1928/29 bis 1938/39 erneut ein revolutionärer Prozeß in Rußland stattfand. Dabei stellte das Jahr 1934 eine Zäsur dar. Die planökonomische »Revolution von oben« gab der ersten, die »Große Säuberung« der zweiten Etappe ihr Gepräge. Beide zusammen hatten die Zwangskollektivierung der Landwirtschaft und die forcierte Industrialisierung sowie eine tiefgreifende Veränderung der Struktur der Gesellschaft zum Inhalt.

Nachdem im Dezember 1929 der nunmehrige politische Alleinherrscher Stalin öffentlich dazu aufgefordert hatte, das Kulakentum als Klasse zu liquidieren, spielte sich ab Anfang 1930 auf dem Lande ein von der GPU mit Hilfe von bewaffneten »Arbeiterbrigaden« inszenierter Bauernkrieg ab. Sein Ziel und Ergebnis bestand in der Vernichtung jener agrarischen Schicht, deren Angehörige es zu einem etwas größeren Eigenbesitz gebracht hatten. Schätzungsweise zwei bis drei Millionen Kulaken wurden mitten im Winter nach Sibirien und dem Fernen Osten deportiert, wo ein Teil umkam; der Rest ging im Industrieproletariat unter. Die von der direkten physischen Ausrottung verschonten Bauern beantworteten die Aufforderung zum sofortigen Eintritt in die kollektiven Großbetriebe mit geringeren Anbauleistungen und Ernteerträgen sowie mit der Abschlachtung des Viehs. Dessen Gesamtbestand wurde bis 1933 um mehr als die Hälfte reduziert und erlitt damit einen Verlust, der 1941 noch nicht wettgemacht war. In der daraus resultierenden – nach 1922 zweiten – großen Hungerkatastrophe der innersowjetischen Geschichte kamen schätzungsweise zehn bis elf Millionen Menschen ums Leben. Erst 1932 war die Industrie imstande, den neuen Großbetrieben in Gestalt der genossenschaftlichen Kolchosen und der staatlichen Sowchosen das notwendige Minimum an materiellem Gerät zu liefern, das in den Kolchosen in den staatlichen

Maschinen-Traktoren-Stationen (MTS) zusammengefaßt wurde. Im Endergebnis waren schon 1931 über 50 Prozent, 1934 fast 75 Prozent und 1937 nicht weniger als 93 Prozent der landwirtschaftlichen Nutzfläche in Kollektivwirtschaften überführt, sämtliche Bauern ihres Eigenbesitzes beraubt und bewußt zu schollenpflichtigen Landarbeitern gemacht. Nach dem »Stalinschen Musterstatut« von 1935 verblieb jeder Familie höchstens ein halber Hektar Land zur privaten Nutzung mit der Möglichkeit bescheidener Viehhaltung.

Die bis nach 1953 miserabel entlohnten und versorgten Kolchosniki waren es auch, die mit ihren Leistungen und Produkten die so dringend erforderlichen und jetzt noch dazu kostenlosen Neuinvestitionen für die forcierte Industrialisierung liefern mußten, die der XV. Parteikongreß im Dezember 1927 mit »Direktiven für die Erstellung eines Fünfjahrplanes der Volkswirtschaft« eingeleitet hatte. Wichtigste Vorbedingung für die Durchführung von Stalins Mammutprogramm, dessen Schwerpunkt tatsächlich von Anfang an bei der Schwerindustrie lag, war zunächst der Massenimport bestimmter Produktionsmittel. So kaufte die Sowjetunion allein 1932 beinahe die Hälfte des Weltexports an Maschinen; sie bezahlte dafür trotz Ernährungskrise und Hungersnot im eigenen Lande mit den Erlösen eines Holz- und Getreideexports, der wegen des Preisverfalls in der damaligen Weltwirtschaftskrise besonders umfangreich sein mußte. Dafür nahm, während die Verbrauchsgüterproduktion kaum anstieg, die Erzeugung der wichtigsten Grundindustrien im Jahrzehnt zwischen 1928 und 1937 erstaunlich rasch zu. Sie stieg zum Beispiel bei Stahl von vier auf 18 Millionen Tonnen, bei Steinkohle von 36 auf 128 Millionen Tonnen, bei Erdöl von zwölf auf 29 Millionen Tonnen, bei Elektrizität von 6,2 auf 39,6 Milliarden Kilowattstunden. Was sich hieran ablesen läßt, war keine Ausnahmeerscheinung. Alle Fünfjahrpläne während der Herrschaft Stalins sind gekennzeichnet durch das absolute Übergewicht der Schwer- und Rüstungsindustrie in der Industrieproduktion. Im ersten Fünfjahrplan von 1928 bis 1932/33 betrug das Wachstum der Schwerindustrie insgesamt 285 Prozent, das der gewerblichen Konsumgüterproduktion etwas mehr als 64 Prozent, und noch im vierten Fünfjahrplan von 1946 bis 1950 lag das durchschnittliche Verhältnis von Investitions- zu Gebrauchsgütern bei etwa 2 : 1 in Rubelwerten.

Der von Fünfjahrplan zu Fünfjahrplan in einem in der modernen Wirtschaftsgeschichte bisher nicht gekannten Tempo durchgeführte Ausbau der Industrie erforderte von der Arbeiterschaft – 1932 waren es (ohne Familien) bereits sechs Millionen, 1940 über acht Millionen (davon 47 Prozent Frauen) – ebenfalls enorme Anstrengungen und Entbehrungen. Nach Stalins Kampfansage von 1931 an die, wie er sich ausdrückte, »unmarxistische, kleinbürgerliche Gleichmacherei« wurde das wiedereingeführte Akkordprinzip im Zeichen der sogenannten Stachanow-Bewegung (nach dem Grubenarbeiter A. Stachanow, der 1935 seine Arbeitsnorm um 1300 Prozent übertraf) zu einem raffinierten System der Leistungssteigerung und Ausbeutung der menschlichen Arbeitskraft ausgebaut. Die außerordentlich starke Differenzierung der Lohnskala (bis zu einem Verhältnis von 1 : 30), noch betont durch unterschiedliche Sozialleistungen, bewirkte das Entstehen einer Arbeiteraristokratie und verhinderte die Ausbildung eines einheitlichen Klassenbewußtseins. Zum Verbot des Arbeitsplatzwechsels gesellten sich drakonische Maßnahmen zur Verstärkung der Arbeitsdisziplin; sie gipfelten zwischen 1938 und 1940 in (bis 1956 gültigen) berüchtigten Dekreten, die bei selbst geringfügiger Arbeitsverspätung oder -versäumnis immer wieder angewandte Repressalien vom Lohnentzug bis zum Straflager vorsahen. So war der Arbeiter beim Fehlen jeder eigenständigen gewerkschaftlichen Repräsentation wehrlos dem totalitären Staatskapitalismus preisgegeben.

Bereits aus den bisherigen, der agrarischen Zwangskollektivierung und der forcierten Industrialisierung gewidmeten Darlegungen ist unschwer zu entnehmen, daß Stalins planökonomische »Revolution von oben« ein Prozeß war, der auch die gesellschaftliche Struktur Rußlands von Grund auf verändert, die soziale Revolution voll durchgeführt hat. Den krönenden Abschluß – und damit sind wir zeitlich bei der zweiten Etappe der »Revolution von oben« – bildete die Säuberungswelle der dreißiger Jahre.

Sie war nicht nur die Endetappe auf Stalins Weg zur totalen Ein-Mann-Diktatur und seine Endabrechnung mit den Rivalen beim Kampf um die Macht aus den Jahren 1923 bis 1930. »Der neuen Gesellschaft, die aus der ›Revolution von oben‹ hervorging, sollte das Selbstbewußtsein gebrochen werden, selbst um den Preis einer wirtschaftlichen und militärischen Schwächung des Landes« (W. Eichwede). Es galt, die Gesellschaft zu verstaatlichen – wie einst im 18. Jahrhundert, wo sie unter der Autokratie zur staatlichen Veranstaltung wurde. Immerhin waren nach zuverlässigen Schätzungen wenigstens acht Millionen Angehörige aller Berufsschichten und aller überhaupt noch möglichen politischen und geistigen Richtungen, mithin fünf Prozent der Gesamtbevölkerung, zwischen 1936 und 1938 in Untersuchungsgefängnissen und Lagern des NKWD, und zur gleichen Zeit entstand in Nordrußland und Sibirien ein Netz von Straflagern mit fünf bis sechs Millionen Insassen (deren Zahl sich zwischen 1940 und 1942 nochmals fast verdoppelte).

Besonders schwer wurde das Offizierskorps der Roten Armee in Mitleidenschaft gezogen. Im Zuge der Verfolgungen der Jahre 1937/38 wurden 1500 von 6000 höheren Offizieren sowie der überwiegende Teil der Generalität mit Tuchatschewskij, dem populären Bürgerkriegshelden, Generalstabschef und Modernisator der Roten Armee an der Spitze, liquidiert. Unübertroffen blieb freilich das Ausmaß der Säuberungen innerhalb der Partei und deren leitender Kader. Seit 1930 war Stalin das einzige schon 1919 gewählte Mitglied des Politbüros, das diesem immer noch angehörte. Alle anderen waren entfernt und durch ihm ergebene Gefolgsleute ersetzt worden. Selbst von diesen wurden während der Säuberungen vier, das heißt ein Drittel des damaligen Gesamtbestandes, dieses Gremiums verhaftet, während das 1934 gewählte ZK durch die gleiche Prozedur von ursprünglich 140 Angehörigen auf 15 im Herbst 1937 zusammenschmolz. Innerhalb der übrigen Organe und Gliederungen der Partei, die Anfang 1933 rund 3,6 Millionen Mitglieder zählten, verursachten die Säuberungen ein Absinken auf nur noch 1,9 Millionen Mitglieder, ehe ab 1939 eine erneute sprunghafte Aufwärtsentwicklung einsetzte.

Auf diese Weise vollzog Stalin zum einen eine mit drastischen Methoden erzwungene »Wachablösung« der Eliten innerhalb des Bolschewismus, zum anderen eine nicht minder erzwungene Umformung eines sehr viel größeren Teils der sowjetischen Gesamtgesellschaft. In der Parteiführung war endgültig an die Stelle des gebildeten und beredten Intellektuellen, Publizisten und Literaten der zähe und wortkarge Organisator und Bürokrat getreten. Männer wie Molotow (seit 1930 Vorsitzender des Rates der Volkskommissare), Kaganowitsch, Berija (seit Dezember 1938 Chef der Staatspolizei) und Shdanow verkörperten diesen Typ des »Apparatschik«. Er prägte zugleich das Profil der ganzen neuen Ober- und Mittelschicht. Diese sogenannte »werktätige Intelligenz«, deren Anteil an der arbeitenden Bevölkerung 1937 rund 14 Prozent und 1939 bereits 17,5 Prozent betrug, umfaßte fortan die hauptamtlichen Parteifunktionäre, die Staatsangestellten aller Kategorien und die Beamten der Sowjetverwaltung, die Kolchos-Vorsitzenden und MTS-Leiter, die Agronomen und Ingenieure, die Betriebsdirektoren und sonstigen staatlichen Wirtschaftsführer, die Künstler, Schriftsteller und Wissenschaftler. Stalin hat sie 1939 offiziell als Klasse anerkannt, während er sie kurz zuvor als »Zwischenschicht« bezeichnete, die, obwohl selbst keine Klasse, sich ständig aus den beiden proletarischen Klassen der Arbeiter und Bauern erneuere.

Überaus deutlich fördert der Urbanisierungsprozeß Art und Ausmaß des sozialstrukturellen Umbruchs zutage. Allein zwischen 1926 und 1939 stieg die Gesamtzahl der Städte in der Sowjetunion von 709 auf 922, die der Großstädte (mit über 100 000 Einwohnern) von 31 auf 82 und die der städtischen Siedlungen von 125 auf 1448. Im gleichen Zeitraum wuchs die Stadtbevölkerung auf fast das Doppelte von 28,7 auf 56,1 Millionen Menschen an und machte nunmehr fast ein Drittel der Gesamtbevölkerung aus, die 1939 knapp 171 Millionen Menschen betrug. Die Urbanisierung in solch einem Tempo – Großbritannien benötigte dafür zwei, Nordamerika immerhin ein Menschenalter – wurde nicht etwa durch eine außerordentliche natürliche Bevölkerungszunahme verursacht (sie betrug jetzt weniger als 1,8 Prozent), sondern beruhte vornehmlich darauf, daß in der angegebenen kurzen Zeitspanne von nur 13 Jahren rund 24,5 Millionen Bauern, die vom Lande abwanderten oder deren Wohnsitze ihren dörflichen Charakter verloren, Städter wurden. Dadurch kam es zu einer intensiven wechselseitigen Durchdringung der einzelnen sozialen Gruppen, insbesondere zu einer Verbauerung der Arbeiterschaft und des bisherigen Kleinbürgertums. Es fand aber auch – und das war von noch einschneidenderer Bedeutung – eine Proletarisierung der überwiegenden Mehrheit der Arbeiter und der kleinen Angestellten statt, die zu einer schweren Verelendung der werktätigen Massen in den Städten führte. Schuld daran waren katastrophale Wohnungsverhältnisse vor allem in den Ballungsräumen (mit vier Quadratmetern Wohnraum pro Person im Jahre 1939!), sinkende Reallöhne bei zunehmender Nahrungsmittelknappheit und -verteuerung sowie indirekte Steuerlasten in Gestalt der 1930 eingeführten sogenannten »differenzierten Umsatzsteuer« für die sowieso schon knappen Verbrauchsgüter. »Die werktätigen Massen in den Städten trugen so in kaum geringerem Umfange zur Finanzierung der neuen Befehlswirtschaft auf vollsozialisierter Grundlage bei als die Kolchosbauern, deren soziale Stellung noch drückender war.« (B. Meissner)

Zur neuen Lage auf dem Lande ist, in Ergänzung des schon gegebenen Abrisses, vor allem dies nachzutragen: Stalin hat mit der in ihren Grundsätzen wie in ihren Methoden inhumanen Zwangskollektivierung jenes höchst verwickelte und an explosivem Zündstoff reiche Problem der agrarischen Übervölkerung und des daraus resultierenden sozialen Überdrucks einer Lösung zugeführt, das Rußland seit dem 19. Jahrhundert vor allem anderen daran gehindert hatte, den Status eines Entwicklungslandes endgültig zu überwinden. Zwischen 1926 und 1939 wurden durch den Industrialisierungsprozeß des Agrarsektors fast 19,5 Millionen Bauern zu Arbeitern und Angestellten der Sowchosen und Maschinen-Traktoren-Stationen – neben den schon erwähnten rund 24,5 Millionen Bauern, die Städter wurden. Von den 114,5 Millionen Sowjetbürgern, das heißt 67 Prozent der Gesamtgesellschaft, die am Vorabend des Zweiten Weltkrieges auf dem Lande wohnten, gehörten nur noch 78,5 Millionen, das heißt etwa 45 Prozent der Gesamtgesellschaft, der eigentlichen Hofbevölkerung an, deren Reallohn 1939 etwas den Stand von 1914 übertraf.

Von der »werktätigen Intelligenz« als dem wichtigsten Produkt des gesellschaftlichen Umschichtungsvorgangs und ihrer Ausformung zur sozialen Großgruppe war bereits ausführlich die Rede. Als Gesamtergebnis ist die Etablierung und Konsolidierung einer neuen Klasse von politischen, wirtschaftlichen und geistigen Führern festzuhalten – nicht auf der Basis des Eigentums, sondern auf der der Ausbildung und der Funktion, aber mit einer Schroffheit der Einkommensunterschiede wie einst im westlichen, von Karl Marx deshalb mit Recht scharf geißelten Frühkapitalismus. Daß Planökonomie ohne echte politische Demokratie im Sowjetrußland Stalins zur Entstehung einer neuen Klassengesellschaft mit der Gefahr des Rückfalls in frühkapitalistische Gesellschaftsformen geführt hat, erhellt aus der ebenfalls schon skizzierten Lohnpolitik und aus der Verteilung des ohnehin nur zu 70 Prozent für den Verbrauch freigegebenen Volkseinkommens auf die einzelnen sozialen Schichten. 1940 waren die Bauern mit 29 Prozent, die Arbeiter mit 33 Prozent, die neue Intelligenz, die damals etwa ein Sechstel der Gesamtbevölkerung ausmachte, jedoch bereits mit 35 Prozent am gesamten Volkseinkommen beteiligt. Die restlichen drei Prozent entfielen auf die inzwischen auf schätzungsweise elf Prozent angewachsene, in kein sozialistisch-humanitäres Gesellschaftsschema passende Bevölkerungsgruppe der Zwangsarbeiter. Ihre Existenz zeigt nochmals eindringlich, daß und wie sehr sich die sozialstrukturellen Veränderungen im Rußland Stalins unter schwerstem politischem Zwang vollzogen haben und daß sie für die Angehörigen aller Schichten mit hohen Blutopfern verbunden gewesen sind.

Zwischenfazit: Sozialismus in einem Land, Revolution von oben und beides vereinigt in einer mit erschreckend inhumanen Zügen ausgestatteten Ein-Mann-Diktatur – das sind die wichtigsten Erkennungs- und Bestimmungsmerkmale der inneren Geschichte Sowjetrußlands in dessen entscheidender und endgültiger Umbruchphase vom vorwiegend agrarischen Entwicklungsland zur industriellen Leistungsgesellschaft. Stalins Revolution von oben hat binnen eines Jahrzehnts Lenins Oktoberrevolution zur Totalrevolution erweitert und stellt sicherlich den tiefsten Bruch mit der bisherigen russischen Geschichte dar. Damit ist allerdings noch nicht hinreichend präzisiert, inwieweit sie – unabhängig von aller moralischen Bewertung – zugleich Lokomotive des Fortschritts war, das Tor zur sowjetischen Moderne wirklich voll aufgestoßen hat. Deshalb seien wenigstens für einen gesellschaftlichen Hauptbereich etwas genauere Erläuterungen zur Leitfrage des Kapitels nachgeliefert.

Vorab einige einschlägige Bemerkungen zum Wirtschaftssektor. Dessen Entwicklung war, wie schon an anderer Stelle angedeutet, einerseits durch ein rasantes industrielles Wachstumstempo gekennzeichnet, lag zwischen 1930 und 1940 die durchschnittliche Zuwachsrate mit 16,5 Prozent mehr als doppelt so hoch wie in der ausgehenden Zarenzeit, entstand vor allem binnen eines Jahrzehnts eine mächtige, mit moderner Technik ausgestattete Schwer- und Rüstungsindustrie. Andererseits wurde dieser rasche Fortschritt, der überdies nur durch bewußten Verzicht auf Einhaltung der technisch-ökonomischen Proportionen erreichbar war, mit Vernachlässigung und Verfall anderer Wirtschaftsbereiche erkauft und die ökonomische Gesamtleistung dadurch herabgedrückt. Generell und grundsätzlich wird man daher dem Verdikt von Richard Lorenz, einem der besten Kenner der Sozialgeschichte der Sowjetunion, beipflichten müssen: »Das Stalinsche System hat nicht – wie eine an Mobilisierungsvorstellungen orientierte Industrialisierungs- und Modernisierungsforschung meint – in kürzester Frist die ›äußerste Entwicklung der Wirtschaftskraft‹ (W. Hofmann) bewirkt, sondern – trotz einzelner Spitzenleistungen und wichtiger Teilerfolge – die Initiative der Betriebseinheiten und Arbeitskräfte insgesamt eher gelähmt. Es war sowohl als Ganzes als auch in seinen Teilbereichen dysfunktional. Die Sowjetunion hat unter Stalin den teuersten Weg zur Industriegesellschaft eingeschlagen, der mit einem derart niedrigen Lebensstandard verbunden war, wie man sich das kaum noch vorstellen kann. Sie entwickelte sich zu einer Industriemacht, während die überwiegende Mehrheit der Bevölkerung unter Bedingungen lebte, die für die rückständigen Länder der Dritten Welt charakteristisch waren. In der wirtschaftlichen Leistungsfähigkeit findet das Stalin-Regime keine Rechtfertigung.« Vielleicht darf man dem, ohne gehässig zu sein, fragend hinzufügen, ob nicht gerade das Merkmal der Dysfunktionalität der sowjetischen Wirtschaftsentwicklung mehr oder weniger bis heute eigen geblieben ist und auch insoweit durchaus kontinuierlich zur sowjetischen Moderne gehört?!

Ein ebenfalls ambivalenter, aber zugleich doch weit stärker auffächerbarer Eindruck ergibt sich für den im weitesten Sinne soziokulturellen Bereich. Fraglos sind kultureller Pluralismus, revolutionärer Elan und Eigenständigkeit, Avantgardismus und Experimentierfreudigkeit, die Bildungswesen, Literatur und Kunst während der frühsowjetischen Zeit durchaus (noch) aufwiesen, im Zuge und als Folge der Stalinschen Revolution von oben regelrecht ausgemerzt worden, kam es schließlich im Spätstalinismus zur völlig unerträglichen Bedrängnis allen geistigen Lebens. Ebenso fraglos ist jedoch auch, womit wir uns hier allein zu beschäftigen haben, die in der bolschewistischen »Kulturrevolution« erbrachte Modernisierungsleistung.

»Wir müssen uns, koste es, was es wolle, zur Erneuerung unseres Staatsapparates die Aufgabe stellen: erstens zu lernen, zweitens zu lernen und drittens zu lernen ...« Diese ebenso einfache wie beschwörende Formel, die der todkranke Lenin im März 1923 niederschrieb und die bis zum heutigen Tag in vielen sowjetischen Schulen als Wandspruch zu finden ist, kann man getrost als obersten Leitsatz über die bis an die Schwelle des Zweiten Weltkriegs reichende Aufbauphase des kommunistischen Erziehungs- und Bildungswesens in Sowjetrußland setzen. In steter Verbindung mit ideologischer Indoktrination und Propaganda hat er Richtung und Inhalt der damaligen sowjetischen Kulturpolitik insgesamt bestimmt. Mit anderen Worten: Unter der Prämisse des untrennbaren Zusammenhangs von politischer, sozialökonomischer und kultureller Umwälzung ging es der Partei und der

Sowjetmacht unter Lenin und Stalin vorrangig um ein möglichst rasches Anheben des allgemeinen Bildungs- und Kulturniveaus als – nachträglich zu erstellender – Grundlage für den Aufbau des Sozialismus.

Hauptanliegen und Hauptprogrammpunkt war dementsprechend zunächst die Bekämpfung des Analphabetentums. Das praktische Ergebnis der dazu ergriffenen Maßnahmen läßt sich an folgenden Zahlen ablesen: 1926 waren knapp 49 Prozent, 1939 noch 19 Prozent, 1959 dagegen lediglich 1,5 Prozent der Gesamtbevölkerung über neun Jahre des Lesens und Schreibens unkundig. Selbst unter Berücksichtigung des von kommunistischer Seite gerne unterschlagenen Sachverhalts, daß bereits das zaristische Rußland während der letzten zwei Jahrzehnte seines Bestehens wesentliche Voraussetzungen zur Beseitigung des Analphabetentums mitgeschaffen hat, steht der große und durchschlagende Erfolg der sowjetischen Bildungspolitik in diesem Bereich außer Frage. Schon 1927 hatte das sowjetische Bildungswesen mit mehr als elf Millionen Schülern und 169000 Hochschülern den Vorkriegsstand des Zarenreiches mit knapp 8 Millionen Schülern und Oberschülern sowie 127000 Hochschülern im Jahr 1914 deutlich übertroffen. Den Anforderungen einer modernen industriellen Volkswirtschaft war es damit indessen nicht gewachsen. Derartige Anforderungen entstanden jedoch in einem bis dahin nicht gekannten Ausmaß durch Stalins sozialökonomische »Revolution von oben«. Mit ihr begann auch in der Geschichte der sowjetischen Bildungspolitik ein neuer und in kommunistischer Sicht entscheidender Modernisierungsabschnitt.

Das gesamte Bildungssystem wurde nunmehr völlig auf die Bedürfnisse der Volkswirtschaft ausgerichtet. Mit den Experimenten war es endgültig vorbei; sie wurden durch straffste Organisation ersetzt. An die Stelle des schöngeistig-idealistischen Lunatscharskij trat als Volkskommissar für das Bildungswesen A. S. Bubnow (1883–1940), bislang politischer Kommissar in der Roten Armee. Er verlieh dem ganzen sowjetischen Bildungswesen einen fast militärischen Zug, den es bis heute nicht verloren hat. Schon Lenin hatte nie einen Hehl daraus gemacht, daß er in Kultur und Bildung in erster Linie politische und wirtschaftliche Faktoren erblickte, die die junge Sowjetmacht einsetzen sollte, um die ungeheure, vor ihr sich auftürmende »grobe Arbeit« zu bewältigen und »um das Niveau eines gewöhnlichen zivilisierten westeuropäischen Staates zu erreichen«. Dementsprechend definierte er (1920) »proletarische Kultur« einfach und nüchtern als »die gesetzmäßige Weiterentwicklung jener Summe von Kenntnissen ..., die die Menschheit sich unter dem Joch der kapitalistischen Gesellschaft ... erarbeitet hat«, und umriß den ihr grundsätzlich und allgemein vorgeschriebenen Auftrag mit der lapidaren Feststellung: »Für den Anfang sollte uns eine wirkliche bürgerliche Kultur genügen.« In der Tat galt, wie Dietrich Geyer in unmittelbarer Anknüpfung an diesen Ausspruch Lenins nachdrücklich betont, »die Kulturbewegung des Sowjetsozialismus ... fortan der Eroberung der bürgerlichen Kultur für Rußland: Kultur im Sinne positiver Kenntnisse, technischer Fertigkeiten, materieller Errungenschaften, Kultur nicht zuletzt auch als Problem der Macht«.

Kultur als Problem der Macht! Dieses Stichwort weist erneut auf den durch und durch instrumentalen Charakter des sowjetischen Appells zur Rezeption und Weiterentwicklung bürgerlicher Kultur hin. Schon Lenin ließ keinen Zweifel daran, indem er gleichzeitig von allen Kulturschaffenden, ihrer Tätigkeit beziehungsweise ihren Erzeugnissen ideologisches Engagement (ideinost), Parteilichkeit (partijnost) und Volksverbundenheit (narodnost), das heißt Verständlichkeit für die breite Masse, verlangte. Von diesen Axiomen führt ein gerader Weg zu dem unter Stalin offiziell inaugurierten, für alle verbindlich gemachten und bis heute unverändert gültigen »Sozialistischen Realismus«, wie denn überhaupt die Hauptbestimmungsfaktoren frühsowjetischer Kulturpolitik, zentriert um den Begriff der »Kulturrevolution«, in der nachfolgenden Stalin-Ära vollauf erhalten blieben.

Indem er den technisch-instrumentalen Charakter von Bildung, Erziehung und Wissenschaft womöglich noch verstärkte, verlangte Stalin nach dem Anlaufen des ersten Fünfjahrplanes, »neue Kommandeure für die Wirtschaft und Kultur« heranzubilden, die »die Wissenschaften beherrschen«. Auf dem Höhepunkt der sich daraus entwikkelnden sogenannten Kaderkampagne erklärte der Diktator im Mai 1935, kaum zufällig in einer Rede vor Absolventen der Akademie der Roten Armee, daß »die alte Losung ›Die Technik entscheidet alles‹ ... jetzt durch eine neue Losung ersetzt werden muß, durch die Losung ›Die Kader entscheiden alles‹. Das ist jetzt die Hauptsache ...« Denn die Menschen als Kader seien »unter unseren heutigen Verhältnissen« das »wertvollste und entscheidendste Kapital«.

Um nun das Kaderproblem in dem von Stalin umrissenen Sinne lösen zu können, war nicht allein die möglichst rasche Verwirklichung der allgemeinen Grundschulpflicht unbedingt erforderlich, sondern mindestens ebensosehr die Anpassung der Ausbildungsgänge im mittleren und höheren Schulwesen sowie im Hochschulwesen an die planökonomischen Erfordernisse der forcierten Industrialisierungspolitik. Diesen Zwecken dienten folgende Maßnahmen:

1. Das allgemeinbildende Schulwesen erhielt im Mai 1934 eine neue Struktur, die, wenn man von dem ideologischen Rahmen absieht, den gleichzeitigen Schulsystemen im Westen durchaus ähnlich war. Von diesem Zeitpunkt bis zu Chruschtschows Schul- und Bildungsreform von 1957/58 gab es in der Sowjetunion eine Elementarschule mit vier Klassen als die unterste Stufe, darüber eine meist allerdings unvollständige Mittelschule mit sieben Klassen und schließlich eine Zehnklassenschule, die sogenannte Oberschule, als höchste Stufe.

2. Im Bereich der ebenfalls restlos zentralisierten und reglementierten niederen Berufsbildung wurde im Oktober 1940 die alljährliche »Mobilisierung« Hunderttausender von Jugendlichen für die staatlichen Arbeitsreserven auf dem Wege ihrer Zwangseinweisung in entsprechende Lehranstalten nebst anschließender vierjähriger Verpflichtung an vom Staat bestimmte Arbeitsplätze gesetzlich befohlen.

3. Auf der Ebene des Hochschulwesens wurden nach dem Anlaufen des ersten Fünfjahrplanes die bestehenden Anstalten, vor allem die technischen Hochschulen, in eng spezialisierte Fachinstitute, die meist nur Fakultätsbreite hatten, aufgespalten – mit dem Ergebnis, daß sich die

Zahl der Hochschulen allein von 1928/29 bis 1930/31 nahezu vervierfachte, um bis zur Mitte der dreißiger Jahre auf über 700 mit insgesamt 470 000 Studierenden anzusteigen. An den Universitäten vergrößerte sich die Zahl der Fakultäten durch Aufgliederung vor allem der naturwissenschaftlichen Fächer. Allen Hochschulen erteilte das im September 1938 vom Staat erlassene sogenannte »Normalstatut«, dessen grundlegende Bestimmungen sich bis heute kaum geändert haben, den Auftrag, »Kader heranzubilden, die fähig sind, wissenschaftliche und technische Vorrangstellen einzunehmen, dazu ausgestattet mit den Kenntnissen des wissenschaftlichen Sozialismus; bereit, das sowjetische Vaterland zu verteidigen, und der Sache des Aufbaus der kommunistischen Gesellschaft selbstlos ergeben«.

4. Im Oktober 1940 wurde einerseits die Schulgeld- beziehungsweise Studiengebührerhebung an der Oberstufe der Mittelschulen, den mittleren Fachschulen und den Hochschulen verfügt, andererseits jedem Hochschulabsolventen die Verpflichtung auferlegt, nach dem Abschluß seines Studiums an vom Staat »festgesetzten Stellen mindestens drei Jahre lang unmittelbar in der Produktion zu arbeiten«.

Was mit dem ganzen Maßnahmenbündel angestrebt und auch erreicht wurde, war die Heranbildung einer neuen, der schon beschriebenen »werktätigen« Intelligenz, die massenhafte »Produktion« von Verwaltungsfachleuten, Wirtschaftsorganisatoren, Technikern, Agronomen, Erziehern, Wissenschaftlern usw. des sozialistischen Aufbaus. Stalins Revolution von oben machte die Sowjetunion zur beruflichen Aufstiegsgesellschaft, die sie grundsätzlich wohl bis heute geblieben ist. Der fast unerschöpfliche Bedarf an – ebenfalls bereits angesprochenen – technischen »Kadern« ermöglichte Hunderttausenden von Arbeitern und Angestellten den Weg nach oben auf der sozialen Stufenleiter. Nicht nur bei ihnen, sondern auch bei anderen Bevorzugten des revolutionären Umbruch- und Modernisierungsprozesses konnten Faszination durch die Technik und gesellschaftliche Perspektive, wie zuvor in der Phase der Oktoberrevolution, noch einmal durchaus glaubwürdig zusammenfließen.

Hingabe und Enthusiasmus von Komsomolzen und Ingenieuren auf den Baustellen des Landes, im Rahmen des Kulturfeldzuges oder bei anderen vergleichbaren Einsätzen mochten zwar durch Parteibefehle zu brutaler Gewaltanwendung beeinträchtigt werden, die Bereitschaft zu revolutionärer Pflichterfüllung haben sie nicht grundsätzlich in Frage gestellt.

»Ich hörte, wie die Kinder schrien, sich dabei verschluckten, kreischten. Ich sah die Blicke der Männer: Eingeschüchterte, flehende, haßerfüllte, stumpfergebene, verzweifelte oder in halbirrer böser Wut blitzende ...«, so schildert Lew Kopelew rückblickend seine Mitwirkung beim Getreidebeschaffungseinsatz im Hungerjahr 1932 und fährt fort: »Es war quälend und bedrückend, all dies zu sehen und zu hören, und noch bedrückender war es, selbst dabei mitzumachen. Nein, falsch: Untätig zuzusehen, wäre noch schwerer gewesen, als mitzumachen, zu versuchen, andere zu überzeugen, ihnen zu erklären, und dabei sich selbst zu überreden. Denn ich wagte nicht, schwach zu werden und Mitleid zu empfinden. Wir vollbrachten doch eine historisch notwendige Tat. Wir erfüllten eine revolutionäre Pflicht. Wir versorgten das sozialistische Vaterland mit Brot. Wir erfüllten den Fünfjahresplan ... Meine Zweifel, mein nagendes Gewissen, Mitleid und Scham wurden von rationalistischem Fanatismus unterdrückt. Dieser Fanatismus hatte nicht nur geistige Quellen: Bücher und Zeitungen – vielmehr hatten mich Menschen überzeugt, Menschen, die für mich unsere Wahrheit und Gerechtigkeit darstellten und verkörperten, die durch ihr ganzes Leben bestätigten, daß man die Zähne zusammenbeißen und alles ausführen muß, was Partei und Sowjetmacht befehlen.«

Der von Kopelew, aber auch in ganz anderen, offiziellen Aussagen der dreißiger Jahre, die bereits zitiert wurden, verwendete Begriff »das sozialistische Vaterland« verweist auf den Sowjetpatriotismus als weiteres originäres Produkt der Stalinschen Revolution von oben, das rasch und dauerhaft zu einem bestimmenden Faktor von Geschichte und Gegenwart der UdSSR geworden ist. Die vielfältigen, in ihrer Bedeutung kaum zu überschätzenden Funktionen dieses Sowjetpatriotismus als Haupttriebkraft der stalinistischen und nachstalinistischen einschließlich der heutigen Innen- wie Außenpolitik Sowjetrußlands werden noch mehrfach zu würdigen sein. Hier sei zunächst nur zu klären versucht, warum und wie es im Zeichen der sowjetkommunistischen Diktatur des Proletariats überhaupt zu einer derartigen Entwicklung kommen konnte.

Diese Frage ist so zu beantworten: Stalin hat im Zuge seiner Politik des Aufbaus des Sozialismus in einem Lande den Prozeß der Ausformung und Entfaltung des Sowjetpatriotismus zu Beginn der dreißiger Jahre deshalb zielbewußt in Gang gesetzt, weil (erstens) durch seine »Revolution von oben«, durch die unter so großen Opfern vorangetriebene Industrialisierung und die Zwangskollektivierung der Landwirtschaft, die allgemeine Begeisterung für die revolutionären Ideale des Marxismus-Leninismus auf ein Minimum abgesunken war, weil sich (zweitens) im Fernen Osten die Gefahr einer militärischen Auseinandersetzung mit Japan, das 1932 die Mandschurei besetzte, verstärkt abzeichnete und weil darüber hinaus (drittens) der Siegeszug des Faschismus in Europa, aber auch das Fortbestehen der nationalen Gegensätze innerhalb der Sowjetunion selbst nachdrücklich bewiesen, daß die nationale Idee weit stärker war als der Gedanke der internationalen Solidarität.

Überblicken wir unter Zugrundelegung dieses Motivbündels konkrete Einzelvorgänge und -maßnahmen in ihrem zeitlichen Zusammenhang, so ist wiederum zunächst Stalins offenkundiges Bemühen festzuhalten, die planökonomische Revolution von oben durch Appelle an die patriotischen Gefühle der Sowjetbürger zu stützen und abzusichern. »In der Vergangenheit hatten wir kein Vaterland und konnten keines haben. Jetzt aber, da wir den Kapitalismus gestürzt haben und bei uns die Arbeiter an der Macht stehen, haben wir ein Vaterland und werden seine Unabhängigkeit verteidigen«, rief er am 4. Februar 1931 sowjetischen Wirtschaftsfunktionären in einer programmatischen Rede zu, um beschwörend und aufrüttelnd fortzufahren: »Wollt ihr, daß unser sozialistisches Vaterland geschlagen wird und seine Unabhängigkeit verliert? Wenn ihr das nicht wollt, dann müßt ihr in kürzester Frist seine Rückständigkeit beseitigen und ein wirklich bolschewistisches Tempo im Aufbau seiner sozialistischen Wirtschaft entwickeln. Andere Wege gibt es nicht. Darum sagte Lenin zur Zeit des Oktobers: ›Entweder tot oder die fortgeschrittenen kapitalistischen Länder einholen und überholen.‹ Wir sind hinter den fortgeschrittenen Ländern um 50 bis 100 Jahre zurückgeblieben. Wir müssen diese Distanz in zehn Jahren durchlaufen. Entweder wir bringen das zustande, oder wir werden zermalmt.«

Diesem eindringlichen Appell an den revolutionären Stolz der Russen folgte wenig später in einer breitangelegten propagandistischen Kampagne die ostentative Aufwertung der Begriffe Heimat, Volk und Vaterland, wobei die Attribute sozialistisch und werktätig, die bereits relativiert und abgeschwächt waren, weitgehend entfielen. Ein Leitartikel der Moskauer ›Prawda‹ vom 9. Juni 1934 rief einen Tag nach dem Erlaß eines neuen Gesetzes »Über den Verrat an der Heimat« alle Sowjetbürger »zum Kampf für die Heimat, für deren Ruhm, Ehre, Macht und Wohlergehen« auf, griff dabei auf das lange verpönte Wort Patriot zurück und erklärte abschließend: »Die Verteidigung der Heimat ist das höchste Gut des Lebens.« Unmittelbar danach, am 19. Juni 1934, feierte Stalin auf einer bis ins einzelne vorbereiteten patriotischen Massendemonstration auf dem Roten Platz in Moskau die Heimkehrer einer sowjetischen Polarexpedition als »Söhne unseres großen Vaterlandes«. Und schließlich fand sich, ausgelöst durch die fernöstlichen Grenzkämpfe mit Japan, erneut in der ›Prawda‹, diesmal im Dezember 1936, die pathetische Feststellung: »Sowjeterde, groß und mächtig ist sie und ohne Grenzen, fröhlich und glücklich: wahrlich, wir Werktätigen der Sowjetunion, wir lieben unsere Heimat. Wir sind Patrioten . . ., selbst die Luft der Sowjets ist uns heilig.«

Zusammen damit vollzog sich bei immer stärkerer Betonung der großrussisch-nationalen Tradition die Rehabilitierung der vorrevolutionären russischen Geschichte und Literatur sowie die Ausformung einer neuen Geschichtskonzeption, in deren Mittelpunkt das offenkundige Bemühen stand (und steht), russisch-nationale und marxistisch-leninistische Elemente miteinander zu vereinen und die historische Kontinuität von den alten russischen zu den neuen sowjetischen Nationalhelden herzustellen. Unter dem Motto des Brückenschlags zur Vergangenheit wurde dabei auch in der Roten Arbeiter- und Bauernarmee eine ganze Reihe von Reformen mit dem eindeutigen Ziel durchgeführt, sie immer russischer zu machen. Im Februar 1939 wurde sie schließlich auf einen neuen Fahnenschwur vereidigt. Dabei zeigt ein Vergleich mit der alten, aus den Tagen des Bürgerkrieges unter Lenin und Trotzkij stammenden Eidesformel deutlich die ideologische Wendung vom weltrevolutionären Internationalismus zum etatistisch und später imperial normierten Sowjetpatriotismus.

Im Rahmen der offiziellen Hinwendung zu ihm vollzog sich schließlich ebenfalls die ideologische Durchdringung des gesamten Bildungs- und Erziehungsprozesses seit den dreißiger Jahren. Am wichtigsten und folgenreichsten war dabei, daß durch den obligatorischen Unterricht im Fach der »Gesellschaftswissenschaften« ganze Generationen junger Sowjetbürger in einem Sinne indoktriniert wurden, der Russismus und Marxismus-Leninismus praktisch gleichsetzte und Moskau zum schlechthinnigen Zentrum der gesamten Welt erhob. Den entscheidenden Beitrag dazu lieferte Stalin selbst mit dem von ihm höchst persönlich redigierten ›Kurzen Lehrgang der Geschichte der KPdSU (b)‹, der 1938 erschien und zum wichtigsten historischen Textbuch wurde, nach dem bis 1953 alle jungen Menschen in der Sowjetunion staatsbürgerlich gedrillt wurden. Drillen und Pauken – das waren fortan überhaupt die wichtigsten äußeren Kennzeichen des sowjetischen Bildungssystems.

Aus alledem folgt: Die Begriffe Staat, Heimat, Volk und Vaterland drängten im Laufe der dreißiger Jahre die alten sozialistischen Ideale einer weltweiten Solidarität und Befreiung aller Werktätigen und der Brüderschaft der Völker immer stärker in den Hintergrund. Der XVIII. Parteitag der Bolschewiki von 1938 trug dem Rechnung, indem er auf Geheiß Stalins den Sowjetpatriotismus offiziell zu einer der neuen »Triebkräfte der gesellschaftlichen Entwicklung« proklamierte.

Für beides, die planökonomische Revolution von oben und den Sowjetpatriotismus als einen ihrer wesentlichen Bestandteile, lieferte der Zweite Weltkrieg so etwas wie eine nachträgliche Rechtfertigung. Stalins gewaltsam-terroristischer Modernisierungs-Kraftakt ab Ende der zwanziger Jahre ermöglichte es der Sowjetunion, Hitlers Angriff zu überleben. Und gewiß trug dazu auch der Sowjetpatriotismus nicht unwesentlich bei, bewirkte er doch im »Großen Vaterländischen Krieg«, den Stalin umgehend proklamierte, und in darin zum Ausdruck gebrachten gemeinsamen nationalen Existenzinteressen eine spürbare Annäherung zwischen Regime und Bevölkerung. Allerdings wird der Historiker auch fragen müssen: Hätte diese revolutionäre Modernisierung nicht mindestens so effektiv ohne die Millionen an Menschenopfern durchgeführt werden können, und war es nicht gerade die von Hungersnot und »Säuberungen« geschwächte Sowjetunion, die Hitler zum Überfall einlud, weil er in ihr eine leichte Beute vor sich zu haben glaubte? Sprachen nicht damalige Berichte der deutschen Botschaft in Moskau von einer demoralisierten Sowjetarmee ohne Führung?

Aber wie dem auch sein mag: Stalins revolutionäre Modernisierungslokomotive bestand den Härtetest des Zweiten Weltkrieges. Seine »Revolution von oben« und der Sieg im »Großen Vaterländischen Krieg« schufen die Grundlagen für den Aufstieg der UdSSR zur Welt- und Supermacht. Freilich war, wie sofort hinzugefügt werden muß, gerade hier der Zusammenhang zwischen Revolution und Krieg weder vorhersehbar noch gar eingeplant; er läßt sich überhaupt nur indirekt und nachträglich vom rückschauenden Historiker herstellen. Einige weitergefaßte Bemerkungen mögen das verdeutlichen:

Kriege und Revolutionen setzen ganz allgemein die entscheidenden Akzente im politischen Weltgeschehen seit dem ausgehenden 18. Jahrhundert. Dabei fällt insbesondere auf, »daß die innere Beziehung von Krieg und Revolution, ihre gegenseitige Abhängigkeit und die Wechselwirkung zwischen ihnen, ständig gewachsen ist und daß der Schwerpunkt in diesem Verhältnis sich mehr und mehr vom Kriege auf die Revolution verlagert hat«

(H. Arendt). Rußland im 20. Jahrhundert liefert dafür ein geradezu klassisches Beispiel. Seine Kriege mit Japan ab 1904 und mit den europäischen Mittelmächten ab 1914 lösten seine großen Revolutionen von 1905 und 1917 aus; diese beeinflußten ihrerseits den Fort- beziehungsweise Ausgang der Kriege nachhaltig, von dem sie zugleich selbst in hohem Maße abhängig waren. Schließlich wurden gewiß auch die Kriegsergebnisse, weitaus stärker aber noch Fortentwicklung, Folgen und Abschluß der revolutionären Prozesse für den weiteren Verlauf der Geschichte Rußlands richtungweisend und bestimmend.

Was nun Stalins Revolution von oben anbelangt, hat zweifellos ihr Urheber ihre Inangriffnahme und Durchführung, wie schon an anderer Stelle angedeutet, nicht zuletzt mit zunehmender »äußerer Bedrohung« durch die kapitalistischen Mächte, mit von ihnen ausgehender stets akuter Kriegs- und militärischer Interventionsgefahr begründet. Ebenso zweifelsfrei ist jedoch inzwischen wissenschaftlich nachgewiesen, daß »die innenpolitischen Entscheidungen der sowjetischen Führung am Ende der zwanziger Jahre ... nicht als eine Politik interpretiert werden [können], die vorrangig im Sicherheitsinteresse der UdSSR erfolgt wäre«, daß vielmehr »die einschneidenden Änderungen grundsätzlich im Gegensatz zu den damals im Lande vorherrschenden sicherheitspolitischen Überlegungen« durchgeführt wurden. Mehr noch: »Weder ökonomische Notwendigkeiten noch außenpolitische Einsichten der sowjetischen Führung können primär als Begründung für die innere Entwicklung der UdSSR im folgenden Jahrzehnt gelten ...« (M. v. Boetticher) Quintessenz: Es gibt, jedenfalls was die Sowjetunion betrifft, keinen unmittelbaren Erklärungs- und vor allem Rechtfertigungszusammenhang zwischen Stalins Revolution von oben und dem Zweiten Weltkrieg mit Hitlers Überfall auf die UdSSR: »Der 22. Juni 1941 bringt keine rückwirkende Legitimation.« (W. Eichwede)

Ein qualitativ ganz anderer, sehr handfester innerer Zusammenhang zwischen – in dieser Reihenfolge – Zweitem Weltkrieg und Revolution besteht dagegen insofern, als die Sowjetunion die 1945 ihrer Hegemonialsphäre eingefügten Länder vor allem in Osteuropa nach und nach einer tiefgreifenden politischen und sozialen Revolution unterworfen hat, die weitgehend dem eigenen Modell entsprach. Damit wurde, unter veränderten Machtbedingungen und gewiß auch mit modifizierter Zielsetzung, eine Lokomotivfunktion auf internationaler Ebene recht wirkungsvoll praktiziert, der im Verlauf der Oktoberrevolution kein dauerhafter Erfolg beschieden gewesen war.

Im eigenen Land scheint Stalin gegen Ende seiner Herrschaft und zugleich auf dem Höhepunkt des »Kalten Krieges« an eine nochmalige revolutionär-terroristische Aktion von oben gedacht zu haben. Dem XIX. Parteikongreß der KPdSU vom Oktober 1952, dem ersten seit mehr als 13 Jahren, hatte der Diktator mit seiner kurz zuvor veröffentlichten Schrift über die ›Ökonomischen Probleme des Sozialismus in der Sowjetunion‹ die entscheidenden Richtlinien gegeben: Er hob darin einerseits den steten Wechsel zwischen revolutionären Flut- und Ebbezeiten, andererseits die Wirksamkeit und Beachtung wirtschaftlicher Grundsätze im Prozeß der Entfaltung des Sozialismus und Kommunismus besonders hervor. Dementsprechend ließ der Verlauf des Kongresses, auf dem Malenkow und Chruschtschow die Hauptreferate hielten, den Eindruck entstehen, als ob Stalin gewisse Modifizierungen innerhalb des sowjetischen Wirtschaftssystems und der sowjetischen Wirtschaftspolitik vornehmen wollte.

Die Annahme, daß sie mit neuerlichen gewaltsamen Veränderungen innerhalb der sowjetischen Gesellschaftsordnung verbunden werden sollten, wird durch einen zweiten, allerdings höchst mysteriösen Vorgang nahegelegt. Denn drei Monate nach dem Parteikongreß wurde offiziell die »vor einiger Zeit« erfolgte Aufdeckung einer Mordverschwörung von neun jüdischen Ärzten gegen das Leben hervorragender sowjetischer Persönlichkeiten, mit Stalin an der Spitze, bekanntgegeben. Wahrscheinlich sollte dies der Auftakt sein zu einer neuen großen Säuberungswelle sowie zu einer massenhaften Deportation der Juden aus den Städten in entfernte Regionen Sibiriens, die der in solchen Praktiken vielfach bewanderte Diktator vor allem zum Zwecke eines neuen Generations- und

Elitewechsels in der sowjetischen Gesellschaft herbeizuführen beabsichtigte. Da ereilte ihn am 5. März 1953 selber der Tod.

Danach ist die Sowjetunion in die bis heute andauernde, eindeutig nachrevolutionäre Phase ihrer inzwischen siebzigjährigen Geschichte eingetreten. Wohl suchte Chruschtschow während der ausgehenden fünfziger und beginnenden sechziger Jahre eine entschiedene Absage an den Stalinismus, der die Revolution von oben als Lokomotive des Fortschritts restlos diskreditiert hatte, mit nachhaltigen Wandlungsprozessen im Partei-, Wirtschafts- und Bildungsgefüge zu koppeln und in einem neuen Parteiprogramm unter dem Motto des nunmehrigen »entfalteten Aufbaus des Kommunismus« mit utopischen Zukunftsverheißungen für die Sowjetgesellschaft zu überhöhen. Aber die Dynamik seiner Maßnahmen, die man vielleicht als Nachspiel zur Revolution von oben einstufen kann, hat schon unter ihm genau die Institution weitgehend gebrochen und unter seinen Nachfolgern völlig zum Erlöschen gebracht, die nach Stalins Tod von Chruschtschow überhaupt erst wieder in die Herrschaft eingesetzt worden war: der höhere Parteiapparat. Dessen wichtigstes Interesse bestand natürlich darin, die eigene Machtstellung zu erhalten, zu sichern und auszubauen.

Das seitherige, bislang auch durch Gorbatschow (noch?) nicht beseitigte Übergewicht einer ebenso festgefügten und selbstbewußten wie zunehmend erstarrten Nomenklatura in der sowjetischen Innen-, vielleicht sogar Gesamtpolitik läßt einerseits eine – von der oligarchischen Führungsspitze ohnehin nicht beabsichtigte – neue institutionelle Revolution von oben undenkbar erscheinen; andererseits hat, soviel sei hier schon kurz vorweggenommen, die »Stabilität der Kader« jede wirkliche und wirksame »Evolution von oben« ebenfalls verhindert, die inzwischen Gorbatschow unter dem fast zwanghaften Motto einer »Beschleunigung« der Modernisierung wenigstens ansatzweise in Gang zu setzen sich bemüht. Für eine »Evolution von unten«, von Revolution ganz zu schweigen, aber fehlten und fehlen schon deshalb die Voraussetzungen, weil die Gesellschaft trotz eines in ihr inzwischen weit verbreiteten Bewußtseins, daß »es so wie bisher (eigentlich) nicht weitergehen kann«, nach so schweren Aderlässen wie Bürgerkrieg, Stalinismus und Zweitem Weltkrieg sowie aus inzwischen wohl ganz anderen, im nächsten Kapitel zu erläuternden Gründen, sich kaum bereit zeigte und zeigt, für irgendwelche Veränderungen zu kämpfen, zusätzliche Anstrengungen auf sich zu nehmen oder gar auf die Barrikaden zu gehen. Allerdings kündigen der latente Konflikt zwischen wachsenden Ansprüchen und zurückbleibender Produktivität, aber auch eher zu- als abnehmende Spannungen in der Nationalitätenfrage in der UdSSR schon seit längerem gravierende Dauerbelastungen der künftigen sowjetischen Innenpolitik an.

Vor diesem Hintergrund, mit einer kritischen Bewertung der Breschnew-Ära als Ausgangspunkt, hat erstmals 1984, also noch vor Gorbatschows Amtsantritt als Generalsekretär, der amerikanische Politikwissenschaftler Timothy J. Colton in einer höchst anregenden Schrift ›The Dilemma of Reform in the Soviet Union‹ mehrere mögliche Szenarien zukünftiger innersowjetischer Entwicklung entworfen. Sie werden erst im nächsten Kapitel kurz vorgestellt, weil sie inhaltlich dort hingehören – bis auf die Revolution. Colton nennt sie an erster Stelle, hält sie aber mit der Begründung für am wenigsten wahrscheinlich, daß dafür die entscheidende Voraussetzung fehlt: eine allgemeine Krise des politischen Systems der UdSSR. Selbst wenn die Wirtschaftslage sich abrupt verschlechtern und der Lebensstandard zurückgehen sollten, ließe sich ein Zusammenbruch der Herrschaftsinstitutionen mit den vorhandenen und gewiß weiterhin funktionierenden Kontroll- und Stabilisierungsmechanismen verhindern.

Natürlich gibt es auch, wie nicht unterschlagen werden soll, stark davon abweichende Einschätzungen. So hält Wolfgang Leonhard in seinem 1975 erschienenen, nur vom Titel her aufregenden Buch ›Am Vorabend einer neuen Revolution?‹ einen weiteren revolutionären Prozeß in der Sowjetunion für *eine* durchaus denkbare Perspektive und verweist zur Begründung auf Thesen von Eduard Goldstücker, im Prager Frühling Rektor der Karls-Universität, der 1971 von der drohenden Gefahr

»einer elementaren Explosion« in der UdSSR gesprochen hat, falls die sowjetische Führung die Reformen für eine Demokratisierung »weiter aufschiebt«. Leonhard selbst beantwortet die Kernfrage seines Buches abschließend so: » ... die Furcht vor einer Revolution könnte die sowjetische Politik im Sinne einer Demokratisierung von oben beeinflussen, um einem blutigen revolutionären Umsturz von unten zuvorzukommen. So steht die Sowjetunion vor entscheidenden und tiefgreifenden Umwälzungen ihres Systems, die sich durchaus ohne Gewalt vollziehen können.« Ein Kommentar zu dieser vor jetzt über einem Jahrzehnt formulierten Prognose erübrigt sich wohl.

Im Land der bolschewistischen Oktoberrevolution deuten 70 Jahre nach deren Ausbruch – aus allen zuvor angeführten Gründen – keine Anzeichen auf eine erneute Revolution, die diesen Namen verdient, in absehbarer Zukunft hin. Doch kann und darf mit einer solchen Feststellung keinen Augenblick lang das Vorhandensein anderer, inzwischen höchst intensiver Wandlungsbemühungen und -prozesse geleugnet werden, die ihre Urheber und Träger selbst zunehmend häufiger als »revolutionär« etikettieren und als ebenso notwendige wie zugkräftige neue Lokomotiven des Fortschritts bewerten. Hauptsächlich von diesen Bemühungen und Prozessen handelt das nächste Kapitel.

Zweites Kapitel
Ist das nachrevolutionäre System wandlungsfähig?

Die Kapitelfrage gilt primär Zielen und Maßnahmen, bisherigen Ergebnissen und längerfristigen Erfolgsaussichten jener Politik, die Michail Gorbatschow seit seiner Ernennung zum KPdSU-Generalsekretär im März 1985 in die Wege leitete und die er selbst als Politik der »Erneuerung« und des »Umbaus« bezeichnet. Wenn ich zu einem derart frühen Zeitpunkt, schon zwei Jahre nach Ingangsetzung dieser Politik, ein solches Thema einigermaßen fundiert behandeln will, muß ich gleichzeitig darlegen und begründen, was unter vorgegebenen historischen wie aktuellen Rahmenbedingungen der Ausdruck »wandlungsfähig« für das derzeitige Sowjetsystem grundsätzlich meint, nüchtern und illusionslos wohl überhaupt nur meinen und beinhalten kann. Einiges dazu sollen in einem ersten, groben Annäherungsverfahren knappe Antworten auf drei Fragen beitragen: Wie ist unter dem Hauptstichwort des Kapitels die Breschnew-Ära als bisheriger Inbegriff des nachrevolutionären Zeitalters der Sowjetunion einzustufen? Weist das institutionalisierte Sowjetsystem nach inzwischen siebzigjähriger Geschichte konstante Grundzüge, vielleicht gar nicht veränderbare Hauptmerkmale auf? Läßt sich aus beidem eine wahrscheinliche, gegebenenfalls alternative Richtung seiner Entwicklung in der Gegenwart und für eine absehbare Zukunft herleiten?

Was zunächst die innersowjetische Entwicklung während der letzten zwei Jahrzehnte vom Sturz Chruschtschows (Oktober 1964) bis zum Amtsantritt Gorbatschows (März 1985) anbelangt, so hatte diese schon ab Mitte der siebziger Jahre ein Stadium erreicht, das in allen Hauptbereichen des politischen und wirtschaftlich-sozialen Lebens durch Stagnation und Erstarrung gekennzeichnet war. Zum Neuerungen und Experimenten abholden Ruhe- und Sicherheitsbedürfnis der überalterten oligarchischen Führungsspitze und des gesamten höheren und mittleren Parteiapparates gesellten sich in Staat und

Wirtschaft fast zwangsläufig strukturpolitische Unbeweglichkeit, administrative Schwerfälligkeit und bürokratische Verkrustung bei gleichzeitigem Verfall der ideologisch-ökonomischen Moral, blühendem »Neben-Kapitalismus« (second economy) und ausufernder Korruption.

In aktueller Perspektive kaum minder bemerkenswert ist, daß mit alledem auf seiten der breiten Mehrheit der Sowjetbürger eine konformistisch konservative Grundhaltung korrespondiert(e), die sich wohl kaum nur, wahrscheinlich nicht einmal in erster Linie mit Resignation, Angst, Enttäuschung oder Opportunismus erklären läßt. Das bitterböse Wort eines namhaften emigrierten Dissidenten aus dem Jahr 1979, der größte Teil der Sowjetmenschen brauche die bürgerlichen Freiheiten so wenig wie ein Fisch einen Regenschirm, spiegelt einen vielfach belegten, möglichenfalls auch heute unter Gorbatschow noch gültigen Sachverhalt wider: die durch Nichtwissen, Indifferenz oder geringes Verständnis gekennzeichnete Einstellung in der Bevölkerung gegenüber den Dissidenten und anderen oppositionellen Gruppierungen, die, selbst unter Einschluß der aktiven Vertreter von Nationalitäten und Religionsgemeinschaften, ohnehin nur eine kleine Minderheit von schätzungsweise einer Viertelmillion Menschen ausmach(t)en, ohne daß sie allerdings, trotz aller Verfolgungs- und Unterdrückungsmaßnahmen des Einparteistaates, völlig mundtot gemacht werden konnten.

Fazit: Was das Erscheinungsbild von Politik, Wirtschaft und Gesellschaft in der Sowjetunion seit den ausgehenden siebziger Jahren letztendlich bestimmte, war eine Mischung aus Immobilismus und Konservativismus als Endsumme aus Trägheit, Gewohnheit und Eigensucht. Daraus wiederum resultierten, wenn man von der 1984 verabschiedeten Schul- und Bildungsreform als gewiß wichtiger Ausnahme einmal absieht, grundsätzliche Unwilligkeit und Unfähigkeit zur Einleitung, geschweige denn Durchführung wirklicher Modernisierungsmaßnahmen und weiterreichender Wandlungsprozesse.

Zugleich gab es – und gibt es bis heute – nicht die geringsten Anzeichen für einen auch nur allmählichen, gewissermaßen schleichenden Systemwandel, der fundamentale Herrschaftsprinzipien und Herrschaftsträger betrifft. Der seit 1977 gültigen, unter Breschnew nach dem Motto »Wandel durch Kontinuität« konzipierten Verfassung der UdSSR, die (gemäß Artikel 70) als »ein einheitlicher multinationaler Bundesstaat« »die staatliche Einheit des Sowjetvolkes verkörpert« und »alle Nationen und Völkerschaften zum gemeinsamen Aufbau des Kommunismus zusammenschließt«, liegt unverändert der mit und nach der Oktoberrevolution geschaffene normative und institutionelle Rahmen des Sowjetsystems zugrunde. Dreh- und Angelpunkt ist die zentrale Aussage des Artikel 6 dieser Verfassung: »Die führende und lenkende Kraft der sowjetischen Gesellschaft, der Kern ihres politischen Systems, der staatlichen und gesellschaftlichen Organisationen ist die Kommunistische Partei der Sowjetunion.« Sie stellt, wie sofort erläuternd hinzuzufügen ist, seit ihrer Errichtung durch Lenin in Funktion und Selbstverständnis eine »Partei neuen Typs« dar, weil sie den Anspruch erhebt und durchsetzt, mehr als der organisierte Ausdruck einer bestimmten (politisch-sozialen, geistig-religiösen usw.) *Teil*gruppierung innerhalb der Gesamtgesellschaft zu sein. »Traditionsgemäß und etymologisch ist eine Partei (abgeleitet von pars = Teil) eine von mehreren Gruppen, die um die Beteiligung an der Macht im Staate wetteifern. Im sowjetischen Sprachgebrauch ist der Ausdruck auf eine Gruppe bezogen, die, weit davon entfernt, um die Macht zu wetteifern, tatsächlich ein Machtmonopol ausübt und von der Lehre her als hierzu berechtigt angesehen wird.« (L. Schapiro)

Ausgangspunkt und Schlüssel zum Verständnis des revolutionären wie des nachrevolutionären Sowjetsystems ist und bleibt daher Lenins Konzeption und Lehre von dieser Partei neuen Typs. Darauf fußt bis heute die politisch-ideologische und wirtschaftlich-soziale Ordnung der Sowjetunion mit der aus der Partei neuen Typs erwachsenen Diktatur einer elitären Führungsgruppe oder – unter Stalin – einer Einzelperson als des dazu legitimierten Herrschaftsträgers. Er besitzt das alleinige und uneingeschränkte politische Macht- und Gewaltmonopol, das alleinige und uneingeschränkte Verfügungsmonopol über die Produktionsmittel sowie das alleinige und uneingeschränkte Monopol zur Fest- und Auslegung der marxistisch-leninistischen Ideologie als nicht bloß genereller Legitimations-, Konzeptions- und Handlungsgrundlage. Genau das besagt letztlich auch der deshalb zentrale Artikel 6 der derzeitigen Verfassung der UdSSR, noch dazu in Verbindung mit anderen Verfassungsartikeln, darunter etwa mit Artikel 16 über den »einheitlichen volkswirtschaftlichen Komplex« und die »Leitung der Wirtschaft auf der Grundlage staatlicher Pläne der ökonomischen und sozialen Entwicklung« oder mit Artikel 25 über das »einheitliche System der Volksbildung«.

Schlußfolgerung: Die Kapitelfrage hat Veränderungen, Auflockerungen, Rationalisierungen und unterschiedlichen Akzentuierungen *innerhalb* des bisherigen Systems zu gelten, nicht aber einem Strukturwandel *des* Systems. So gestellt, läßt sie überdies einen Rückgriff auf das begriffliche Instrumentarium der ohnehin umstrittenen Totalitarismus-Konzeptionen entbehrlich erscheinen und legt stattdessen – ganz im Sinne Oskar Anweilers – aus drei Gründen eine Kennzeichnung des Systems als »umfassend monistisch« nahe. Erstens ist »monistisch« der angemessene, im Unterschied zu »totalitär« auch politisch-polemisch nicht vorbelastete Gegenbegriff zu »pluralistisch«; zweitens verbindet sich »in einem allgemeineren wissenschaftlichen, aber auch im alltäglichen Sprachgebrauch ... mit dem Ausdruck ›monistisch‹ die Vorstellung von Einheitlichkeit und Standardisierung, fehlender oder geringer Vielfalt, angestrebter Geschlossenheit und Exklusivität« (O. Anweiler); und drittens schließt die in der Gesellschaftstheorie übliche Begriffsverwendung, wonach »Monismus« vorliegt, »wenn trotz einer Vielfalt zu berücksichtigender Faktoren *ein* Faktor als entscheidender und grundlegender in allen sozialen Prozessen vorausgesetzt wird« (O. Anweiler), die Frage nach »pluralistischen« Elementen in einem »monistischen« System unmittelbar ein.

Aber wie dem auch sein mag, jedenfalls dürften die beiden wohl unstrittigen Befunde zum Sowjetsystem, nämlich dessen Bewegungsunwilligkeit und Wandlungsunfähigkeit in der ausgehenden Breschnew-Ära und dessen nach sieben Jahrzehnten immer noch unveränderter normativer und institutioneller Kern und Rahmen, zusammen genommen die Bandbreite möglicher und wahrscheinlicher Entwicklungsalternativen in der Sowjetunion für eine absehbare Zukunft stark einschränken. Aufgrund ähnlicher Überlegungen kommt Timothy J. Colton in einer am Ende des vorigen Kapitels schon genannten vortrefflichen Studie, die in der zweiten Auflage (von 1986) auch Gorbatschows erstes Amtsjahr als Generalsekretär mitberücksichtigt, zu folgender Prognose: Genausowenig wie mit Revolution – davon war schon an anderer Stelle die Rede – ist auf absehbare Zeit mit radikaler Reform in der Sowjetunion zu rechnen. Auch ohne westliche Formen politischer und wirtschaftlicher Organisation direkt zu kopieren, würde radikale Reform den gegenwärtigen Sowjetkommunismus tiefgreifend verändern, politisch Abkehr vom Entscheidungsmonopol der Partei, wirtschaftlich Übergang zu »sozialistischer Marktwirtschaft« und gesellschaftlich Einführung vielfältiger Partizipationsmöglichkeiten bedeuten. Eine solche Entwicklung liegt jenseits jeder politischen Konzeption der Führung, entspricht nicht den Interessen der tonangebenden Eliten und hat keine Massenbasis, um sie von unten durchzusetzen.

Ebenfalls für ganz unwahrscheinlich hält Colton auch die generelle Rückkehr zum Stalinismus, die er als die reaktionäre Lösung bezeichnet. Obwohl Elemente Stalinscher Herrschaft weiterwirken, würde die Rückkehr zum Zwangssystem in Gestalt terroristischer Massenpraxis am inzwischen erfolgten Wandel der Wirtschafts- und Sozialstruktur der UdSSR scheitern.

So bleiben als Möglichkeiten für die Zukunft eigentlich nur die vom Autor der Schrift ›The Dilemma of Reform in the Soviet Union‹ so genannten »realistischen Alternativen«. Zu diesen gehört einmal die Fortsetzung von Breschnews primär konservativer Politik – ein Breschnewismus ohne Breschnew und wie dieser nur wenig durch Minireformen aufgelockert. Die andere Alternative ist die Politik begrenzter Reformen. Colton sieht die Weichen gegenwärtig in Richtung moderaten Reformismus gestellt und seine Einschätzung durch die bisherige Amtszeit Gorbatschows bestätigt. Politischer Mißerfolg könne indessen durchaus zum Rückgriff auf ein konservatives Instrumentarium der Innen- und Wirtschaftspolitik führen.

Der für die absehbare Zukunft prognostizierte begrenzte, inhaltlich bescheidene Reformismus läuft im Unterschied zur radikalen Reform nicht auf eine Veränderung von Grundinstitutionen und Wirkungsmechanismen des sowjetischen Systems hinaus. Sein Ziel ist vielmehr, die Durchschlagskraft der Politik, vor allem aber die wirtschaftliche Leistungsfähigkeit des Landes durch Teilkorrekturen zu verbessern. Im Unterschied zu Konservatismus und Minireform zielt begrenzte Reform zugleich auf einen umfassenden politischen Stilwandel ab, der durchaus Konflikte mit der unter Breschnew mächtig, aber auch behäbig und leistungsunwillig gewordenen Bürokratie einschließt.

Das im Titel seines Buches angesprochene Dilemma sowjetischer Reformentwicklung sieht Colton nicht zuletzt darin, daß begrenzte Reformen zwar einerseits machbar zu sein scheinen, daß sie andererseits aber traditionelle Macht- und Interessenstrukturen im wesentlichen unangetastet lassen, an genau denen sie scheitern können. Radikale Reformen dagegen würden diese Macht- und Interessenstrukturen verändern. Deshalb wären die von ihnen zu erwartenden wirtschaftlichen und gesellschaftlichen Impulse weitaus stärker, aber auch Ablehnung und Widerstand der von solchen Reformen in ihrem Besitzstand gefährdeten herrschenden Gruppen.

Schließlich gibt es nach Coltons Auffassung ein sowjetisches Reformdilemma auch für die Beurteilung der UdSSR von außen: Im Unterschied zu radikaler Reform, die sowjetische Entspannungspolitik wahrscheinlich relativ dauerhaft machen würde, läßt eine Politik begrenzter und daher besser kontrollierbarer Reformen viele außenpolitische Optionen offen.

Selbst wenn man nicht allen Überlegungen und Urteilen des nordamerikanischen Politikwissenschaftlers folgen will, liefern diese doch, zusammen mit der davor skizzierten Beschaffenheit des Sowjetsystems einmal in der späten Breschnew-Ära und der unmittelbaren Folgezeit, zum anderen in prinzipieller normativ-institutioneller Hinsicht, einen plausiblen Argumentationsrahmen und ein konkretes Problemraster für Analyse und kritische Würdigung der »Erneuerungspolitik« Gorbatschows zwei Jahre nach seinem Amtsantritt. Um es thesenhaft vorwegzunehmen: Auch nach meiner Auffassung läuft diese Politik auf kaum mehr als einen gemäßigten, inhaltlich eindeutig begrenzten und auch im Endeffekt eher bescheidenen Reformkurs hinaus. An – in dieser Reihenfolge – dessen bisherigen Hauptbestandteilen und Ergebnissen wie dessen weiteren Zielsetzungen und Erfolgsaussichten sei das auf den ersten Blick vielleicht überraschend skeptische Gesamturteil genauer erläutert und begründet.

Bemerkenswert ist zunächst, daß Gorbatschow im Frühjahr 1985 offenkundig keine hinreichend entwickelte und durchdachte Konzeption und Strategie für seine ›neue‹ Politik besaß, sondern beide sich erst im und durch den (noch zu kennzeichnenden) Fortgang des innersowjetischen Geschehens herausgebildet und einigermaßen klare Konturen gewonnen haben. Während er anfänglich sogar das Wort »Reform« vermied, aber immerhin schon in seiner offiziellen Antrittsrede eine »entscheidende Wende« in der Wirtschaftspolitik forderte, sprach der KPdSU-Chef ein Jahr später bereits von der Notwendigkeit einer »radikalen Reform«, und inzwischen bezeichnen er und seine Mitstreiter das Gesamtvorhaben als »Revolution« (was Gorbatschow übrigens, allerdings nur mit direktem Bezug auf den wirtschaftlichen Bereich, erstmals schon im Mai 1985 in Leningrad getan hat). Am wichtigsten ist jedoch: Die Wechsel und Radikalisierungen in der Wortwahl spiegeln recht genau inzwischen eingetretene Veränderungen beziehungsweise Erweiterungen auch des Inhalts dieser Politik wider. Deren oberste Richtschnur im ersten Amtsjahr Gorbatschows hieß, wie er es selbst vor dem Zentralkomitee am 23. April 1985 formulierte, »Beschleunigung der sozialökonomischen Entwicklung des Landes auf der Grundlage des wissenschaftlichen Fortschritts«. Von politischer Umgestaltung war hingegen relativ wenig die Rede, ehe sie bald nach dem XXVII. Parteitag vom Februar/März 1986 unter Hauptstichworten wie »Neues Denken«, »Offen-

heit«, »Demokratisierung« zur Voraussetzung und unerläßlichen Grundlage der wirtschaftlichen Modernisierung
erklärt worden ist. Heute gilt politischer »Umbau« (perestrojka) gemeinhin geradezu als Kern und »Offenheit«
(glasnost) als Gütezeichen der Gorbatschowschen Erneuerungspolitik. Was tatsächlich wesentlich ist an dieser
Politik und wie neu sie eigentlich ist, läßt sich ermitteln
über eine etwas genauere Kennzeichnung ihrer beiden
gerade genannten Hauptbestandteile unter Einschluß der
Gründe, die eine Zusammenfügung bewirkten.

Für die Erfüllung des zeitlich ersten und wohl immer
noch wichtigsten Anliegens der sowjetischen Führung
um Gorbatschow, die »Beschleunigung der sozialökonomischen Entwicklung«, sollen ein Wirtschaftsprogramm
und eine Wirtschaftspolitik mit drei Schwerpunktberei-
chen und Hauptzielsetzungen sorgen: Intensivierung der
Produktion, Verbesserung der Planung, Umgestaltung
der Wirtschaftslenkung. Zur Intensivierung der Produktion soll vor allem die »Aktivierung des menschlichen
Faktors« beitragen. Immer wieder beschworen, heißt das
im Klartext nicht nur unerbittlicher Kampf gegen Alko-
holismus, Korruption, Ineffizienz und Interesselosigkeit,
kurzum, gegen eine Arbeitsmoral, die unter Breschnew
zwangsläufig zu Qualitätsverschlechterung und Produk-
tionsrückgang geführt hatte; sondern es heißt zugleich
und in erster Linie Erhöhung der Arbeits-, Plan- und
Ausführungsdisziplin sowie gezielter Einsatz materieller
Anreize, um so dauerhaft verbesserte Leistungseffekte
und Wirtschaftsergebnisse zu erzielen. Zum weiteren
vielfältigen Instrumentarium, das diesem Zweck dienen
soll, gehören Dezentralisierung der Planung und Zuwei-
sung von mehr Kompetenzen und Verantwortung an die
Betriebe, deren traditioneller »kleinlicher Bevormun-
dung« wieder einmal der Kampf angesagt wird, sowie
Umgestaltung der Wirtschaftslenkung durch drastische
Schrumpfung des personellen Bestandes und der Befug-
nisse des bürokratischen Apparates.

Die so zusammengesetzte, bis auf das zuletzt genannte
Vorhaben nicht sonderlich originelle Politik der »Beschleunigung«, die der Nutzung des wissenschaftlich-
technischen Fortschritts natürlich höchste Priorität ein-

räumt, strebt keinen Wandel des planwirtschaftlichen ökonomischen Systems, keine Abkehr von ihm an. Zugleich ist sie von Anfang an »auf die Revitalisierung der sozialistischen Ordnung innerhalb der UdSSR im ganzen angelegt« (H.-H. Höhmann), diese Dimension allerdings erst in Verbindung mit Gorbatschows Strategie einer politischen Umgestaltung voll sichtbar und wirksam geworden. Deren immer stärkere Ausformung und Gewichtung durch den Generalsekretär haben mehrere Faktoren veranlaßt und vorangetrieben. Dazu gehören insbesondere der Widerstand in Wirtschaftsbürokratie und Parteiapparat gegen seine Reformpolitik, Passivität und Mißtrauen auf seiten der Bevölkerung sowie ein für Gorbatschow enttäuschendes Ergebnis des XXVII. Parteitages, das sein sozialökonomisches Programm zu behindern und zu verwässern drohte, jedenfalls nicht den erhofften Durchbruch gebracht, ihm mehr als eine halbe Niederlage und weniger als einen halben Sieg beschert hat.

Vielleicht etwas überspitzt formuliert, aber im Kern doch zutreffend, handelt es sich bei den Forderungen nach »Kritik und Selbstkritik«, »Demokratisierung« und »neuem Denken«, nach »Glasnost« und »Perestrojka« um zentrale Bestandteile einer Konzeption und Strategie, die primär aus dem »anti«, aus der entschiedenen Ablehnung von in der UdSSR bestehenden Verhältnissen erwachsen sind. Sie wenden sich
- gegen Korruption und Sittenverfall, steigende Kriminalität, Drogen- und Alkoholmißbrauch;
- gegen den Mangel an Offenheit in den Medien und gegen die fehlende Transparenz bei politischen Entscheidungen;
- gegen Verkümmerungen von Wahlen zu ritualisierten Stimmzettelabgaben ohne alternative Entscheidungsmöglichkeit;
- gegen Überalterung und Trägheit, Inkompetenz und Amtsmißbrauch in der Partei- und Staatsbürokratie;
- gegen die Erstarrung des geistig-kulturellen Lebens durch zu starke Gängelung der wissenschaftlichen und literarisch-künstlerischen Intelligenz.

Zur Beseitigung dieser Mängel und Mißstände sowie der daraus resultierenden Diskreditierung des Sowjetsystems, das lediglich stabilisiert, verbessert und glaubwürdiger gemacht werden soll, tritt Gorbatschow ein

– für »Kritik und Selbstkritik« nach dem (von ihm selbst ausgegebenen) Motto: »Jeder darf kritisieren, jeder darf kritisiert werden«;
– für »Offenheit« als unerläßlich zur Selbstkontrolle, beides praktiziert in Presse, Rundfunk und Fernsehen wie auf allen Ebenen der Partei, des Staates und der gesellschaftlichen Massenorganisationen;
– für »Demokratisierung« durch »sozialistische Selbstverwaltung« von Arbeitskollektiven auf der Betriebsebene ebenso wie durch mehr Rechtssicherheit für den einzelnen Bürger gegenüber der Bürokratie und – nicht zuletzt – durch Abschaffung von Privilegien der Funktionäre, darunter über ein geändertes Wahlverfahren mit der Zulassung und Aufstellung mehrerer, gegebenenfalls sogar parteiloser qualifizierter Kandidaten selbst für »Führungspositionen« und mit einem geheimen Wahlvorgang;
– für mehr Freiraum für die wissenschaftlich-kulturelle Intelligenz, um die Aneignung und Einübung intellektueller Standards besser zu gewährleisten und den so zentral wichtigen Kreativitätsfaktor zu stärken.

Dieses Konzept einer politischen Umgestaltung ist insofern nicht neu, als es sich durchgängig auf Prinzipien und Richtlinien Lenins stützt und auch ausdrücklich beruft, sich mithin voll im marxistisch-leninistischen Rahmen bewegt (dazu mehr im letzten Kapitel). Mit ihm soll ebenfalls keine qualitative Veränderung des Sowjetsystems angestrebt, wohl aber der eingeleitete Reformprozeß unumkehrbar gemacht werden. Beides sowie die von ihm als selbstverständlich unterstellte Einheit von sozial-ökonomischer »Beschleunigung« und politischem »Umbau« hat Gorbatschow in seiner bislang vielleicht wichtigsten programmatischen Erklärung unzweideutig zum Ausdruck gebracht. Aus ihr wird der hier einschlägige Abschnitt als beredtes Zeugnis der vorwärtsdrängenden Ungeduld, aber auch der auffallend unsystematischen Gedankenführung des derzeitigen KPdSU-Chefs im vollen Wortlaut wiedergegeben. Am 27. Januar 1987 betonte er vor den Mitgliedern des Zentralkomitees:

»Heute ist es notwendig, noch einmal zu sagen, was wir unter Umgestaltung verstehen.

Umgestaltung ist eine entscheidende Umkehr der Prozesse der Stagnation, die Zerstörung von Bremsmechanismen und die Schaffung einer verläßlichen und effizienten Maschinerie zur Beschleunigung des sozialen und wirtschaftlichen Fortschrittes der sowjetischen Gesellschaft.

Der Hauptzweck unserer Strategie ist es, die Errungenschaften der wissenschaftlichen und technologischen Revolution mit der Planwirtschaft zu unterstützen und das gesamte Potential des Sozialismus in Gang zu setzen.

Die Umgestaltung bedeutet, sich auf die Kreativität der Massen zu stützen, die allseitige Ausweitung der Demokratie und sozialistischen Selbstverwaltung, die Ermutigung von Initiative und selbstorganisierten Aktivitäten, mehr Disziplin und Ordnung, mehr Offenheit, Kritik und Selbstkritik in allen Bereichen des öffentlichen Lebens und Achtung vor dem Wert und der Würde des einzelnen.

Umgestaltung ist die immer größere Rolle von intensiven Wachstumsfaktoren in der sowjetischen Wirtschaftsentwicklung, Wiederherstellung und Entwicklung der leninistischen Grundsätze des demokratischen Zentralismus in der Verwaltung der Volkswirtschaft, die Nutzung von Kosten-Nutzen-Methoden der Verwaltung überall, Verzicht auf den befehlsmäßigen Führungsstil und bloßes Verwalten, Umstellung aller Wirtschaftseinheiten auf die Prinzipien der vollen wirtschaftlichen Verantwortung und neue Formen der Organisation von Arbeit und Produktion sowie jede Art von Anreiz für Innovationen und sozialistischen Unternehmergeist.

Die Umgestaltung ist eine entscheidende Hinwendung zur Wissenschaft, die sachliche Partnerschaft von Wissenschaft und Praxis im Namen der bestmöglichen Endergebnisse, die Fähigkeit, jedes Unternehmen auf eine gesunde wissenschaftliche Grundlage zu stellen, Bereitschaft und aufrichtiger Wunsch der Wissenschaftler, die Parteipolitik zur Erneuerung der Gesellschaft zu unterstützen, die Sorge um den wissenschaftlichen Fortschritt, um die Erhöhung der Zahl des Forschungspersonals und ihre aktivere Einbeziehung in den Prozeß der Umbildung.

Umgestaltung bedeutet die vorrangige Entwicklung der sozialen Sphäre, die immer vollkommenere Befriedigung des Bedarfs des sowjetischen Volkes an angemessenen Arbeits- und Lebensbedingungen, Freizeiteinrichtungen, Erziehung und medizinischer Betreuung. Sie bedeutet stetige Sorge um die Erhöhung des intellektuellen und kulturellen Niveaus jedes Menschen und der Gesellschaft insgesamt, die Fähigkeit, Entscheidungen über wichtige, kardinale Probleme des öffentlichen Lebens mit solchen über aktuelle Fragen von unmittelbarem Interesse für das Volk zu verknüpfen.

Umgestaltung bedeutet, die Gesellschaft energisch von jeder Abweichung von der sozialistischen Moral zu befreien, sie bedeutet die konsequente Durchsetzung der Grundsätze der sozialen Gerechtigkeit, die Harmonie von Wort und Tat, die Untrennbarkeit von Rechten und Pflichten, die Förderung der bewußten, qualitativ hochwertigen Arbeit und die Überwindung von Lohnnivellierung und Konsumdenken.

Das Endziel der Umgestaltung ist, glaube ich, klar: Es ist die tiefgreifende Veränderung in allen Bereichen des öffentlichen Lebens, dem Sozialismus die fortschrittlichsten Formen der gesellschaftlichen Organisation zu verleihen und dem humanen Charakter unseres Systems in allen entscheidenden Bereichen – Wirtschaft, Gesellschaft, Politik und Moral – in größtmöglichem Maße Geltung zu verschaffen.«

Schließlich bezeichnet der Generalsekretär in derselben Rede die »Umgestaltung« und die »damit verbundenen Prozesse der tiefgreifenden Demokratisierung der Gesellschaft« zwar als »eine wirklich revolutionäre und umfassende Umbildung der Gesellschaft«, stellt jedoch wenig später ebenso unmißverständlich fest: »Es handelt sich selbstverständlich nicht um irgendeinen Umbruch unseres politischen Systems.«

Gorbatschows nunmehr wohl hinreichend vorgestelltes, ebenso umfassendes wie vielschichtiges und schwieriges Reformunterfangen auch nur vorläufig bilanzieren zu wollen, nachdem es gerade voll angelaufen ist, mag anmaßend und wenig sinnvoll erscheinen. Indem erste Ergebnisse benannt und vor allem, daran anknüpfend, einige positive wie negative Entwicklungsperspektiven aufgezeigt werden, läßt sich indessen am ehesten relativ konkret die Kapitelfrage im inzwischen präzisierten Sinne beantworten: Geht es wirklich nur um Veränderungen *innerhalb* des Sowjetsystems, um die Artikulierung und/oder Zunahme pluralistischer Elemente in einem nach wie vor streng monistischen System?

Was zunächst die Ergebnisse betrifft, wird selbst ein noch so skeptischer Betrachter, der an Veränderungen in der Sowjetunion überhaupt nicht glaubt, sofort zugestehen, daß sich in ihr unter Gorbatschow einiges bewegt. Der Unterschied zur vorangegangenen Herrschaftsära ist zumindest insoweit ganz offenkundig; er läßt sich überdies unschwer, weil ganz konkret festmachen am beträchtlichen Ausmaß der in den sowjetischen Medien inzwischen tatsächlich praktizierten »Glasnost« und erst recht am – nach dem im Gefolge von Stalins Tod zweiten – »Tauwetter« in der sowjetischen Kultur. Hauptkennzeichen dieses Tauwetters wie etwa: Lockerung der Zensur, größere Selbständigkeit für Verlage, Theater und Filmstudios, erstaunliche Bandbreite neu oder wieder aufgeworfener und tatsächlich behandelter Themen, aber auch Reputationsgewinn der Künstlerverbände dank echter Vorstandswahlen und entsprechender Ergebnisse erlauben es wohl, hier von einer zunehmenden Artikulierung pluralistischer Tendenzen innerhalb eines auf politisch-ideologischer Ebene wirksam fortbestehenden monistischen Anleitungs- und Kontrollsystems zu sprechen.

Im übrigen vermitteln ohnehin spärliche Tatbestände widersprüchliche Eindrücke. Wohl haben inzwischen in Betrieben und Parteigliederungen auf Bezirksebene Wahlen von Direktoren und Parteisekretären bei zwei Kandidaten stattgefunden, ist ferner ein neues Statut der Einheitsgewerkschaft veröffentlicht worden, das geheime Wahlen von Gewerkschaftsvorsitzenden mit mehreren Kandidaten zuläßt. Aber das ZK der KPdSU hat auf seiner Plenartagung Ende Januar 1987, trotz des dortigen, wie wir gesehen haben, vehementen Umgestaltungsplädoyers des Generalsekretärs, gerade diejenigen »Demokratisierungs«-Vorhaben Gorbatschows verwässert oder zurückgestellt, die den Auswahlmodus höherer Funktionäre in Partei, Staat und Wirtschaft betreffen. Das ist kaum verwunderlich, muß freilich zugleich sehr nachdenklich stimmen, weil sich das nach dem Politbüro wichtigste Entscheidungsgremium des sowjetischen Einparteistaates noch immer zu zwei Dritteln aus Funktionären der Breschnew-Ära zusammensetzt, die Gorbatschow mit seiner Erneuerungspolitik quasi unter Anklage gestellt, in jedem Fall stark verunsichert hat. In leitende Parteistellungen wird man in der UdSSR seit Stalins Zeiten durch Handaufheben gewählt.

Von Widerstand aus vergleichbaren Motiven dürfte ein ebenfalls höchst widersprüchliches Verhalten sowjetischer Behörden zeugen. Einerseits werden politische Gefangene freigelassen und dabei Andrej Sacharow sogar besondere Freiheiten mit internationaler Publizität eingeräumt, andererseits friedliche Demonstranten durch getarnte Schlägertrupps in aller Öffentlichkeit drangsaliert; und die humane Geste der Amnestie von 140 bis 150 politischen Gefangenen wird zugleich – trotz Glasnost! – vor der eigenen Bevölkerung verschwiegen.

Zu bereits erbrachten Reformleistungen in der Wirtschaft läßt sich vorläufig nur ganz allgemein feststellen, daß der 1981 bis 1985 eingetretene historische Tiefstand im Wirtschaftswachstum der UdSSR überwunden ist. Nach offiziellen sowjetischen Angaben haben in den ersten drei Quartalen des Jahres 1986 das produzierte Nationaleinkommen um 4,3 Prozent und die Industrieproduktion um 5,2 Prozent zugenommen, das sind Raten, die seit längerer Zeit nicht erreicht werden konnten. An diesem »respektablen Start« (H.-H. Höhmann) dürften auch Anfang 1987 gemeldete Produktionsrückgänge im Sinne der Planziele als Folge der gerade in rund 1500 Betrieben eingerichteten Qualitätskontrolle nicht viel ändern. Im übrigen geht die Führung um Gorbatschow offensichtlich von längeren Fristen für einen durchschlagenden wirtschaftlichen Umbau aus. Nach ihrer bis zum Jahr 2000 reichenden Langzeitplanung soll die angestrebte »Beschleunigung« in zwei Etappen erfolgen und erst die zweite ab 1990 eine eindeutige Wende zum Besseren erbringen.

Ähnliches gilt, aus der Sicht des Hauptinitiators, für die politische Umgestaltung und für den Reformprozeß insgesamt. »Es wird Generationen dauern, bis sich bei uns ein wirklicher Umbau vollzieht, Generationen«, erklärte Gorbatschow im Juni 1986 während einer vertraulichen Unterredung mit ausgewählten Mitgliedern des Schriftstellerverbandes. Da er in späteren öffentlichen Äußerungen diese Auffassung vom nur langsam und allmählich durchführbaren Umbau mehrfach wiederholt hat, drängt sich, unter dem Stichwort »Entwicklungsperspektiven«, einmal mehr die Leitfrage des Kapitels auf, inwieweit das derzeitige nachrevolutionäre Sowjetsystem wirklich wandlungsfähig ist. Sie zielt jetzt noch darauf ab herauszufinden: Was kann, will und wird Gorbatschow mit seinem Programm und seiner Politik künftig wahrscheinlich erreichen angesichts welcher Widerstände, die wie einzuschätzen sind? Ist es »das einsame Rennen gegen die Uhr«, das Zdeněk Mlynář, einst führender Reformer im Prager Frühling, seinem ehemaligen Moskauer Studienkollegen Gorbatschow Mitte März 1987 in einem so betitelten Artikel in der Wochenzeitung ›Die Zeit‹ bescheinigt hat?

Mein Antwortversuch geht aus von dem inzwischen wohl unstrittigen und jedem einsichtigen Zusammenhang der innen- und der außenpolitischen Zielsetzungen Gorbatschows. »Er benötigt eine Einigung mit den Vereinigten Staaten über Maßnahmen der Rüstungsbegrenzung und Abrüstung, um durch Verminderung der schweren Rüstungslast wenigstens teilweise die Mittel für den beschleunigten inneren Aufbau freizubekommen.« (B. Meissner) Mit einer solchen vertraglichen Einigung, wie immer sie im einzelnen aussehen mag, kann nunmehr wohl in absehbarer Frist gerechnet werden, und zwar nicht zuletzt dank mehrerer Initiativen und neuer Angebote des Kreml-Chefs seit seinem spektakulären Gipfeltreffen mit dem amerikanischen Präsidenten in Reykjavik (Oktober 1986). Sie belegen und erhärten die Annahme, »daß Gorbatschow einen Ausweg aus dem militärischen *und* politischen Holzweg sucht, in den der senile Optimismus der Endphase der Ära Breschnew seine Partei und sein Land geführt hat« (R. Löwenthal). Insgesamt zeugt ein solcher Vorgang von Flexibilität und Lernfähigkeit des gegenwärtigen Sowjetsystems, ohne daß es statthaft wäre, (schon) daraus auf einen grundsätzlichen, qualitativen Wandel seiner Politik zu schließen bei aller durchaus unterstellten Einsicht in den Widersinn endloser Nuklearrüstung.

Statthaft und plausibel erscheint hingegen die Erwartung, daß die erhoffte Übereinkunft mit den USA in der UdSSR das Ansehen Gorbatschows erheblich steigern und den Zeit- und Erfolgsdruck mildern würde, unter den er sich mit seinem umfassenden Reformvorhaben gesetzt hat. Beides zusammen könnte natürlich zu einer (nochmaligen) Forcierung seiner »Beschleunigungs«- und »Umbau«-Anstrengungen beitragen, aber – aus gleich zu benennenden Gründen – durchaus auch eine gegenläufige Entwicklung befördern, die ein amerikanischer Sowjetologe für den ökonomischen Bereich schon Ende 1985 so umrissen hat: »Alles in allem wird Gorbatschow wahrscheinlich weiterhin die Vision von grundlegenden Wirtschaftsreformen hegen, aber in der Praxis wird er sich vermutlich mit erheblich weniger zufriedengeben müssen. Er könnte es schaffen, in der Landwirtschaft etwas mehr privaten Spielraum einzuführen, es könnte ihm auch gelingen, die für den Konsum zur Verfügung stehenden Mittel zu erhöhen sowie die Entscheidungsbefugnisse der Betriebsleiter auszuweiten. Aber diese Reformen werden sich auf die Zentralplanwirtschaft kaum auswirken, und sie schon gar nicht transformieren oder innovativer gestalten.« (Marshall I. Goldman)

Gewiß stimmen alle westlichen Sachkenner darin überein, daß eine im Sinne der Kapitelfrage relevante Prognose zum weiteren Verlauf des derzeitigen innersowjetischen Reformkurses vornehmlich vier Faktoren berücksichtigen muß:

– Gorbatschows eigenes Herrschafts- und Wirtschaftsverständnis;
– den Widerstand in der Nomenklatura nebst reformfeindlichem Umfeld;
– das Zweckbündnis der politischen Führung mit der wissenschaftlich-kulturellen Intelligenz;
– Passivität und Skepsis in der Bevölkerung.

Der erste Faktor besagt: Gorbatschow selbst will, trotz aller radikalen Wortsignale, das Sowjetsystem nicht qualitativ verändern, sondern es nach Richtlinien und Methoden von dessen Schöpfer Lenin verbessern, funktionstüchtiger und glaubwürdiger machen. Zugleich will er »der erfolgreiche Manager einer technokratischen, auf mehr Leitungsflexibilität angelegten, doch... essentiell konservativen Modernisierung« (H. H. Höhmann) sein. Unklar ist, ob er bereit sein und es für zweckmäßig halten könnte, etwa in Anknüpfung an Lenins »Neue Ökonomische Politik« eine Ausweitung des Privatsektors und damit marktwirtschaftliche Betätigung unter staatlicher Kontrolle im Bereich der Konsumgüterindustrie und der Dienstleistungen zuzulassen.

Zwar legalisiert ein vom Obersten Sowjet im November 1986 verabschiedetes »Gesetz über individuelle Arbeit« private Tätigkeit in rund 30 Gewerbebereichen und damit den Nebenerwerb von etwa 17 bis 18 Millionen Menschen hauptsächlich im Dienstleistungssektor. Auch dürfte die Ausweitung dieser Neben- oder gar Haupttätigkeit für viele Millionen weiterer Sowjetbürger hochinteressant und attraktiv sein, darunter für schätzungsweise 20 Millionen Arbeitnehmer, die ihre bisherigen Arbeitsplätze in absehbarer Frist infolge Produktionsmodernisierung und -rationalisierung verlieren werden. Andererseits sprechen alle bisher – in der Landwirtschaft – gemachten Erfahrungen mit der Privatinitiative dafür, daß eine derartige Umstellung in jedem Fall sehr lange dauern wird. Wohl erzeugen – nach Angaben der Regierungszeitung ›Iswestija‹ vom November 1986 – inzwischen 34 Millionen bäuerliche Nebenwirtschaften auf nur vier Prozent der landwirtschaftlich genutzten Fläche rund 30 Prozent des Gemüse-, Fleisch- und Eierbedarfs und sogar die Hälfte der Kartoffelernte. Doch es hat Jahrzehnte gedauert, bis ihre Arbeit in der sowjetischen Landwirtschaft anerkannt wurde.

Immerhin scheint hier ein pluralistisches (Interessen-) Element in einem monistischen (Herrschafts-)System stärker akzentuiert zu werden. Freilich ist selbst eine so vorsichtig zurückhaltende Bewertung sofort mit folgender Einschränkung zu versehen: Die gegenwärtige

Machtkonstellation in der sowjetischen Führungsspitze mit der rigorosen Absage des »zweiten Mannes« Jegor Ligatschow an »irgendwelche Seitensprünge zu Marktwirtschaft und privatem Unternehmertum« schließt jede wirkliche »Liberalisierung« ohnehin aus. Erst recht wird es natürlich weder kurz- noch mittelfristig zur Einführung oder Duldung von »politischem Pluralismus« in der UdSSR kommen. Auf längere Sicht sollte man hingegen die Überlegung als durchaus realistisch und realisierbar einschätzen, »daß sich das sowjetische Herrschaftssystem allmählich von einem unumschränkten zu einem beschränkten Einparteisystem wandeln könnte, von einer totalitären zu einer freieren autoritären und dann zu einer konstitutionellen, d. h. rechtsstaatlich geregelten Einparteiherrschaft« (B. Meissner).

Schon im Interesse ihrer eigenen Rechtssicherheit und deren Stärkung könnte eine derartige Entwicklung durchaus auch von der »Nomenklatura«, der allein für Führungspositionen bestimmten Schicht, begrüßt und mitgetragen werden. Ihr Widerstand gegen Gorbatschows derzeitige Erneuerungs- und Demokratisierungspolitik ist als Bremsfaktor leicht zu erklären: Das höhere Funktionärskorps sieht durch das vom Generalsekretär geforderte Auswahl- und Wahlverfahren (mehrere Kandidaten, darunter gegebenenfalls auch Parteilose; geheime Wahl) bei der Besetzung gerade wichtiger und herausgehobener Stellen seine Privilegien und seine soziale Sicherheit bedroht, und es setzt sich, wie das ZK-Plenum Ende Januar 1987 gezeigt hat, nicht ohne Erfolg zur Wehr. Das reformfeindliche Umfeld erstreckt sich darüber hinaus auf und in die verschiedenen Bürokratien des Staatsapparates und der Wirtschaftsverwaltung. Zu Recht befürchten hier tätige Funktionäre und Angestellte, daß ihre Institutionen aufgelöst, zahlenmäßig stark vermindert oder zumindest wesentlichen Umstrukturierungen unterworfen werden. Schließlich erscheint auch vielen Parteifunktionären auf mittlerer und unterer Ebene ein Übergang von »administrativen« zu »ökonomischen« Methoden nicht vorstell- und zumutbar. Andererseits ist zum gegenwärtigen Zeitpunkt noch nicht abzusehen, inwieweit es Gorbatschow gelingen wird, die Wahl stark verjüngter Führungskader durchzusetzen, die aufgrund ihrer besseren Ausbildung für Reformen eher zugänglich sind. Deshalb läßt sich der Kampf gegen die bislang zersplitterten, aber auf die Dauer immer gefährlicheren Träger restaurativer Tendenzen durchaus als Wettlauf mit der Zeit deuten.

Nicht als Bremsfaktor, sondern als an Veränderungen interessierte, auf sie hindrängende Kraft betätigt sich die wissenschaftlich-kulturelle Intelligenz. Gorbatschow ist aus naheliegenden Gründen ein Zweckbündnis mit ihr eingegangen, das allerdings auf Dauer nur funktionieren wird, wenn er ihr größere individuelle Freiheiten gewährt und damit anerkennt, was der regimetreue, aber kritische Dichter Jewtuschenko im Dezember 1985 öffentlich auf die Kurzformel gebracht hat: »Eine Beschleunigung des wirtschaftlich-technischen Fortschritts ist ohne eine Beschleunigung des geistigen Fortschritts undenkbar.« Die politische Führung braucht die Intellektuellen, denen zumindest eine entschieden antibürokratische Grundhaltung gemeinsam ist, dringender denn je als Ferment und Interpret für die Aufgabe, der Gesellschaft zum »neuen Denken«, vor allem zu einem neuen Leistungsbewußtsein zu verhelfen, sie im Sinne der Reformvorstellungen Gorbatschows positiv zu motivieren.

Das ist und bleibt deshalb bitter notwendig, weil der gravierendste reformfeindliche Faktor nach wie vor Passivität und Skepsis in der Bevölkerung sind, die Mentalität des Durchschnittsbürgers, der sich in dem bestehenden System leidlich eingerichtet hat, jetzt schlicht und einfach in Ruhe gelassen werden will, Angst vor Selbständigkeit hat oder es sich abgewöhnt hat, Initiativen zu ergreifen. Wohl hat sich die Struktur der Sowjetgesellschaft seit dem Beginn des nachrevolutionären Zeitalters erheblich gewandelt. Während sich unter Chruschtschow Stadt- und Landbevölkerung zahlenmäßig in etwa die Waage hielten, gibt es inzwischen doppelt soviele Städter wie Landbewohner; während damals nur 173 von 1000 berufstätigen Sowjetbürgern eine Mittelschul-, Gymnasial- oder Hochschulausbildung besaßen, sind es inzwischen 443. Schließlich sind die Realeinkünfte der Bevölkerung nach offizieller sowjetischer Statistik um mehr als das Dreifache angestiegen. Dennoch haben Interesse am öffentlichen Geschehen, Unternehmungsgeist und Risikobereitschaft im gleichen Zeitraum rapide abgenommen. Schuld daran ist vor allem die, wie an anderer Stelle dargelegt, innenpolitisch höchst unerquickliche Breschnew-Periode. Heute scheint der Sowjetbürger noch immer auf eine Art Garantieerklärung für das Gelingen der »Perestrojka« zu warten, ehe er sich aus der Reserve locken lassen will.

Gewiß wird Gorbatschow ohne die Gesellschaft als Verbündeten langfristig nicht auskommen. Allerdings sollte man auch dies bedenken: Die derzeitige relative Lethargie der breiten Bevölkerung in Stadt und Land ist Risiko und Chance zugleich. Risiko insofern, als ohne aktive Mitwirkung der einfachen Parteimitglieder und Bürger die Reformen ausdörren müßten. Chance insofern, als Gorbatschow kaum befürchten muß, mit seiner Politik der Erneuerung eine Destabilisierung »unten« hervorzurufen. Vielleicht ist die historische Analogie nicht zu gewagt. Im zaristischen Rußland hatte der Liberalismus nur solange eine Chance, wie es noch keine Massenbewegung gab.

Gestützt auf einen ebenfalls weiter ausholenden historischen Rückblick wird man schließlich ein Merkmal der innersowjetischen Entwicklung hinzufügen dürfen, das ihr fast durchgängig eigen war, auch künftig so leicht nicht verschwinden wird und nochmals einem Dilemma gleichkommt. Gemeint ist: Während des längsten Teils der Geschichte der Sowjetunion und zuvor bereits des Zarenreiches erwuchsen die Antriebe zu Veränderung und Modernisierung nicht aus einer Eigendynamik der Gesellschaft wie im Westen, sondern aus den Anforderungen an deren Leistung, die von oben, von der politischen Führung unter dem Druck wirklicher oder angeblicher Sachzwänge der äußeren Selbstbehauptung gestellt wurden. Kaum etwas scheint dafür zu sprechen, daß sich daran in den ausgehenden achtziger und beginnenden neunziger Jahren Wesentliches ändern wird. Die Lokomotive des Fortschritts, jetzt in Gestalt von Reformen, dürfte mit mehr oder weniger Zugkraft und Geschwindigkeit erneut von oben in Gang gesetzt werden, vorrangig bürokratische Haltesignale und Prellböcke zu fürchten haben, aber auch durch zu wenig Resonanz und fehlende Unterstützung in der Bevölkerung zum Stillstand gelangen.

Insgesamt sprechen drei der vier angeführten und erläuterten Faktoren eher für eine Entwicklung mit nur stückweisen Wirtschaftsreformen, langsamer sozialökonomischer »Beschleunigung« und mäßigem Wirtschaftswachstum sowie mit relativ eng begrenztem, im Endeffekt bescheidenem politischem »Umbau« des Sowjetsystems in absehbarer Zukunft. Zweifelsfrei fest steht schließlich: Gorbatschow hat keinen neuen »Prager Frühling« proklamiert oder eingeleitet, und er wird es auch künftig nicht tun.

Anstelle eines eigenen, mehr oder weniger originellen Ausblicks soll den Schlußpunkt ein politischer Witz setzen, der während des Winters 1986/87 in Moskau umlief: Eines Tages unternehmen alle bisherigen »ersten Männer« der Sowjetunion gemeinsam eine Bahnfahrt. Plötzlich hält der Zug irgendwo im weiten Land, und den sowjetischen Führern wird als Grund gemeldet: Die Gleise seien zu Ende. Was ordnet daraufhin jeder einzelne von ihnen an?

Lenin: Richtet einen »Subbotnik« (extra Arbeitstag) ein und sorgt dafür, daß Arbeiter und Bauern weitere Schienen legen.

Stalin: Erschießt jeden Bauern in Sichtweite und schafft dann Gefangene aus den Straflagern herbei, die sofort eine neue Eisenbahnstrecke zu errichten haben.

Chruschtschow: Nehmt einfach die Schienen hinter dem Zug weg und bringt sie vor ihm wieder an.

Breschnew: Zieht alle Vorhänge im Wagen zu und schaukelt auf euern Plätzen vor und zurück.

Gorbatschow: Holt alle aus dem Zug und ruft: »Keine Schienen, keine Schienen!«

Obwohl unausgesprochen, ist die Pointe klar: Gorbatschow wird wenig ändern, wenn er nach »Offenheit« ruft, während er nur am System herumflickt. Meine Anmerkung dazu: Wenn, wie hier eher skeptisch-resigniert als boshaft-zynisch unterstellt, Gorbatschow und seine Reformpolitik scheitern sollten, wird es keine Restauration der vorangegangenen Zustände, keine Rückkehr zur Breschnew-Ära geben, weil inzwischen zuviel geschehen, angestoßen, bewegt und verändert worden ist. Am Ende des Kapitels ist auch das keine unwichtige Auskunft zu seiner Leit- und Kernfrage.

Drittes Kapitel
Welche Bedeutung kommt der großen Einzelpersönlichkeit zu?

Wer eine solche Frage stellt und in ihr ein zentrales Problem der bisherigen und womöglich auch der zukünfti-
gen sowjetischen Geschichte sieht, setzt sich natürlich
leicht dem Verdacht aus, Historie unzulässig zu persona-
lisieren, zumindest aber eine besondere Vorliebe für große Männer und deren große Würfe oder auch Fehlwürfe
zu haben und dementsprechend die gesamte Entwicklung
der Sowjetunion aus ihren politischen Führern und deren
Leistungen erschließen zu wollen. Wie läßt sich dieser
Verdacht ausräumen? Wir versuchen es mit zwei geziel-
ten Hinweisen, die zugleich unser konkretes Vorhaben
und Vorgehen in diesem Kapitel umreißen und einsichtig
machen sollen:

1. Mit Funktion und Stellenwert des personalen Elements im historischen Prozeß muß sich jeder beschäftigen, der – von welchem geschichtstheoretischen Ansatz
oder politisch-ideologischen Standort auch immer – Geschichte erforscht, schreibt und lehrt. Ein knapper einlei-
tender Überblick über einschlägige Aussagen in der neueren Geschichtswissenschaft will dafür die allgemeine Begründung sowie einen Problem- und Aspektekatalog liefern, der für unsere eigenen Überlegungen hilfreich, gele-
gentlich sogar richtungweisend sein kann.

2. Auffallend häufig, darunter auch und gerade in der
wissenschaftlichen Fachliteratur, wird die bisherige Geschichte der Sowjetunion nach den Herrschaftszeiten Lenins, Stalins, Chruschtschows und Breschnews unterteilt.
Eine derartige Periodisierung beruht in der Regel weder
auf Einfallslosigkeit noch auf der Überzeugung, die Sowjetunion sei allein das Werk weniger Einzelpersonen.
Vielmehr trägt sie dem Sachverhalt Rechnung, daß das
sowjetische Herrschaftssystem seine politische Führungsspitze mit einer außerordentlichen Machtfülle aus-
stattet und Sowjetrußland schon deshalb mehr als jeder
andere moderne Staat im 20. Jahrhundert fortlaufend von

den Persönlichkeiten seiner »ersten Männer«, deren jeweiligen Herrschaftszielen und -methoden sowie deren besonderem Führungsstil geprägt worden ist. Genau dies möglichst konkret und detailliert herauszuarbeiten, dabei auftretende Gemeinsamkeiten wie vor allem Unterschiede zwischen ihnen zu verdeutlichen, ist Aufgabe dieses Kapitels. Es geht aus von der Annahme, daß jedenfalls ohne Lenin, Stalin und Chruschtschow die sowjetische Entwicklung nicht gleich verlaufen wäre, und es mündet in Überlegungen zur (Schlüssel-?)Rolle des »subjektiven Faktors«, des Moments »Persönlichkeit« in der Politik der Sowjetunion heute und in absehbarer Zukunft. Als schon erwähnter allgemeiner Problemwegweiser ist schließlich zu beachten und jetzt etwas genauer zu beschriften, wie in der Geschichtswissenschaft der letzten 150 Jahre Funktion und Gewicht der großen historischen Einzelpersönlichkeit beurteilt werden.

Im wesentlichen handelt es sich, wenn ich richtig sehe, um drei unterschiedliche Antwort- und Einordnungsversuche. Der erste läßt sich in der gebotenen Kürze so umreißen: Geschichte ist – zumindest in der Zeit schwerer Krisen und Revolutionen – weitgehend als das Werk großer Persönlichkeiten anzusehen. Das ist eine von der nichtsozialistischen Geschichtsschreibung im 19. Jahrhundert konzipierte, in ihr lange Zeit vorherrschende und bis heute stark nachwirkende Auffassung. Sie hat in Thomas Carlyles Heroenkult und seiner Behauptung »Geschichte ist die Biographie großer Männer« ebenso ihren klassisch-überspitzten Ausdruck gefunden wie in dem bekannten, in der Hegelschen Volks- und Weltgeistlehre wurzelnden Wort Heinrich von Treitschkes »Personen, Männer sind es, welche die Geschichte machen, Männer wie Luther, wie Friedrich der Große und Bismarck.« Jacob Burckhardts Ausführungen über ›Die historische Größe‹ unter dem bezeichnenden Obertitel ›Das Individuum und das Allgemeine‹ in seinen ›Weltgeschichtlichen Betrachtungen‹ gehören in gewisser Weise gleichfalls in diesen Zusammenhang.

Demgegenüber hat Karl Marx – und damit kommen wir zum zweiten Antwortversuch – zwar die Wirksamkeit der »wirklichen, materiell bedingten Individuen« in seinen Frühschriften mit allem Nachdruck hervorgehoben, gipfelnd in dem Satz, »daß also die Umstände ebensosehr die Menschen, wie die Menschen die Umstände machen«. Entscheidend für seine Sicht und Beurteilung der historischen Prozesse, in denen die Menschen zugleich als »Verfasser« und »Schausteller« ihres »eigenen Dramas« auftreten, ist jedoch der Umstand, daß es für ihn in Gestalt der mit tendenzieller Gesetzmäßigkeit beziehungsweise gesetzmäßiger Tendenz sich vollziehenden sozialökonomischen Entwicklung eine »verselbständigte Macht« gibt, die über den Individuen die »gesellschaftliche Beziehung der Individuen aufeinander ausübt.« Dementsprechend ist für den Marxismus und erst recht für den Marxismus-Leninismus Geschichte ein in letzter Instanz durch sozialökonomische Gesetzmäßigkeiten, das heißt durch überpersönliche Gewalten und kollektive Notwendigkeiten bestimmter Prozeß, in dem die Rolle des großen einzelnen dadurch fixiert ist, »daß er Besonderheiten besitzt, die ihn am fähigsten machen, den großen gesellschaftlichen Bedürfnissen zu dienen, die unter dem Einfluß der allgemeinen und besonderen Ursachen entstanden sind« (Georgij W. Plechanow). Der moderne Sowjetkommunismus schließlich geht nach seinem eigenen Zeugnis bei der Kennzeichnung der Rolle der Persönlichkeit im historischen Prozeß »von der dialektisch-materialistischen Auffassung der Einheit von Zufall und Notwendigkeit, ihrem Zusammenhang und ihrer Wechselwirkung im Verlauf der Geschichte aus«.

Das offenkundige Bemühen, beiden bisher grob skizzierten Positionen, nämlich der »personalistisch verstandenen Geschichte der Politik großer Täter« und der »kritischen Analyse kollektiven Handelns und Duldens« möglichst gerecht zu werden, hat in unserer Zeit zumindest Ansätze zu einem dritten Antwortversuch auf die Frage nach der Rolle der großen Einzelpersönlichkeit in der Geschichte hervortreten lassen. Aus einer größeren Zahl diesbezüglicher Überlegungen seien hier zwei Stellungnahmen kurz umrissen, deren Verfasser nicht zuletzt auch namhafte Osteuropahistoriker gewesen sind. Reinhard Wittram geht von der so formulierten Einsicht aus, daß die »am sozialökonomischen Geschehen orientierten

Perspektiven in mancher Hinsicht der individuell-perso-
nalen oder vom zufälligen Ereignis gefangenen Ge-
schichtsbetrachtung überlegen« sind, »weil sie unter Umständen mehr als sie für die Durchschaubarkeit der Geschichte leisten«; der Autor einer zweibändigen Biographie über Peter den Großen, die auf längere Zeit ein hi-
storisches Standardwerk bleiben dürfte, gibt in jener der
sechs unter dem Titel ›Anspruch und Fragwürdigkeit der
Geschichte‹ veröffentlichten Vorlesungen, deren Gegenstand ›Der historische Prozeß und die Biographie‹ ist,
sehr nachdrücklich zu bedenken, »mit welcher überper-
sönlichen Gewalt sich die großen produktions- und ge-
sellschaftsgeschichtlichen Wandlungen vollziehen, mit
welcher alles einzelne Wirken überbietenden ›Notwendigkeit‹, der gegenüber sogar eine so außerordentliche
Natur wie der erste russische Kaiser [gemeint ist Peter
der Große; K.-H. R.] als ein ›Werkzeug‹ der Geschichte
erscheint«. Die nach Wittram entscheidende Frage: »Gibt
es irgend etwas am Menschen, das mehr oder auch etwas
anderes ist als das Produkt geschichtlicher Kräfte« einschließlich ihrer erkenntnistheoretischen Entsprechung:
»Kann dieses ›Etwas‹, sofern es das gibt, mit wissenschaftlichen Mitteln erkannt und bestimmt werden?«,
vermag freilich nach Ansicht des einstigen Göttinger Historikers auch der historische Materialismus nicht befrie-
digend zu beantworten, weil die »wahre Person«, das
heißt der ganze, ungeteilte Mensch nur als creatura dei
wirklich zu erfassen sei.

In manchen Einzelzügen ähnlich und letztlich doch
ganz anders sind Sehweise und Urteil von Edward Hal-
lett Carr, dem wir die bisher umfassendste nichtkommunistische Darstellung der russischen Revolution vor und
nach 1917 verdanken. In einer der scharfsinnigen Vorlesungen über Begriff und Wesen der Geschichte, die er
1961 in Cambridge gehalten hat und die in deutscher
Übersetzung unter dem Titel ›Was ist Geschichte?‹ erschienen sind, bezeichnet der britische Historiker die
Große-Mann-Theorie der Geschichte als endgültig aus
der Mode gekommen und überholt. Für ihn ist dies der
entscheidende Erklärungsschlüssel: »Gesellschaft und Individuum sind unauflöslich miteinander verbunden. Sie

sind keine Gegensätze, sie brauchen und ergänzen einander.« Zugleich wird »die Konzeption des abstrakten Individuums, das außerhalb der Geschichte steht«, scharf abgelehnt und demgegenüber betont: »Das Individuum ist laut Definition Mitglied einer Gesellschaft, möglicherweise auch einer umfassenderen Ordnung – möge man sie nun Gruppe, Klasse, Stamm, Nation oder wie immer nennen.« Und schließlich bekennt Carr: »Selbst heute wüßte ich Hegels klassischer Beschreibung nichts hinzuzufügen: Wer, was seine Zeit will und ausspricht, ihr sagt und vollbringt, ist der große Mann der Zeit. Er tut, was das Innere und Wesen der Zeit ist, verwirklicht sie ...«

Damit ist offenkundig eine geradezu frappierende Nähe zum ersten, ebenfalls ganz eindeutig aus dem deutschen Idealismus gespeisten Antwortversuch gegeben, zumal dann, wenn man sich noch diese Sätze Burckhardts zur historischen Größe in seinen ›Weltgeschichtlichen Betrachtungen‹ ins Gedächtnis ruft: »Die Geschichte liebt es bisweilen, sich auf einmal in einem Menschen zu verdichten, welchem hierauf die Welt gehorcht. Diese großen Individuen sind die Koinzidenz des Allgemeinen und des Besonderen, des Verharrenden und der Bewegung in einer Persönlichkeit. Sie resümieren Staaten, Religionen, Kulturen und Krisen ..., in den Krisen kulminiert in den großen Individuen zusammen das Bestehende und das Neue (die Revolution).«

Natürlich sind die damit grob gekennzeichneten Hauptrichtungsschilder auf dem geschichtswissenschaftlichen Wegweiser zu Rolle und Gewicht der großen Einzelpersönlichkeit im historischen Prozeß ihrerseits in vielem kritikbedürftig; bei unserem Vorhaben können und sollen sie indessen vor allem die jeweilige eigene Stellungnahme und Zuordnung erleichtern. Um gleich damit zu beginnen: Nach dem Urteil eines namhaften, auch von mir hochgeschätzten deutschen Sowjetologen, einem Urteil, das in der westlichen Fachliteratur nach wie vor recht häufig anzutreffen ist, war »die Oktoberrevolution ... in erster Linie das Werk zweier Persönlichkeiten: Lenins und Trotzkijs. Beiden war nicht nur die Schärfe des Intellekts, sondern auch der unbändige Wille zur Macht gemeinsam. Lenin war der überlegene Stratege, Trotzkij der geschickte Taktiker und Organisator der Oktoberrevolution.« (B. Meissner) Eine solche Sicht legt meines Erachtens eine Überbewertung der Rolle der Persönlichkeit nahe, die zu schnell auf jene (zuvor skizzierte) Auffassung hinausläuft, wonach Geschichte, zumindest in der Zeit schwerer Krisen und Revolutionen, weitgehend das Werk großer Männer ist. Angesichts der offenkundigen Eigendynamik, die 1917 der wirtschaftlich-sozialen und politisch-geistigen Entwicklung Rußlands und der sie begleitenden elementaren Massenbewegung innewohnte, sollte doch wohl eher die wirklich dialektische, vom positivistisch-materialistischen Überhang befreite Wechselwirkung zwischen Besonderem und Allgemeinem, zwischen Zufall und Notwendigkeit zur Grundlage historischer Urteilsfindung gemacht werden. Auf diese Weise wird der hervorragende Anteil Lenins und auch Trotzkijs an der Oktoberrevolution in eine angemessenere Relation, in ein vernünftiges Gleichgewicht zu den das damalige Geschehen bestimmenden überindividuellen, sei es sozialökonomischen, politischen oder massenpsychologischen Trieb- und Wirkkräften gebracht.

Die naheliegende Frage, wie Lenin wohl selbst seine Funktion im historischen Geschehen gesehen hat, läßt sich wohl am ehesten mit einer auszugsweise schon zitierten Aussage zur Rolle der Persönlichkeit in der Geschichte beantworten, die von Plechanow, dem Vater der russischen Sozialdemokratie, stammt, vom Sowjetkommunismus übernommen und in dessen Geschichtslehre zur (bis heute gültigen) offiziellen Formel erhoben worden ist. Vollständig lautet sie: »Ein großer Mann ist nicht dadurch groß, daß seine persönlichen Besonderheiten den großen geschichtlichen Geschehnissen ein individuelles Gepräge verleihen, sondern dadurch, daß er Besonderheiten besitzt, die ihn am fähigsten machen, den großen gesellschaftlichen Bedürfnissen seiner Zeit zu dienen, die unter dem Einfluß der allgemeinen und besonderen Ursachen entstanden sind.«

Als wichtigste persönliche Eigenschaften und Besonderheiten, die Lenin auszeichneten und zu erfolgreichem Handeln befähigten, haben schon Zeitgenossen, darunter auch solche, die zu seinen erbitterten Gegnern gehörten, und erst recht – kommunistische wie nichtkommunistische – Historiker immer wieder nachdrücklich hervorgehoben: hohe Intelligenz nebst solider Bildung, intime Kenntnis der zeitgenössischen Verhältnisse nicht nur seines Landes, sondern auch Alt-Europas (immerhin verbrachte er die Hälfte seines Erwachsenenlebens als Emigrant im westlichen Ausland), außerordentliche Selbstdisziplin, ausgeprägten Wirklichkeitssinn und höchste Willenskraft, verbunden mit glänzendem Organisationstalent, sowie vor allem »die seltene Fähigkeit zu systematischer Konzentration auf das als wesentlich Erkannte« (G. Stökl). Das als wesentlich Erkannte, das für ihn letztlich allein zählte, aber war unzweifelhaft die sozialistische Revolution.

Von diesem Ziel her läßt sich daher auch seine historische Leistung – wie immer man zu ihr und ihren Folgen stehen mag – am besten beschreiben und begreifen. Lenin hat wie kaum ein anderer im Gang der Geschichte bewirkt, maßgeblich dazu beigetragen, daß eine Revolution nicht nur entfesselt, sondern auch überstanden und weitgehend nach seinem Willen gemeistert wurde. Eine wesentliche, ja unabdingbare Voraussetzung dafür war, daß er zuvor das notwendige Instrument in Gestalt seiner Partei neuen Typs geschaffen hatte, die ganz und gar sein Erzeugnis war. Was ihn zu beidem befähigte, war eine – so wohl nur ihm eigene – Verbindung von nüchternem Realitätssinn und pragmatischem Handeln mit gläubiger und fordernder Zukunftsgewißheit, aus der er die Überzeugung von der Richtigkeit und Notwendigkeit seines Aktionsprogramms schöpfte, in Rußland den Sozialismus (wie er ihn verstand) zu verwirklichen. Es war eine (im letzten Kapitel noch genauer zu kennzeichnende) Zukunftsgewißheit, die in politischen Entscheidungssituationen und offensichtlichen Notlagen seiner Partei und der jungen Sowjetmacht besonders deutlich in Erscheinung trat. Nicht zuletzt deshalb war er ein großer Revolutionär, vielleicht sogar der größte, den die neuere Geschichte bislang hervorgebracht hat.

War er auch ein Staatsmann? Genauer: Besaß er die – inzwischen wohl nicht nur nach angelsächsischer Auffassung – für einen Staatsmann unerläßliche Gabe, im richtigen Augenblick Gegensätze überbrücken und selbst ausgleichend wirken zu können? Zeichnete ihn vor allem die Fähigkeit und Bereitschaft zu Kompromissen auch in Machtfragen aus? In der westlichen Geschichtsschreibung fallen die Antworten darauf meist eindeutig negativ aus. In der Tat war Lenin in Fragen der Macht zeit seines Lebens nie zu Kompromissen bereit, sondern im Gegenteil unablässig bemüht, alle Macht für seine Partei zu monopolisieren und dort in einem lediglich von einer kleinen Führungselite kontrollierten Apparat zu zentralisieren. Trotzdem lassen sich einige seiner Zielsetzungen und Entscheidungen ab 1921 durchaus als staatsmännisch im eben definierten Sinne bezeichnen. Dazu gehört in erster Linie seine Wendung zur NEP. Sie war in wirtschaftspolitischer Hinsicht eine – wenngleich befristete – Kompromißlösung, und sie gewährte darüber hinaus der durch Krieg, Hunger und rigorose Sozialisierungsmaßnahmen schwergeprüften Bevölkerung eine wirkliche Atempause. Ihr ist es zu verdanken, daß Rußland zwischen 1922 und 1926 mit über vier Millionen Geburten pro Jahr die größten Vermehrungsraten der Bevölkerung in seiner ganzen Geschichte erlebte und die Gesamteinwohnerzahl in dieser Zeit auf 147 Millionen Menschen anstieg.

Schließlich ist – erneut von dem Kölner Historiker G. Stökl – eindringlich darauf aufmerksam gemacht worden, wie stark das Denken des Schöpfers des Sowjetstaates in seinen letzten Lebensjahren »immer wieder um den Menschen kreiste«, wie sehr es ihm dabei um die Hebung seines Bildungsniveaus, aber auch darum ging, »den Menschen vor den Übergriffen einer zum Selbstzweck gewordenen Administration zu schützen« sowie »den Menschen in leitender Funktion vor den Versuchungen der Macht zu bewahren«. Eine seiner letzten Amtshandlungen im Dezember 1922 bestand darin, mit der Begründung: »Wir brauchen keine Flotte, aber eine Erhöhung der Ausgaben für die Schulen« die Überweisung von zwei Millionen Goldrubel aus dem Marineetat an das Volksbildungskommissariat durchzusetzen. Zugleich äußerte sich der Todkranke in einer Fülle von Briefen, skizzenhaften Entwürfen, Vermerken und Tagebuchaufzeichnungen zutiefst beunruhigt über die großrussisch-chauvinistische Praxis der bolschewistischen Nationalitätenpolitik, die immer stärker werdende Bürokratisierung und Korruption des Parteiapparates, die wachsende Machtfülle Stalins und dessen Rivalität mit Trotzkij sowie über die von daher drohende Gefahr einer Spaltung des ZK und Zerstörung der Parteieinheit. Daher bemühte er sich, eine künftige Herrschaft des amtierenden Generalsekretärs zu verhindern, indem er die Partei in einem Brief vom 25. Dezember 1922 vor dessen »unermeßlicher Macht« warnte und in einem vom 4. Januar 1923 datierten Nachtrag Stalins Abberufung von diesem Posten verlangte.

Die beiden gerade angeführten, in ihrem historischen Gewicht natürlich gar nicht miteinander vergleichbaren Vorgänge lassen in mehrfacher Hinsicht die Lenins Gestaltungswillen und -vermögen gesetzten Schranken klar hervortreten. Eine solche Schranke war die durch bitterste Hungersnot gekennzeichnete reale Lage Sowjetrußlands im Winter 1922/23. Sie war schuld daran, daß die dank Lenins Initiative aus dem Flottenetat abgezweigten Gelder nicht ihrem eigentlichen Zweck, dem Bau von Schulen, zugeführt werden konnten, sondern zur Beschaffung von Brot für Schüler und Lehrer verwendet werden mußten. Was zum anderen Lenins Unfähigkeit betraf, Stalin aus dem Amt des Generalsekretärs der Partei entfernen zu lassen, so liegt die Erklärung dafür natürlich einmal in seiner rasch fortschreitenden Krankheit, die ihn spätestens seit dem Jahreswechsel 1922/23 zu völliger Hilflosigkeit gegenüber der zum Selbstzweck gewordenen Macht verurteilte, wobei es gewiß besonders tragisch ist, daß der zwar körperlich völlig Gelähmte, geistig jedoch weiterhin Hellwache dies ganz klar erkannte. Aus kritisch-historischer Distanz nicht minder wichtig ist indessen für uns die Erkenntnis, daß es letztlich das von ihm geschaffene Herrschaftssystem war, das diese Lage heraufbeschwor, das die Manipulation und den skrupellosen Mißbrauch der Macht, das – last not least – die politische Existenz und den Aufstieg eines Mannes wie Stalin überhaupt erst ermöglichte. Deshalb stand der Schöpfer Sowjetrußlands, das »Genie der Revolution«, am Ende selbst völlig machtlos dem von ihm ins Leben gerufenen neuartigen Apparat autokratischer Macht gegenüber, der mehr als nur Keime des Totalitären in sich trug. Seine überragende Bedeutung für den Gang der Geschichte Rußlands *und* der Weltgeschichte im 20. Jahrhundert wird damit nicht bestritten, sondern nur ins richtige Licht gerückt, das auch viele dunkle Schatten wirft.

Lenin, so hat man gesagt, hätte in jedem politischen System eine wirklich hervorragende Rolle spielen können. Bei keinem seiner (bisherigen) Nachfolger bietet sich eine ähnliche Erwägung ernsthaft an, ließe sie sich rechtfertigen. Schon gar nicht bei Stalin. Unabhängig davon, aber erneut im Unterschied zu Lenin, bereitet eine detaillierte, wissenschaftlich breit fundierte Beurteilung seiner Persönlichkeit immer noch erhebliche Schwierigkeiten. Heinz Brahm hat sie 1964 im Nachwort zur zweiten, von ihm redigierten Auflage der Kurzbiographie Stalins aus der Feder des langjährigen ehemaligen deutschen Botschaftsrates in Moskau Gustav Hilger treffend so gekennzeichnet: »Die Konturen Stalins als Mensch und Politiker beginnen seit 1929 so sehr zu verschwimmen, daß auch heute noch die Darstellung seines Lebenswerkes sehr heikel ist. Die Quellen zur Stalin-Ära fließen mehr als spärlich.« Trotz Nikita S. Chruschtschows berühmter sogenannter Geheimrede vor dem XX. Parteikongreß von 1956 nebst einigen jüngeren sowjetischen Publikationen und trotz einer Reihe zum Teil ausgezeichneter Arbeiten vornehmlich angelsächsischer Gelehrter zur Geschichte der KPdSU unter Stalin müsse festgestellt werden: »Solange, als nicht grundlegend neues Material zutage gefördert wird, bleibt eine Biographie Stalins notwendig ein Torso.« Daran hat sich prinzipiell bis heute wenig geändert. Nicht zuletzt deshalb, obschon gewiß auch aus ganz anderen Gründen, bezeichnet selbst Isaac Deutscher, Autor der wohl am weitesten verbreiteten, zugleich freilich in vielem recht umstrittenen nichtkommunistischen Biographie Stalins, diesen als »die Persönlichkeit unseres Zeitalters, die am wenigsten zu fassen und am schwersten zu begreifen ist«.

Obwohl bei derartigen Prämissen auch unsere Aussagefähigkeit stark eingeschränkt ist, soll versucht werden, die mehr als ein Vierteljahrhundert währende Herrschaft Stalins in und über Rußland und seine fast ebensolange dominierende Stellung im internationalen Kommunismus unter folgendem Aspekt kritisch zu würdigen: Inwieweit erscheint diese so entscheidungsreiche Phase der Geschichte Sowjetrußlands und des Weltkommunismus geprägt durch eindeutig personengebundene Züge des Menschen Stalin? Ist Stalin selbst die wichtigste Grundlage des Stalinismus sowie von Theorie und Praxis des Sowjetkommunismus in seiner Herrschaftszeit?

Für den bereits genannten Isaac Deutscher steht fest, »daß Stalin in die Reihe der großen revolutionären Despoten gehört, zu denen Cromwell, Robespierre und Napoleon zählten«. Deutscher fährt erläuternd fort: »Stalin ist groß, wenn man ihn an der Größe seines Unterfangens mißt, an dem Schwung seiner Taten, an der Weite des Schauplatzes, den er beherrschte. Er ist revolutionär..., weil er die Idee einer fundamental neuen sozialen Organisation in die Tat umsetzte. Sie wird dauern, gleichgültig, was ihm persönlich oder sogar dem Regime, das mit seinem Namen verknüpft ist, noch zustoßen mag... Aber auf seinen Erfolgen liegt der finstere Makel eines unmenschlichen Despotismus, und eben dieser mag eines Tages eine so heftige Reaktion hervorrufen, daß die Menschen vielleicht lange nicht recht wissen werden, wogegen sie Stellung beziehen: gegen die Tyrannei Stalins oder gegen seine fortschrittliche soziale Leistung.« Mit sozialer Leistung ist offenkundig gemeint, was im ersten Kapitel bereits ausführlich geschildert wurde: (erstens) die in außerordentlich raschem Tempo vollzogene Industrialisierung Sowjetrußlands; (zweitens) der ihr entsprechende Umbau der Gesellschaft zu einer modernen arbeitsteiligen Leistungsgesellschaft und (drittens) die sogenannte kulturelle Revolution mit Beseitigung des Analphabetentums und Verwirklichung einer neuen technisch-instrumentalen Bildungsidee – kurzum, das wirtschaftliche, gesellschaftliche und bildungsmäßige Ergebnis der Stalinschen »Revolution von oben« seit Beginn der Planungsära und der Zwangskollektivierung am Ausgang der zwanziger Jahre.

Wie immer man nun zu einem solchen Urteil im einzelnen stehen mag; es erscheint insofern keinesfalls annehmbar, als man die ihm zugrunde liegende Trennung zwischen dem praktizierten politischen Herrschaftssystem Stalins, das als despotisch oder tyrannisch abgelehnt wird, und den von Stalin geschaffenen sozialökonomischen Verhältnissen, die als fortschrittlich gelten sollen, nicht vornehmen kann.

Der Stalinismus ist ein einheitliches Ganzes und kann nur so richtig eingeschätzt und gewürdigt werden. Er stellt »eine exzessiv machtorientierte Ordnung der Innen- und Außenbeziehungen einer Gesellschaft des erklärten Übergangs zum Sozialismus« (W. Hoffmann) marxistisch-leninistischen Typs dar. Die entscheidende Grundlage eines so vorläufig und ganz allgemein bestimmten Stalinismus aber war der Leninismus, als dessen unmittelbares Produkt wiederum Stalin anzusehen ist. Das eingangs zitierte Marxwort, »daß ... die Umstände ebensosehr die Menschen, wie die Menschen die Umstände machen«, trifft auf Stalin voll zu. Die Umstände, die ihn im wahrsten Sinne des Wortes gemacht haben, ohne die seine Existenz als große politische Persönlichkeit undenkbar ist, waren die radikalsozialistisch-revolutionäre Bewegung und die bolschewistische Partei, in der Stalin lange Zeit – auch noch nach 1917 – als, wie Trotzkij es einmal boshaft ausdrückte, »hervorragendste Mittelmäßigkeit« galt. Als ein Mann mit Scharfsinn und nüchternem Verstand, aber ohne Phantasie und Originalität, benötigte er für seinen politischen Machtaufstieg unbedingt das bolschewistische Regime, das ihm dafür die institutionellen Voraussetzungen einschließlich des geistig-ideologischen Rüstzeugs lieferte.

Die Ämter, die Stalin unmittelbar nach dem Bürgerkrieg in seiner Hand zu vereinigen verstand, waren von entscheidender Wichtigkeit. Als Volkskommissar für Nationalitätenfragen hatte er die Angelegenheiten beinahe der Hälfte der RSFSR, so hieß zunächst der an die Stelle des alten Rußland getretene Staat, zu bearbeiten, gehörten doch von dessen damals 140 Millionen Einwohnern 65 Millionen nichtrussischen Völkern an. Als Volkskommissar der Arbeiter- und Bauerninspektion (bis

1922) hatte er die gesamte Staatsverwaltung zu überwa-
chen, um deren beide Hauptfehler, Unfähigkeit und Korruption, auszurotten. Als einer der zunächst fünf, dann
sieben Mitglieder des Politbüros gehörte er dem wichtigsten politischen Führungs- und Entscheidungsgremium
an; zugleich war er der einzige Verbindungsmann zwischen Polit- und Organisationsbüro, das heißt, er organisierte und dirigierte die Kräfte der Partei nach den Anweisungen des Politbüros. Kein Wunder, daß er schließlich im April 1922 zum Generalsekretär des ZK ernannt
wurde.

Daß und wie Stalin in den nächsten zwei Jahren aus
dem Sekretär der Partei zum Beherrscher des Apparates
und damit zu einem der mächtigsten Männer der Partei
überhaupt wurde, kann ebenso als allgemein bekannt
vorausgesetzt werden wie die Tatsache, daß es ihm nach
Lenins Tod in einem Zeitraum von fünf Jahren gelang,
alle ihm an Macht und Ansehen überlegenen Männer der
Führungsspitze aus dem politischen Leben auszuschalten. Es trifft auch ganz gewiß Hilgers einfache Feststellung zu: »Um die Mitte der zwanziger Jahre war Stalins
ganzes Streben auf das Ziel gerichtet, sich die Nachfolge
Lenins zu sichern und sich in dieser Machtstellung zu
behaupten.« Aber als Erklärung dafür, warum Stalin hier
so erfolgreich war und das sichere Fundament für seine
künftige persönliche Diktatur legen konnte, reicht eine
solche Feststellung kaum aus.

Der Historiker, der sich damit begnügt, daß Stalin in
diesen Auseinandersetzungen um die Macht nur ehrgeizi-
ge persönliche Ziele verfolgte, um danach aufgrund der
dabei angewandten inhumanen Gewaltmethoden (von
denen gleich noch zu sprechen sein wird) zu einem un-
eingeschränkten Verdammungsurteil zu gelangen, ein
solcher Historiker macht es sich zu leicht und geht an
Wesentlichem vorbei. Stalins persönliche Bestrebungen
waren nicht die einzigen und vielleicht nicht einmal die
wichtigsten Einsätze bei diesem Ringen um die politische
Macht. Mit von ausschlaggebender Bedeutung war vielmehr, daß seine Lehre vom »Aufbau des Sozialismus« in
einem Lande das folgerichtige und vor allem das politisch
allein tragfähige Programm für die absehbare Zukunft

darstellte. Bezeichnenderweise war auch dieses Kernstück des Stalinismus im Grunde kein originäres Produkt
Stalins, sondern nur die Wiederaufnahme eines schon
1915 von Lenin geäußerten Gedankens und die konsequente Fortführung der praktischen Politik des Schöpfers
des Sowjetstaats seit 1921. Umgekehrt muß Trotzkijs
starres Festhalten an der Forderung nach der »permanenten Revolution« unter den Bedingungen einer gewandel-
ten innerrussischen und Weltlage als die orthodoxe Ver-
härtung einer Konzeption bewertet werden, deren Zeit
einfach vorbei war.

Interessanterweise haben mit den damaligen sowjetischen Verhältnissen vertraute Zeitgenossen ganz ähnliche
Auffassungen vertreten. So teilt uns Gustav Hilger rückblickend mit: »Nach Ansicht der damaligen deutschen
Botschaft in Moskau, an deren Spitze in der Person des
Grafen Brockdorff-Rantzau ein kluger Beobachter der
politischen Entwicklung in der Sowjetunion stand, waren
Trotzki und seine Anhänger radikale Phantasten, die
Rußland nichts Konstruktives zu bieten hatten.« Hilger
fährt fort: »Stalin hingegen, der bis dahin im Ausland
noch wenig bekannt war und grundsätzlich jede Berüh-
rung mit ausländischen Diplomaten in Moskau mied,
entpuppte sich ganz unerwartet als Urheber eines neuen
bahnbrechenden Dogmas, das durchaus diskutabel war
und die Anerkennung der Sowjetunion als politischer
Partner zu rechtfertigen schien.« Versucht man von diesen Aspekten her Stalins sattsam bekanntes Spiel des La-
vierens, Taktierens und Paktierens zwischen und mit sogenannten »linken« und »rechten« Gruppierungen in der
noch vorhandenen Führungsspitze zu würdigen, dann
wird man sich der auf den ersten Blick völlig abwegig
erscheinenden Bemerkung Deutschers nicht ganz ver-
schließen können, daß der Stalin dieser Jahre »die Diktatur des goldenen Mittelwegs über all die unruhigen Ideen
und Doktrinen« verkörperte, »die in der nachrevolutionären Gesellschaft auftauchten, die Diktatur des goldenen Mittelwegs, die selber dem goldenen Mittelweg nicht
treu bleiben konnte«.

Der Zusatz ist äußerst wichtig. Er wirft natürlich sofort
die Frage auf: Warum war das nicht möglich? Genau an

diesem Punkt ist es notwendig, auf jene unmittelbar und originär von Stalin stammenden, in seiner Person direkt verankerten Elemente des Stalinismus zu verweisen, durch die dieser seine volle Ausformung und bestimmte Züge erhielt, an denen sich nunmehr auch der zweite Teil des Marx-Wortes bewahrheitete, »daß also die Umstände ebensosehr die Menschen, wie die Menschen die Umstände machen«.

Das erste Stichwort heißt Bürokratisierung und Verapparatung. Obgleich der Wandel vom Revolutionär zum Funktionär sich in Partei und Staat bereits seit dem Ende des Bürgerkrieges unaufhaltsam vollzog, ist erst durch den Verwaltungsbeamten Stalin als der gewissermaßen höchsten Verkörperung der Bürokratie der mittlere und untere Parteiapparat zum praktischen Sinnbild und konkreten Inhalt des Marxismus-Leninismus geworden, ein Apparat und eine Bürokratie, die genauso wie die Führungskader und die oberste Hierarchie beaufsichtigt und überragt wurden von dem von Stalin geschaffenen institutionellen Dreiklang von Parteisekretariat – das nun an die Stelle des Politbüros getretene neue Machtzentrum –, von Parteikontrolle und von Staatssicherheitsdienst in einer einzigen, in seiner eigenen Hand.

Außerordentlich folgenreich und ein integraler Bestandteil des vollentfalteten Stalinismus war ferner der von Lenin scharf abgelehnte, jedoch sofort nach seinem Tod von Stalin ins Leben gerufene Personenkult, zunächst als Lenin-Kult, seit Stalins 50. Geburtstag im Dezember 1929 indessen fest institutionalisiert als Stalin-Kult. Nichts aber zeitigte tiefgreifendere Wirkungen als die neue oder richtiger: die veränderte Funktion, die die Gewalt aufgrund der ganz persönlichen Haltung Stalins ihr gegenüber erhielt. Für die Art dieser Haltung gibt es eindeutige Belege, von denen hier nur drei angeführt seien. Während seiner Tätigkeit in der terroristischen Widerstandsbewegung im Kaukasus 1907/08 entwickelte er bei halbmilitärischen Unternehmungen eine rücksichtslose, Menschenverluste nicht scheuende Art der Kampfführung und verriet damit einen Zug seines Wesens, der später geradezu in gigantischer Weise durchbrach. Während seiner nachfolgenden Inhaftierung als politischer Gefangener in Baku brachte er es fertig, bei Hinrichtungen, die auf dem Gefängnishof stattfanden, ruhig zu schlafen, auch wenn es sich bei den Opfern um seine eigenen Kameraden handelte. Und Ende der zwanziger Jahre gestand Stalin in einem privaten Gespräch ganz offen, daß ihm nichts einen größeren Genuß bereiten könne, als »einen Feind auszuwählen, alles sorgfältig vorzubereiten, um unbarmherzige Rache zu üben, loszuschlagen und dann ... schlafen zu gehen«. Daß er während der berüchtigten Tschistka, der großen Säuberungswelle der dreißiger Jahre mit den zahlreichen Schauprozessen, fast die gesamte revolutionäre Avantgarde Lenins physisch liquidieren ließ, ist aus den zweifellos ebenfalls vorhandenen außerordentlich starken Ressentiments des intellektuell Unterlegenen allein nicht mehr erklärbar, sondern beruht letztlich auf einer »total amoralischen Brutalität des Zuschlagens« (G. Stökl) und verlieh dadurch der stalinistischen Diktatur des Proletariats einen besonderen Zug, der bei Lenin fehlte.

Lenin war mit Marx und Engels durchaus der Anschauung – und trieb dementsprechend auch praktische Politik –, daß die Gewalt die Hebamme sei, die jede alte Gesellschaft brauche, um eine neue zur Welt zu bringen. Stalin genügte diese Geburtshelferfunktion nicht. Für ihn war die Gewalt nicht mehr die Hebamme, sondern die Mutter der neuen Gesellschaft. Zugleich wurde unter anderem mit der Zwangskollektivierung der Bauernstellen jener Zustand des organisierten Bürgerkrieges eingeleitet, der sich alsbald über die Gesellschaft als Ganzes ausdehnte, um in der Massenzwangsarbeit sowie in den schon angesprochenen Terrorprozessen der dreißiger Jahre zu gipfeln. Diesen Verhältnissen entsprach die These Stalins, wonach sich innerhalb der Diktatur des Proletariats der Klassenkampf mit Notwendigkeit verschärfen müsse. Damit aber vollzog sich, wie Georg Lukács offen zugegeben hat, eine »unzulässige Verallgemeinerung der Bürgerkriegsmethoden zu einem Dauerzustand«, eine »abstrakt-dogmatische Verherrlichung des Bürgerkriegszustandes als alleiniger Alternative zu Opportunismus und Kapitulation«. Oder anders und zugleich allgemeiner formuliert: Der beherrschende Grundzug des Stalinismus als Endprodukt, für das Stalin verantwortlich zeichnet, ist exzessiver Opportunismus der Macht; er resümiert sich in der Entscheidung aller Fragen unter dem Gesichtspunkt der Macht, der gewaltsamen Durchsetzbarkeit des Gewollten.

In diesem Zusammenhang nur ein ganz kurzes Wort zur Außenpolitik. Man wird zwar nicht sagen können, daß die sowjetische Außenpolitik samt und sonders stalinistisch in dem eben gekennzeichneten Sinne gewesen sei. Wohl aber wird man in diesem Bereich exzessive Macht- und Gewaltanwendung unbedingt festhalten müssen:

1. für die gesamte sowjetische Nationalitätenpolitik;
2. für das sowjetische Verhältnis zu den kommunistischen Parteien anderer Länder innerhalb wie außerhalb der Komintern und ihrer Nachfolgeorganisationen;
3. für die Schaffung und den Ausbau des Sowjetimperiums seit 1939 beziehungsweise seit 1944.

Im Schlußkapitel des in den sechziger Jahren erschienenen letzten Teiles seiner Memoiren ›Menschen, Jahre, Leben‹ beschreibt der sowjetische Schriftsteller Ilja Ehrenburg die Empfindungen, die die Nachricht vom Tod des Diktators am 5. März 1953 bei ihm und vielen seiner Mitbürger auslöste: »Wir hatten längst vergessen, daß Stalin ein Mensch war. Er hatte sich in einen mächtigen und geheimnisvollen Gott verwandelt. Und nun war der Gott an einer Gehirnblutung gestorben. Dies erschien unvorstellbar.« Ehrenburg fährt fort: »Mir tat der Gott nicht leid, der im Alter von 73 Jahren an einem Anfall gestorben war, als wäre er kein Gott, sondern ein gewöhnlicher Sterblicher gewesen. Aber ich hatte Angst, vor dem, was nun kommen würde.« Im Anschluß daran versucht der bekannte sowjetische Schriftsteller, Stalin und den Stalinismus vor sich und für sich selbst zu erklären: »Ich habe Stalin nicht geliebt, aber ich habe lange an ihn geglaubt und ihn gefürchtet. Wenn wir mit Freunden über ihn sprachen, nannten wir ihn ›Chosjain‹ (Herr)..., die Vergottung Stalins kam nicht plötzlich, sie war kein Gefühlsausbruch der Massen. Stalin hat sie lange und planmäßig vorbereitet..., der Kult um Stalin als dem ›genialen und weisen Führer‹ ging dem Massenterror voraus. Ich habe die Rolle des ›Weisesten‹ nicht sofort durchschaut. Ich weiß auch jetzt noch nicht alles – 1937 aber wußte ich nur von einzelnen Verbrechen. Wie viele andere versuchte ich Stalin vor mir selber zu rechtfertigen. Ich schrieb die Massenrepressalien dem innerparteilichen Kampf zu, dem Sadismus Jeshows, der Unwissenheit, der russischen Tradition. Stalin war ein Mensch von großem Verstand, aber von noch größerer Hinterlist.« Und darauf folgt das erschütternde Schlußbekenntnis: »Wir Sowjetmenschen konnten unter Stalin mit unserem Gewissen nicht ins Reine kommen.«

Ein solcher Mann »von großem Verstand, aber von noch größerer Hinterlist« war über mehrere Jahrzehnte hin die einzige integrierende Kraft der Gesamtgesellschaft des inzwischen größten geschlossenen Staatsraumes der Welt. Er vereinigte in sich nicht nur die wichtigsten Funktionen von Staat und Partei; er stand zugleich über dem Staat und auch über der Partei, er regierte mit beiden Apparaten, durch sie und ohne sie, ganz wie es ihm beliebte. Dabei war die letztlich entscheidende Stütze seiner Macht die durch seine Privatkanzlei von ihm persönlich kontrollierte Staatssicherheitspolizei. Lenin dagegen hatte stets durch die Partei, als ihre Spitze und in ihrem Namen regiert; für ihn war sie der Herrschaftsträger und das Herrschaftsinstrument. Der Stalinismus als Herrschaftsform ist daher eine besondere Erscheinungs- und Entartungsform des Leninismus. Er und mit ihm die Persönlichkeit Stalins als sein Vollender und seine höchste Verkörperung gehören bis heute zur unbewältigten Vergangenheit des Sowjetimperiums und seines Herrschaftsträgers, der Partei »Leninschen Typs«. Dabei erscheint es uns erneut angemessen, beide Phänomene als Ergebnis steter Wechselwirkungen zwischen Allgemeinem und Individuellem, zwischen Notwendigkeit und Zufall zu begreifen.

Diese abschließende Feststellung zu Stalin und dem Stalinismus führt natürlich fast zwangsläufig zu der ohnehin unabweisbaren Frage, die es jetzt zu erörtern gilt: Ist es statthaft oder gar unerläßlich, Bewertungsmaßstäbe, die unmittelbar persongebundenen Faktoren einen richtungweisenden Einfluß auf den Gang der sowjetischen Gesamtentwicklung zusprechen, auch an Stalins

Nachfolger und deren Herrschaftszeiten anzulegen? Unsere Antwort lautet: Nochmals, allerdings bis zum heutigen Tag letztmalig, läßt sich bei Nikita Chruschtschow im Sinne einer wirklich dialektischen Wechselbeziehung feststellen und begründen, daß ebensosehr die Umstände ihn gemacht haben, wie er die Umstände gemacht hat.

Konkret heißt das: Zweifellos ist Nikita Chruschtschow, der 1894 geborene, mithin noch im Zarenreich aufgewachsene Bauernsohn aus dem russisch-ukrainischen Grenzgebiet nicht nur, was seinen politischen Werdegang und Aufstieg in hohe Parteiämter unter Stalin anbelangt, durch und durch ein Produkt des Sowjetkommunismus. Sein Wirken im ersten Jahrzehnt nach Stalins Tod an der Spitze der Partei (seit September 1953) und dann auch der Regierung (seit Februar 1958) vollzog sich ebenfalls ausschließlich im Rahmen des von ihm sogar gläubig bejahten marxistisch-leninistischen Herrschaftssystems. Chruschtschow hat nie beabsichtigt, konnte überhaupt nicht auf den Gedanken kommen, es im Sinne westlich-demokratischer Ordnungsvorstellungen zu liberalisieren, evolutionär umzugestalten. Was er wollte, was vor und unter ihm höchst energisch in die Wege geleitet wurde, war ein umfassender, teil- und zeitweise recht radikal betriebener Reformprozeß zur erneuten Legitimierung und Modernisierung der Sowjetmacht nach innen und außen. Zu diesem Zweck erfolgten vor allem:
1. die Absage an einen unverändert fortdauernden Stalinismus ohne Stalin; stattdessen
2. die Wiedereinsetzung des hohen Parteiapparates in die Herrschaft sowie eine Hebung des Lebensstandards der Bevölkerung;
3. die Revitalisierung der Ideologie;
4. schließlich und nicht zuletzt die Schaffung von Voraussetzungen für eine erstmals globale sowjetische Außenpolitik, »deren Ziele ehrgeiziger, deren Vorgehen elastischer und deren politische Konzeption ideologischer« (R. Löwenthal) waren als unter dem im Grunde immer noch vornehmlich europazentrisch ausgerichteten Stalin.

In der westlichen Fachforschung sind – mit übrigens durchaus nicht negativer Akzentsetzung – alle diese Maßnahmen und Aktivitäten Chruschtschows dahingehend kommentiert worden, »daß er nur ausgeführt hat, wofür die Zeit ohnehin reif war« (E. Boettcher). So richtig das sein mag, trägt es dem Gewicht der Persönlichkeit Chruschtschows nicht hinreichend Rechnung. Keinesfalls darf übersehen werden, worauf bereits 1960 Boris Meissner nachdrücklich hingewiesen hat: »Er war als einziger in der Lage, dank der Dynamik seiner Persönlichkeit und der für ihn typischen Verbindung von Pragmatismus und Gläubigkeit jenes Vakuum auszufüllen, das durch den Fortfall der Autorität Stalins entstanden war.« Nicht nur die tatsächliche Füllung dieses Vakuums, sondern auch die damit gekoppelten, sich über die gesamte Herrschaftszeit Chruschtschows erstreckenden Aktionen zur technischen, wirtschaftlichen und sozialen Modernisierung sowie zur äußeren Machtstärkung der Sowjetunion wurden wesentlich geprägt, ja entscheidend bestimmt durch den persönlichen Gestaltungswillen und Führungsstil des derb-urwüchsigen Autodidakten, handfesten Pragmatikers, impulsiven Agitators, hektischen Organisators und – nicht zuletzt – zutiefst überzeugten Kommunisten an der Spitze des Einparteistaates in der ersten Nach-Stalin-Ära. Die in ihr erzielten Erfolge und Mißerfolge gehen vorrangig auf das Konto dieser ebenso eindrucks- wie widerspruchsvollen sowjetischen Führerpersönlichkeit. Chruschtschows Hang zum »Projektorstwo« (Pläneschmieden) und sein immer unsteteres Experimentieren in der Innen- und Außenpolitik haben schließlich der Sowjetunion in beiden Bereichen ab Anfang der sechziger Jahre eine Reihe gravierender Fehlschläge – mit Zurückbleiben der Wirtschaft, Niederlage in der Kuba-Krise, Verschärfung des Konflikts mit Peking und endgültiger Spaltung des Weltkommunismus als Höhepunkten – eingebracht, ihm selbst einen spürbaren Vertrauens- und Autoritätsverlust in den höchsten Parteigremien und im Oktober 1964 die Amtsenthebung durch sie.

Zweifellos ist Chruschtschow der erste und bislang einzige schon zu seinen Lebzeiten gestürzte Kreml-Chef in der Geschichte der Sowjetunion, die posthume Entthronung durch den jeweiligen Nachfolger allerdings der Regelfall, bezeichnenderweise nur Lenin davon verschont geblieben. Andererseits steht inzwischen ebenfalls außer Frage, daß diejenigen, die Chruschtschow zu Fall brachten und selbst die Macht übernahmen, seine politische Generallinie im wesentlichen weiterverfolgt haben. Davon ausgehend und darauf fußend, gelangt Gerhard Simon in seinem Anfang 1987 veröffentlichten Plädoyer für eine Neubewertung der politischen Leistung Chruschtschows mit überzeugenden Argumenten zu der Schlußfolgerung: »Chruščev hat der Einparteiherrschaft ... neue, eigenständige Entwicklungsperspektiven eröffnet, die das Sowjetsystem gestärkt und nicht geschwächt haben. Die Nachfolger konnten sich Stillstand und Innovationsfeindlichkeit leisten, weil sie auf jenen Grundlagen Politik machten, die Chruščev gelegt hat, weil sie sozusagen von seinem Kapital zehrten.« Mit anderen Worten: Was ab Herbst 1964 zwei Jahrzehnte lang in der Sowjetunion praktiziert wurde, war, zugespitzt formuliert, »Chruschtschowismus ohne Chruschtschow«, der ohne die Dynamik, die von seinem Urheber ausging, in Immobilismus und Stagnation endete.

Bereits damit ist klar und unmißverständlich zum Ausdruck gebracht, daß und warum Leonid Breschnew, der 18 Jahre (Oktober 1964 bis zu seinem Tod im November 1984) als KPdSU-Chef mit ab 1966 dem zeitweise von Stalin verwendeten Titel »Generalsekretär« und seit 1977 auch als nominelles Staatsoberhaupt an der Spitze des Sowjetimperiums stand, nicht das Prädikat einer herausragenden politischen Führungsgestalt zuerkannt werden kann. Er war kein revolutionärer Visionär wie Lenin, kein terroristischer Diktator wie Stalin und kein radikaler Reformer wie Chruschtschow, sondern im Unterschied zu seinen drei Vorgängern primär ein Bewahrer und Verwalter von bereits Bestehendem, ein Neuerer lediglich insofern, als unter ihm zum ersten Mal in der Geschichte der Sowjetunion die »kollektive Führung« längerfristig wirklich funktionierte. Wohl brachte Breschnew seine engsten Vertrauten und Gefolgsleute in die höchsten und wichtigsten Parteiorgane, schwang sich mit deren Hilfe aber nicht zum Alleinherrscher auf, der etwa den anderen Politbüromitgliedern seinen Willen aufzwang. Vielmehr scheint er sich, trotz seiner herausgehobenen Amtsstellung und -autorität, stets in die Führungsmannschaft eingeordnet, sich deren Mehrheitsmeinung in der Regel mehr oder weniger bereitwillig zu eigen gemacht zu haben.

Breschnew, so hat man gesagt, schwamm nicht gegen, sondern mit dem Strom. Dadurch und durch seinen betont nüchternen, manchmal an Farblosigkeit grenzenden Regierungsstil unterschied er sich, jedenfalls in den Augen des hohen Parteiapparats, vorteilhaft von seinem häufig ebenso eigenwillig wie impulsiv-großsprecherisch agierenden Vorgänger. Bei klarer Distanzierung von Stalins persönlicher Diktatur hatte Chruschtschow noch im April 1963 öffentlich erklärt: »Ja, die Zeit der Cäsaren ist beendet. Wir haben bei uns eine kollektive Führung. Aber es gibt Augenblicke, wo die Herrschaft eines einzelnen, der weit sieht, derjenigen von mehreren, die nichts sehen, vorzuziehen ist.« Dagegen vertrat im Januar 1971 ein Grundsatzartikel mit dem Titel ›Die Autorität des Führers‹ in der sowjetischen Parteizeitschrift ›Kommunist‹ mit offensichtlicher Anspielung auf Breschnews »Kabinettstil« nachdrücklich den Standpunkt: »Es ist unsinnig, wenn ein Führer meint, daß er, wenn er einen bestimmten Posten erhalten hat, auch automatisch Autorität gewinnt ... Der Führer muß wissen, daß das ihm gewährte Vertrauen ein Vorschuß ist ...«, daß er ohne den Rat der Fachleute, welche »mehr wissen als er«, nicht auskommen könne. Dazu paßt recht gut die ebenfalls zu Breschnews Lebzeiten in den Westen kolportierte Mitteilung aus (angeblich) offiziöser Quelle, wonach dieser Generalsekretär alle vom ZK-Apparat erarbeiteten Vorlagen und Dokumente unterschreibe und man sich auch in Zukunft keinen besseren vorstellen könne. Das unter ihm herrschende, von sowjetischen Spitzenpolitikern wiederholt hervorgehobene gute Arbeitsklima vervollständigt die eine Seite des Erscheinungsbildes Breschnews, das ihn als Integrationsfigur und deshalb akzeptierten Chef der verschiedenen Säulen und Richtungen im Machtapparat ausweist.

Erst recht wichtig, für eine kritische Gesamtwürdigung sogar ausschlaggebend dürfte indessen die Kehrseite dieses Bildes sein. Ihr ist dreierlei zu entnehmen: Breschnew hat (erstens) trotz langer Dauer seiner Herrschaft, die nur von der Stalins übertroffen wurde, der innersowjetischen Entwicklung keine neuen, eigenen Impulse zu geben vermocht, sie in wirtschaftlicher und sozialer Hinsicht kaum vorangebracht, dafür alle Formen des geistigen Nonkonformismus zunehmend unterdrückt, die Dissidentenszene gewaltsam auszutrocknen versucht. Was (zweitens) die Außenpolitik anbelangt, in die Breschnew sich seit den ausgehenden sechziger Jahren immer stärker persönlich einschaltete, so wuchs unter ihm die UdSSR, wie schon von Chruschtschow vorgezeichnet, bewußt in die Rolle einer Weltmacht hinein, die nicht nur Omnipräsenz und Parität mit den USA anstrebte, sondern ab 1969/70 einen Entspannungskurs im Ost-West-Verhältnis steuerte, der mit der Unterzeichnung der KSZE-Schlußakte von Helsinki im Juli 1975 seinen Höhepunkt erreichte. Allerdings wurde diese untrennbar mit Breschnews Namen verknüpfte Détente-Politik Moskaus rasch und stark entwertet durch eine gleichzeitige militärische Aufrüstung der Sowjetunion und durch den ebenfalls unter ihm Ende 1979 vollzogenen Einmarsch sowjetischer Truppen in Afghanistan. Als Endergebnis muß daher (drittens) festgehalten werden, daß in den letzten Regierungsjahren Breschnews, den seit Mitte der siebziger Jahre Gesundheit und politisches Glück zunehmend verließen, die sowjetische Führung offensichtlich nicht (mehr) die Kraft besaß, ihr Land aus innerer Stagnation (einschließlich weit verbreiteter Korruption) und äußerer Isolierung (als Folge selbst heraufbeschworener, unheilvoller Verstrickungen durch massive Aufrüstung und Afghanistan-Intervention) herauszuführen.

Jurij Andropow und Konstantin Tschernenko, den ersten beiden Nachfolgern Breschnews an der Spitze des Einparteistaates, konnte das schon deshalb nicht gelingen, weil ihre Regierungszeiten krankheits- und altersbedingt mit 16 respektive 13 Monaten viel zu kurz waren, nur Übergangscharakter hatten. (Damit erübrigt sich im Rahmen unserer Themenstellung eine kritische Würdigung dieser beiden »ersten Männer« im Kreml, wenngleich nicht zu übersehen ist, daß der langjährige KGB-Chef Andropow als KPdSU-Generalsekretär immerhin

Ansätze zu neuen und eigenständigen Zielsetzungen erkennen ließ.) Erst mit dem Amtsantritt von Michail Gorbatschow im März 1985, der das seit der ausgehenden Breschnew-Ära bestehende Interregnum beendete, ist wieder Bewegung in die Politik der Sowjetunion gekommen, ohne sich freilich (wie im vorigen Kapitel dargelegt) bis heute in greifbaren inneren Reformen und äußeren Entspannungsergebnissen niederzuschlagen.

Das besondere Interesse des In- und Auslands an der Person des derzeitigen Generalsekretärs der KPdSU ergibt sich aus einer ganzen Reihe von Gründen: Gorbatschow, 1931 im nördlichen Kaukasus als Sohn russischer Bauern geboren, ist nicht nur im Vergleich zu seinen unmittelbaren Vorgängern ein verhältnismäßig junger Mann, sondern mit 54 Jahren zum Zeitpunkt seiner Wahl der jüngste sowjetische Parteichef der gesamten Nach-Stalin-Zeit, mit dessen längerfristigem Verbleib an der Spitze der Kreml-Führung daher, sofern nichts Unerwartetes geschieht, gerechnet werden kann oder muß. Zugleich ist er der erste Parteichef, der seine politische Karriere nicht bereits unter Stalin begann, der mithin eine neue Generation, die der Enkel der sowjetischen Revolutionsepoche, repräsentiert. Daß ihm der Aufstieg vom Gebietsparteisekretär in Stawropol zum ersten Mann im Kreml in nur siebeneinhalb Jahren gelang, während die Laufbahn sowjetischer Spitzenpolitiker im Regelfall durch eine jahrzehntelange Tätigkeit im bürokratischen Apparat vorgeprägt ist, gab und gibt immer wieder Anlaß dazu, Gorbatschow mehr Unvoreingenommenheit und Eigenständigkeit, den Mut und die Bereitschaft zum Beschreiten neuer Wege zu unterstellen. Ferner hat er im Unterschied zu allen seinen Vorgängern ein abgeschlossenes Doppelstudium vorzuweisen. Er ist der erste Diplom-Jurist seit Lenin im Politbüro und ein auch in der Praxis bewährter Diplom-Agronom. Schließlich und vor allem erwartet man von dem mit solchen Merkmalen und intellektuellen Fähigkeiten sowie persönlicher Ausstrahlungskraft ausgestatteten Gorbatschow, daß es ihm gelingt, die Sowjetunion auf der Basis nicht bloß peripherer innenpolitischer Auflockerung sowohl wirtschaftlich und gesellschaftlich beschleunigt zu modernisieren als auch ihr Verhältnis zur Außenwelt spürbar zu verbessern und zu entspannen – nicht zuletzt durch tatsächliche und vollständige Beendigung der militärischen Einmischung in Afghanistan und durch nukleare Abrüstungsübereinkommen mit dem Westen.

Bislang haben sich diese hochgesteckten Erwartungen (noch) nicht erfüllt. Auf die dadurch ohnehin nahegelegte, bei unserer augenblicklichen Themastellung sogar zentrale, allerdings auch schwer beantwortbare Frage, inwieweit Gorbatschow selbst dafür verantwortlich zu machen ist, läßt sich wohl am ehesten einigermaßen konkret eingehen durch Hervorhebung folgender Sachverhalte und Probleme, von denen einige überdies Hinweise auch zum wahrscheinlichen Gewicht des (jeweiligen) »ersten Mannes« der Kreml-Führung in der weiteren inneren und äußeren Entwicklung der Sowjetunion enthalten:

1. »Ohne einen Konsens mit den vier Apparaten von Partei, Regierung, KGB und Militär, die die vier tragenden Säulen des sowjetischen Herrschaftssystems sind, ist ein Generalsekretär mehr oder weniger ohnmächtig, ein Gefangener der kollektiven Führungsmannschaft. Er muß diese Apparate für sich gewinnen oder aber deren Widerstand brechen, wenn er seine politischen Ziele verwirklichen will. Wie man aus der Geschichte der KPdSU weiß, dauert ein Machtkampf aber oft viele Jahre.« (H. Brahm) Auch Gorbatschow, der vom Politbüro nur »einmütig« und nicht, wie bisher üblich, »einstimmig« zum Generalsekretär ernannt wurde, scheint noch einen recht langen Atem zu benötigen, um sich auf die eine oder die andere Weise voll durchzusetzen. Wohl hat er die gefährlichsten Gegenspieler relativ rasch politisch kaltstellen können; er ist jedoch bis auf weiteres, zugespitzt formuliert, nur Chef einer Koalition, die weniger aus engen Vertrauten oder gar regelrechten Gefolgsleuten als aus eigenständigen Verbündeten besteht und in der sich fortschrittliche Reformer und konservative Dogmatiker gegenwärtig in etwa die Waage halten dürften. Ebenfalls bemerkenswert ist in diesem Zusammenhang, daß im Frühjahr 1986 auf dem XXVII. Parteitag die vielfach im Sinne eines eindeutigen Generationswechsels erwartete drastische Verjüngung des Zentralkomitees nicht

stattgefunden hat und für das Politbüro erst recht keine solche Veränderung zu registrieren ist. Wohl ist sie hier bereits zuvor erfolgt im Zuge einer regelrechten, keineswegs nur die Spitzengremien erfassenden Umbesetzungswelle während Gorbatschows erstem Amtsjahr. Von März 1985 bis Ende Februar 1986 wurden ausgewechselt: die Hälfte der Kandidaten und Vollmitglieder des derzeit zwölfköpfigen Politbüros; fünf von 14 Parteiführern der Unionsrepubliken; 40 von insgesamt 113 Mitgliedern der Sowjetregierung, 50 von 157 Gebietssekretären der Partei. Aber die neuen Funktionäre sind keineswegs immer Anhänger und Sympathisanten Gorbatschows, stärken jedenfalls nicht automatisch seine Position.

2. Das 1986 neugefaßte Parteistatut hat die »kollektive Führung« zum fünften Grundsatz des Organisationsprinzips des demokratischen Zentralismus erhoben. Mit dieser Bestimmung ist das oligarchische Leitungselement bewußt gestärkt, die Machtstellung Gorbatschows und eines jeden künftigen Generalsekretärs hingegen grundsätzlich geschwächt worden. Schließlich bekleidet er im Unterschied zu allen seinen Vorgängern – selbst zu Andropow und Tschernenko – keinerlei Staatsamt. Auch dies dürfte kaum ein Zufall sein.

3. Angesichts der gerade angeführten Rahmenbedingungen darf man vielleicht um so höher bewerten, was Gorbatschow tatsächlich gelungen, ihm ganz persönlich gutzuschreiben ist. Genannt werden muß hier vor allem sein neuer, nach innen offenerer und nach außen flexiblerer Regierungsstil. Dafür nur einige Belege aus jüngster Zeit (Herbst und Winter 1986/87) in Stichworten: umgehende Berichterstattung der sowjetischen Medien über Unruhen in Alma Ata wegen miserabler Nahrungsmittelversorgung und Ernennung eines Russen zum Parteichef in der Unionsrepublik Kasachstan; Duldung, womöglich sogar Förderung der kulturellen Entwicklung zu einem neuen literarisch-künstlerischen Tauwetter; Aufhebung der Verbannung des Atomphysikers und Friedensnobelpreisträgers Andrej Sacharow unter erstaunlichen Begleitumständen, darunter ein Telefonanruf des Generalsekretärs beim prominentesten sowjetischen Dissidenten in dessen Exil in Gorkij; danach bis Mitte Februar die

Begnadigung von 140 inhaftierten Regimekritikern; Gorbatschows Null-Lösungsangebot für atomare Mittelstreckenwaffen, entkoppelt von der ursprünglichen Forderung nach amerikanischer Aufgabe des SDI-Projekts; schließlich (erste?) sowjetische Vorschläge zur Beendigung des Krieges in Afghanistan auf dem Verhandlungsweg.

Derartige Handlungen und Verhaltensweisen zum Vorspiel einer Generalamnestie für politische Gefangene und einer allgemeinen Liberalisierung in der Sowjetunion unter Einschluß einer ebenfalls bevorstehenden grundsätzlichen Wende auch der Außenpolitik Moskaus zu erklären wäre ebenso töricht und unangemessen wie ihre Bewertung als reine Propagandaaktionen. Geboten ist stattdessen Nüchternheit. (Dafür sollte übrigens auch die widersprüchliche, jedenfalls wenig überzeugende Reaktion der sowjetischen Führung auf das Reaktorunglück in Tschernobyl sorgen mit höchst unzureichender Informations- und Aufklärungspolitik gegenüber der eigenen Bevölkerung sowie den näheren und ferneren Nachbarn in ganz Europa einerseits, inzwischen wenigstens ansatzweise praktizierter Zusammenarbeit in Reaktorsicherheitsfragen mit internationalen Fachbehörden andererseits.) Gorbatschow will mit seinem neuen Regierungsstil, dessen Hauptkennzeichen die Forderung nach »Glasnostj«, das heißt nach Publizität und öffentlicher Transparenz ist, Aufgeschlossenheit in allen wichtigen Fragen demonstrieren, in der Sowjetunion gewisse Auflockerungen, aber keine Liberalisierung bewirken, das Klima im Ost-West-Verhältnis verbessern, weil er in alledem – wohl kaum zu Unrecht – unerläßliche Voraussetzungen für das Erreichen innenpolitischer Modernisierungserfolge und außenpolitischer Entspannungs- und Abrüstungserfolge sieht.

4. Trotz Dauerkampagnen gegen Korruption, Schlendrian, Trunksucht und Ineffizienz hat Gorbatschow in der Sowjetunion bislang »eigentlich kaum politische und gesellschaftliche Veränderungen bewirkt« (Zh. Medwedjew), obwohl einige nicht unbedeutende Akzentverschiebungen im Rahmen des Systems eingetreten sind. Zweifellos weiß er, daß sein Land an einem Scheideweg ange-

langt ist. Aber Reformen, die diesen Namen wirklich verdienen, sind nirgends in Gang gebracht worden, auch und gerade (noch) nicht im so besonders reformbedürftigen Bereich der Wirtschaft, die nach wie vor durch eine übermächtige Bürokratie gefesselt und gelähmt erscheint. Kann oder will der Generalsekretär hier keine Entscheidungen treffen? Schiebt er sie bewußt hinaus? Die Fragen müssen vorläufig offen bleiben.

Über Gorbatschow zum gegenwärtigen Zeitpunkt, nach erst zweijähriger Amtszeit, im Sinne der Kapitelfrage auch nur einigermaßen gesichert zu urteilen ist ebenfalls nicht möglich. Wir können und wollen nur noch einige in die Zukunft gerichtete Bemerkungen anschließen, die zunächst erneut der Person des jetzigen Generalsekretärs gelten und in einen ganz knappen allgemeinen Ausblick einmünden.

Seit geraumer Zeit bereits sagt man von Gorbatschow, daß er bald handfeste Erfolge vorweisen müsse, um sich behaupten zu können. Wenn das zutreffen sollte, wird er sie wohl zunächst primär in der Außenpolitik zu erreichen suchen, die inzwischen ohnehin eine Domäne von ihm – wie übrigens von allen seinen Vorgängern – ist mit Außenminister Schewardnadse als vertrautem Gehilfen und einem völlig umgekrempelten Auswärtigen Dienst nach Gromykos Versetzung auf den eher dekorativen Posten des Staatspräsidenten. Dann dürfte auch sein Gestaltungswille in der Innenpolitik stärker zum Zuge kommen können, sofern nicht einmal mehr die Oberhand behalten sollte, was ihn seit Beginn seiner politischen Karriere auszeichnet, was neben viel Glück deren außergewöhnliches Tempo in hohem Maße mitermöglicht hat: seine Anpassungsfähigkeit an die bestehenden Machtumstände, die er zu nutzen wußte, die ihn aber auch zu dem gemacht haben, der er heute ist. Wird er in Zukunft ebensosehr die Umstände machen?

Meine Antwort: Er wird es versuchen *müssen*. Weit weniger als westliche Demokratien scheint sich das Sowjetsystem einen schwachen »ersten Mann« leisten zu können. Dabei spielt wohl auch der Umstand eine Rolle, daß die Amtszeit des KPdSU-Generalsekretärs weder durch die Staatsverfassung noch durch das Parteistatut begrenzt ist, es ein vorgeschriebenes, rechtlich geregeltes Abberufungsverfahren ebenfalls nicht gibt. Um so schlimmer wäre natürlich ein neuer Diktator à la Stalin, der jedoch in einer so eindeutig postrevolutionären politischen und gesellschaftlichen Ordnung wie der sowjetischen kaum vorstellbar erscheint. Sofern freilich, was (vorläufig) genauso unwahrscheinlich ist, in der Sowjetunion tatsächlich ein gesellschaftlicher »Druck von unten« entstehen sollte, wird er nicht nach Demokratisierung und Liberalisierung rufen, sondern »nach Ordnung« und nach »dem starken Mann«, der sie mit autoritären Maßnahmen verwirklicht.

Indessen legt nicht nur eine solche Möglichkeit die Schlußbemerkung nahe: Wer immer in absehbarer Zukunft an der Spitze der KPdSU stehen und damit die Geschicke der Sowjetunion lenken wird – aller Voraussicht nach dürfte es weiterhin Gorbatschow sein –, der braucht, um neue Ufer zu erreichen, nicht bloß Können und Glück, sondern Charisma. Dies kann vom Herrschaftssystem nicht bereitgestellt werden, es ist notwendig und doch zufällig, gebunden an die Einzelpersönlichkeit, die es besitzt. Und hoffentlich begleitet deren Wirken im Spannungsfeld von Charisma und Rationalität der dauerhafte Abschied vom Mythos politischer Heilserwartungen.

Viertes Kapitel
Wie »eigenartig« ist die Außenpolitik?

Unterscheidet sich, und wenn ja: wodurch unterscheidet sich die Außenpolitik der Sowjetunion von der anderer Großmächte? Das ist ein, wenn nicht *das* Hauptproblem, das sich bei der Beschäftigung mit dem sowjetischen Verhalten zur Außenwelt in historischer wie in aktueller Perspektive immer wieder stellt; es ist ein Problem, zu dem bis heute sehr unterschiedliche, häufig sogar völlig entgegengesetzte Antworten vorliegen; und es ist jedenfalls ein Problem, das nicht nur die Gemüter der Fachgelehrten stets aufs neue erhitzt hat. Die einschlägige – teils nüchtern-sachlich, teils auch sehr emotional geführte – Diskussion kreist vornehmlich um folgende, weitgehend so schon 1972 von Dietrich Geyer formulierte Fragen und hat hierin ihren dauerhaften Kern: Sind die primären Triebkräfte und Zielsetzungen der sowjetischen Außenpolitik mehr in ideologischen oder stärker in machtpolitischen Elementen angesiedelt? Inwieweit wird diese Politik aus der imperialen Tradition des russischen Nationalismus, der weltrevolutionären Zielsetzung des Kommunismus und/oder dem umfassenden Herrschaftsanspruch der sowjetischen Parteidiktatur gespeist? Ist die sowjetische Außenpolitik unersättlich expansionistisch, oder ist ihr ein Mischungsverhältnis von defensiven und offensiven Zielsetzungen und Machtinteressen eigen? Steht sie gar – und zwar in welchem Ausmaß – unter einem »Primat der Innenpolitik«? Und schließlich: Ist diese Politik weniger berechenbar als die Außenpolitik anderer Großmächte, ja, ist sie vielleicht sogar völlig unberechenbar?

Um solche wirklich zentralen, wenngleich sicher noch weiter auffächerbaren Fragen einigermaßen plausibel beantworten und damit die Eigenarten sowjetischer Außenpolitik erfassen zu können, ist zunächst eine eingehendere Beschäftigung mit dem Verhältnis, der Interdependenz von Außen- und Innenpolitik als Grundproblem jeder, darunter auch der sowjetischen Großmacht unerläßlich. Dazu vorab einige allgemeine Bemerkungen.

Ihren ersten für den Neuzeithistoriker bemerkenswerten Niederschlag fand das Nachdenken über das Verhältnis von Außen- und Innenpolitik in der von Ranke und dem deutschen Historismus im und seit dem 19. Jahrhundert formulierten Doktrin vom Primat der Außenpolitik. Danach – dies ist der Kerngedanke, um den alles kreist – sind die innerstaatlichen Vorgänge vorwiegend eine Funktion des außenpolitischen Geltungs- und Behauptungswillens eines Staates, seiner »Staatsräson«. Sie wird als Staatstheorie und -praxis verstanden und interpretiert, bei der die Eigengesetzlichkeit von Außenpolitik im Mittelpunkt steht. Entwickelt worden ist diese Lehre für und mit Blick auf die Kabinettspolitik der Großen Mächte im Zeitalter des Absolutismus, und insofern, das heißt darauf beschränkt, kann man sie wohl auch als einigermaßen aussagekräftig bezeichnen. Aber dem spätestens seit dem Zeitalter der Französischen Revolution nachweisbaren Agieren von »Gesellschaft« im modernen Sinne, d.h. von immer breiteren sozialen Schichten als Mitträgern und Mitgestaltern innen- wie außenpolitischer Prozesse und der daraus resultierenden engen Verflechtung innerer und äußerer Komponenten in der Gesamtpolitik vermochte die Lehre vom Primat der Außenpolitik nicht mehr gerecht zu werden. Kein Wunder, daß Vorstellungen und Konzepte, die einem Denken in Richtung auf einen Primat der Innenpolitik gleichkamen, darauf hinausliefen, zunehmend an Bedeutung und Zugkraft gewannen, gipfelnd in der Geschichtstheorie von Karl Marx, die bekanntlich von den sozio-ökonomischen Vorgängen und Problemen als den bestimmenden Basiselementen und Haupttriebkräften des historischen Prozesses ausgeht.

Zugleich wird schon in der Marxschen und erst recht in der Leninschen Revolutionslehre mit weltweitem Geltungsanspruch Innenpolitik zur Außenpolitik erklärt, die traditionelle Scheidung zwischen beiden Bereichen nicht nur in Frage gestellt, sondern hinfällig, das Ende von autonomer Außenpolitik zumindest postuliert. Genau darauf wird bei der Kennzeichnung des Selbstverständnisses und der Praxis bolschewistischer Außenpolitik unmittelbar nach der Oktoberrevolution zurückzukommen, dieser Sachverhalt konkret belegbar sein.

Aber auch die westlich-demokratische Gegenbewegung verlief seit dem Epochenjahr 1917 auf der Anspruchsebene in durchaus vergleichbarer Richtung: »In dem Schlagwort ›to make the world safe for democracy‹, mit dem der amerikanische Sendungsgedanke aus seinen christlich-religiös verwurzelten Ursprüngen im Neu-England des 17. Jahrhunderts säkularisiert hervorgetreten ist, drückt sich die tiefe Überzeugung aus, daß Demokratie nicht nur als politische, sondern als Lebensform begriffen werden müsse. Auch hier wird wie im Marxismus, wenngleich in inhaltlich diametralem Sinne, Innenpolitik zur Außenpolitik erklärt.« (K. D. Bracher) In jedem Falle, so wird man getrost und ohne Zwang zu weiterer Begründung hinzufügen dürfen, ist der tiefgreifende Wandlungsprozeß nicht zu verkennen, der seit dem Ersten und verstärkt seit dem Zweiten Weltkrieg sowohl die Grundlagen als auch die Methoden der Außenpolitik *sämtlicher* moderner Staaten im Hinblick auf die gewachsenen Ansprüche und das nicht zu übersehende Gewicht innenpolitischer Faktoren erfaßt hat.

Zumindest im nichtkommunistischen Westen haben Geschichts- und Politikwissenschaft dem Rechnung zu tragen versucht durch eindeutige Abkehr von jeglichem Primatsdenken und durch Ausformung des Konzepts von der Interdependenz als wechselseitiger Abhängigkeitsbeziehungen einzelner Teile innerhalb eines Systems. Die Gefahr, daß daraus eine bloße Leerformel wird, läßt sich am ehesten bannen, wenn man den Staat des 20. Jahrhunderts nicht nur im Sinne einer formalen Balance zwischen innen- und außenpolitischer Aufgabenstellung begreift als »die oberste Zusammenfassung aller sozialen Kräfte zur friedlichen Ordnung [im Innern] und zur gemeinsamen Bewältigung von äußeren Daseinsaufgaben« (U. Scheuner), sondern ihn vorrangig tätig sieht und bewertet als Agenten zur Erhaltung, Verstärkung und Ausweitung eines gesellschaftlichen Systems nach innen und außen. Auf diese Weise findet eine methodische Trennung des eigentlich Zusammengehörigen in Aktionsbereiche statt, die zuvor bereits grundsätzlich das außerordentliche Gewicht von Innenpolitik berücksichtigt.

Weniger theoretisch und abstrakt läßt sich das Interdependenzproblem – mit dem Kieler Historiker Karl Dietrich Erdmann – auch so erläutern und einsichtig machen: Außenpolitik, Gesellschaft, Wirtschaft, Verfassung und politische Mentalität bilden ein »Pentagon«, dessen fünf Ecken »alle miteinander durch die Seiten und Diagonalen verbunden sind und in Wechselwirkung stehen«. Ein solches Modell schließt ebenfalls jede monokausale Betrachtungsweise aus, die einem einseitigen außen- oder innenpolitischen Primatsdenken huldigt.

Hinzu kommt als ein letzter allgemeiner Gesichtspunkt die bei Sozialwissenschaftlern aller Fachdisziplinen international inzwischen selbstverständliche Auffassung, daß Außenpolitik, wie Innenpolitik in all ihren Zweigen, primär der Systemerhaltung gegebener Herrschaftsverhältnisse und Regierungsformen dient, daß sie genauso wie Innenpolitik »Interessenpolitik« im Auftrag und zu Gunsten der führenden gesellschaftlichen Schichten und Eliten eines Staates ist. Für eine solche Auffassung wird hier zwar keineswegs im Sinne einer marxistischen oder gar der marxistisch-leninistischen Interpretation und Rechtfertigung von Herrschaft optiert. Wohl aber wird für sie optiert im Sinne, mit der nochmals nachdrücklich betonten Zielsetzung, eines endgültigen Abschieds von der in unserem Land und unserer Geschichtswissenschaft am längsten kultivierten Formel vom »Primat der Außenpolitik« im Entwicklungsgang eines jeden Staates, der Großmacht ist oder werden will.

Wie stellt sich nun das bislang generell umrissene Interdependenzproblem speziell für die Sowjetunion dar, welchen Einfluß und welchen Stellenwert hatte und hat hier die Innen- in der Außenpolitik? Kontinuität und Wandel des diesbezüglichen offiziellen Selbstverständnisses von der Oktoberrevolution bis zur Gegenwart fördern fünf Zeugnisse aus verschiedenen Abschnitten der sowjetischen Geschichte klar zutage:

Unmittelbar nach seiner Ernennung zum ersten »Außenminister« Sowjetrußlands am 7./8. November 1917 erklärte Leo Trotzkij kurz und lapidar: »Was für diplomatische Arbeit werden wir denn haben? Ich werde einige revolutionäre Proklamationen an die Völker erlassen und dann die Bude [= das Volkskommissariat für Auswärtige Angelegenheiten; K.-H. R.] schließen.« Ganz im Sinne der damaligen Grundüberzeugung Lenins und aller anderen Mitglieder der bolschewistischen Parteiführung wird damit angekündigt und unmißverständlich zum Ausdruck gebracht: Außenpolitik soll künftig revolutionäre Klassenpolitik jenseits von beziehungsweise unter Ignorierung bisheriger staatlicher Grenzen sein, soll in einer Politik aufgehen, die gewissermaßen Innenpolitik im Weltmaßstab, weltrevolutionäre Bürgerkriegspolitik ist.

Knapp ein Jahrzehnt später hält die Große Sowjetenzyklopädie von 1926 – und unverändert auch noch in ihrer zweiten Ausgabe von 1951 – im Band V amtlich fest: »Die Außenpolitik der UdSSR ist eine sozialistische Außenpolitik. Die Prinzipien der Partei der Bolschewiki in den Fragen der Außenpolitik bilden den organischen Teil des Programms der Strategie und Taktik der Partei. In seiner Außenpolitik geht der sowjetische Staat von der leninistisch-stalinistischen Lehre über die Möglichkeit der Errichtung des Sozialismus in einem Lande und dem folgenden Übergang zum Kommunismus aus und richtet seine gesamte staatliche, wirtschaftliche und politische Macht darauf, auf diesem Weg auftauchende Hindernisse zu beseitigen... *Die Außenpolitik der UdSSR bedeutet die Fortsetzung der Innenpolitik des sowjetischen Staates und ist damit der grundsätzlichen Hauptaufgabe – dem Aufbau des Sozialismus in unserem Lande und der Sicherstellung von unerläßlichen Vorbedingungen für den Übergang zum Kommunismus – unterstellt...«* (Hervorhebung von K.-H. R.)

In der ersten Phase der Nach-Stalin-Ära tritt 1958 unter Chruschtschow als neue beziehungsweise ergänzende Deutung hinzu: »... das Gebiet der auswärtigen Beziehungen des sowjetischen Staates ist so umfangreich und kompliziert, daß es zweifellos selbständigen Charakter hat und sich von den anderen Arten der staatlichen Tätigkeit nicht nur wegen des Inhalts, sondern auch in den Methoden und Formen der Verwirklichung unterscheidet. Fragen der friedlichen Koexistenz von Staaten mit verschiedenen politischen Systemen, Kampf um den Frieden, um die Verhinderung des imperialistischen Krieges, für Gleichberechtigung und Souveränität der Staaten in den internationalen Beziehungen, befanden sich stets im Mittelpunkt der Aufmerksamkeit beim außenpolitischen Handeln des sowjetischen Staates.

Außerdem darf nicht vergessen werden, daß zu den Fragen der Außenpolitik auch die Beziehungen des sowjetischen Staates mit den anderen sozialistischen Ländern gehören, die auf prinzipiell neuen Grundlagen verlaufen, namentlich auf den Grundlagen des proletarischen Internationalismus, der brüderlichen Gegenliebe ...

... Alle diese und andere Bereiche der auswärtigen Beziehungen können in eine einzige, ausschließlich außenpolitische Tätigkeit des sowjetischen Staates vereinigt werden, die man als seine außenpolitische Funktion bezeichnet ... Aus dem Gesagten geht hervor, daß die außenpolitische Funktion unseres Staates eine grundsätzliche und selbständige Funktion ist.«

Amtlich und rechtsverbindlich legt dann 1977 Artikel 28 der neuen Bundesverfassung der UdSSR fest: »Die Außenpolitik der UdSSR ist darauf gerichtet, günstige internationale Bedingungen für den Aufbau des Kommunismus in der UdSSR zu sichern, die Positionen des Weltsozialismus zu stärken, den Kampf der Völker um nationale Befreiung und sozialen Fortschritt zu unterstützen, Aggressionskriege zu verhindern und das Prinzip der friedlichen Koexistenz von Staaten unterschiedlicher Gesellschaftsordnung konsequent zu verwirklichen.« Schließlich hat Gorbatschow in seiner Rede auf dem Internationalen Friedensforum Mitte Februar 1987 in Moskau hervorgehoben: »Unsere internationale Politik wird mehr als je zuvor durch die Innenpolitik bestimmt, durch unser Interesse, uns auf die Aufbauarbeit zur Vervollkommnung unseres Landes zu konzentrieren.«

Den fünf Zeugnissen ist, nach wohlgemerkt immer noch sowjetoffiziellem Selbstverständnis, hauptsächlich zu entnehmen:

1. Sowjetische Außenpolitik wurde von Anfang an und wird bis zur Gegenwart durch einen Primat der Innenpolitik bestimmt. Wichtigster Auftrag und Inhalt der Innen-

politik waren und sind Errichtung und Ausbau der sozialistischen beziehungsweise kommunistischen Gesellschaft sowie, als dafür unerläßliche Voraussetzung und Grundlage, Festigung und Vertiefung der leninistischen Parteiherrschaft. Die Absicherung dieser Zielsetzung und der daraus resultierenden Prozesse gegen für sie abträgliche oder gar feindliche Einflüsse und Einwirkungen von außen war und ist Hauptaufgabe sowjetischer Außenpolitik.

2. Eine derartige Aufgabenstellung und Funktion bedeutet keineswegs Verzicht auf dynamisch-offensives Verhalten gegenüber der Außenwelt und legt ihm grundsätzlich überhaupt keine Fesseln an, weil sowjetische Außenpolitik zugleich gerade auch Instrument zur Forcierung des Klassenkampfes zwischen Bourgeoisie und Proletariat, zwischen Kapitalismus und Sozialismus im internationalen Maßstab ist und diesen Prozeß vorantreiben soll.

3. Aus beiden Zielsetzungen und Funktionen ergibt sich die generelle Bestimmung von sowjetischer Außenpolitik als sozialistischer Politik und revolutionärer Klassenpolitik, zunächst – für eine ganz kurze Anfangsphase – unter Ignorierung bisheriger staatlicher Grenzen, dann sehr rasch und inzwischen längst etabliert, unter Hinnahme und – seit Einführung des Prinzips der friedlichen Koexistenz in den zwanziger Jahren – Anerkennung des Fortbestehens derartiger staatlicher Grenzen.

4. Der Zweite Weltkrieg und seine Folgen, der erfolgreiche Export des »Sozialismus in einem Land« und der Aufstieg der UdSSR zur Welt- und militärischen Supermacht, bewirkten keinen grundsätzlichen Wandel, wohl aber eine Erweiterung der Funktionen der sowjetischen Außenpolitik. Der Primat der Innenpolitik wurde nicht aufgehoben, jedoch aufgelockert und bereichert um das, was man im Westen den »weltpolitischen Aspekt der sowjetischen Außenpolitik« (B. Meissner) genannt hat. Die Feststellung von 1958, daß die sowjetische Außenpolitik eine selbständige Funktion habe, und Artikel 28 der Verfassung der UdSSR von 1977 tragen dem Umstand Rechnung, daß die Sowjetunion zu einem Eckpfeiler im System der gegenwärtigen Weltpolitik geworden ist. Das

damit verbundene Weltmachtbewußtsein brachte 1971 vor dem XXIV. Parteitag der KPdSU der damalige Außenminister Andrej Gromyko mit den Worten unmißverständlich zum Ausdruck, daß »es keine irgendwie bedeutende Frage gibt, die man heute ohne die Sowjetunion oder gar gegen sie lösen könnte«.

5. Daraus ergeben sich *originäre* außenpolitische Aufgaben für die Sowjetunion, die sie mit der Formel einer langfristigen »friedlichen Koexistenz« mit den nichtsozialistischen Staaten umschreibt und die zum Gegenstand und Ziel haben, ihre Weltmachtstellung zu erhalten und zu festigen sowie ihre diesbezüglichen Aktivitäten einer sich ständig ändernden weltpolitischen Lage anzupassen. Es sind Aufgaben, die, um es nochmals zu unterstreichen, den Primat der Innenpolitik zwar keineswegs außer Kraft setzen, ihn jedoch um eine selbständige Komponente ergänzen.

Dieser Befund, dem beim Vergleich mit den vorausgeschickten generellen Aussagen zur Interdependenzproblematik so kaum etwas Besonderes oder gar Einmaliges und insofern Eigenartiges anzuhaften scheint, liegt, wie bei den meisten westlichen Fachkollegen, auch meiner Bestimmung der Triebkräfte und Merkmale sowjetischer Außenpolitik zugrunde. Zugleich erscheint es jedoch unerläßlich, ihn anhand der anderen eingangs des Kapitels aufgeworfenen Fragen zu überprüfen, zu präzisieren und zu erweitern. Angesichts des offiziell derart nachdrücklich betonten Primats der Innenpolitik wird mit Bemerkungen zu Rolle und Gewicht des Faktors Wirtschaft begonnen.

Hypothesen zur Erklärung von Einflüssen binnenwirtschaftlicher Vorgänge auf Moskaus außenpolitischen Kurs von 1917 bis zur Gegenwart pflegen an die in der Tat durchgängig höchst angespannte wirtschaftliche Lage Sowjetrußlands und an damit verbundene beziehungsweise unterstellte wirtschaftspolitische Erfordernisse anzuknüpfen. Industriell-technologischer Rückstand und gravierende agrarische Engpässe, vor allem in der Getreideproduktion, als Dauerschwierigkeiten des Sowjetsystems, kurzum, Sachverhalte, die auf dessen Abhängigkeit vom kapitalistischen Weltmarkt verweisen, legten und legen dabei im Westen immer wieder die Folgerung nahe, daß ökonomische Probleme, wenn nicht gar Zwänge einen, vielleicht sogar *den* Schlüssel zur Beantwortung der Frage nach den Prioritäten sowjetischer Politik einschließlich ihres Verhaltens gegenüber der Außenwelt zu liefern vermögen. Indessen läßt sich in der inzwischen siebzigjährigen Geschichte Sowjetrußlands nirgends eine wie immer geartete Vorherrschaft ökonomischer Interessen in der Außenpolitik nachweisen (was natürlich auch nicht umgekehrt als Beziehungsarmut mißinterpretiert werden darf).

Das gilt selbst für die bisher einzige Phase, in der man von der Gefahr eines wirtschaftlichen Zusammenbruchs des Sowjetsystems ernsthaft sprechen kann, als nämlich im Frühjahr 1921, unmittelbar nach dem Ende des Bürgerkrieges, Lenin die abrupte Wende zur Neuen Ökonomischen Politik vollziehen mußte und sie mit weitreichenden Kooperationsangeboten an die bürgerlich-kapitalistischen Mächte koppelte. Sogar damals wurde keinen Augenblick lang in Frage gestellt, was das Sowjetsystem bis heute kontinuierlich und ohne jede Einschränkung kennzeichnet: der klare Vorrang der Politik vor der Wirtschaft. (Wohl gingen 1922 die Sowjets »als Kaufleute«, so Lenin damals wörtlich, zur Weltwirtschaftskonferenz nach Genua; sie akzeptierten jedoch nicht die Vorbedingungen der Westmächte für eine Zusammenarbeit und schlossen stattdessen das eindeutig politisch motivierte und so wirksame Rapallo-Abkommen mit Deutschland.)

Die nicht hinreichende Berücksichtigung dieses Tatbestandes hat den Westen mehr als einmal zu folgenreichen Fehleinschätzungen der sowjetischen Außenpolitik veranlaßt. So glaubten 1945 die USA, angesichts der stark kriegsgestörten und kriegszerstörten Wirtschaft in der UdSSR mit der Drohung der Einstellung ihrer ökonomischen Hilfe ein Druckmittel in der Hand zu haben, um Stalin zu einem gemäßigteren Kurs in Ost- und Südosteuropa zu bewegen. Wiederholte offensichtliche Fehlschläge westlicher Embargopolitik gegenüber der Sowjetunion seien als weitere Belege hinzugefügt.

Aus zwei Gründen erscheint es ratsam, die Einflüsse wirtschaftlicher Probleme und Interessen auf den jeweiligen außenpolitischen Kurs Moskaus mit Vorsicht zu werten, sie nicht zu hoch zu veranschlagen. Zum einen steckte und steckt die Sowjetunion in keiner existentiellen Systemkrise. Zum anderen stammen die Erfahrungen, die dieses Land mit den Zusammenhängen zwischen innerem Entwicklungsrückstand und dessen außenpolitischer Kompensation gemacht hat, schon aus der Zarenzeit. Gemessen daran verfügt das Sowjetsystem bis heute über gewaltige Reserven an wirtschaftlich-sozialer und politischer Stabilität, einschließlich eines unter dem Stichwort ›Ideologie‹ noch näher zu kennzeichnenden allrussischen Nationalismus, der immer wieder zur Entschädigung für nicht erfüllte Konsumerwartungen ins Feld geführt und mobilisiert werden kann.

Gewiß wirken der rüstungswirtschaftliche und der militärische Faktor, die in Rußland stets eine wesentliche Rolle gespielt haben, auf die Gestaltung der Außenpolitik ein, und es besteht hier ein engerer Zusammenhang, eine offenkundige Interdependenz. Kaum zufällig werden seit 1947, das heißt seit Ausbruch des ›Kalten Krieges‹, die eindeutig schwerindustriell ausgerichteten Fünfjahrpläne für die Wirtschaft der UdSSR ganz offiziell in erster Linie als Instrument der »aktiven Verteidigung« bezeichnet. Im Atom- und Raketenzeitalter hat überdies die Bedeutung des militärischen Sektors und damit auch der Einfluß der Militärs, die zur herrschenden Machtelite gehören, beträchtlich zugenommen, und die Verbindung zwischen Militärstrategie und auswärtiger Politik ist in der außenpolitischen Theorie und Praxis des Sowjetstaates noch enger geworden. Während der letzten zwei Jahrzehnte verstärkte der »militärisch-industrielle Komplex« nicht nur ganz allgemein seine Geltung in der politischen Führung, sondern es spricht vieles für die Annahme, »daß die Sackgasse, in der Breschnews Außen- und Rüstungspolitik nach bedeutenden Erfolgen schließlich gelandet ist, ein Ergebnis von Stagnationserscheinungen in der sowjetischen Innen- und Wirtschaftspolitik ist, die zu dem zunehmenden Übergewicht des ›militärisch-industriellen Komplexes‹ in der sowjetischen Führung wesentlich beigetragen haben« (R. Löwenthal).

Andererseits – und das ist entscheidend – weist die gesamte bisherige Geschichte Sowjetrußlands als Dauermerkmal den Primat der Politik auch über die Militärs, der Partei über die Streitkräfte auf. Er wurde mit Hilfe der Institution der Kriegskommissare und deren Machtfülle schon frühzeitig so stark gefestigt, daß er später nicht mehr ernstlich in Frage gestellt werden konnte. Wohl ist, aus naheliegenden Gründen, im und seit dem Zweiten Weltkrieg das Prestige der Streitkräfte gewachsen, fungiert seit geraumer Zeit deren Parteiorganisation, die politische Hauptverwaltung, nicht bloß als Kontrollinstanz, sondern häufig als eine Art Lobby für konservative Militärinteressen, sind Militärs »der gewichtigste Fürsprecher für bestimmte Entscheidungen« geworden (J. F. Hough). Aber jedenfalls deren direkter außenpolitischer Einfluß wird von westlichen Experten nahezu übereinstimmend weiterhin als gering bis »extrem gering« eingestuft. Richtung und Inhalt der sowjetischen Politik in all ihren Aktionsbereichen bestimmte *letztlich* nie der militärische Faktor, sondern – wie Marschall Schukows Entlassung als Verteidigungsminister und ZK-Mitglied durch Chruschtschow im Oktober 1957 beispielhaft anzeigt – bis heute unangefochten der politisch-soziologische Faktor in Gestalt einer mit unumschränkter Entscheidungs- und Befehlsgewalt ausgestatteten Parteiführung, die, ob monokratisch oder inzwischen ›nur‹ oligarchisch in ihrer Spitze, auch den militärischen Sektor und die Militärs stets dirigiert und kontrolliert hat.

Von eben dieser Kreml-Führung in einem durchaus »eigenartigen« Mischungsverhältnis vertretene und in gleicher Weise für unverzichtbar erachtete ideologische und machtstaatlich-imperiale Kerninteressen waren und sind hingegen von schlechthin konstitutiver Bedeutung für die auswärtige Politik der Sowjetunion. Das ist die zentrale Aussage – oder zunächst vorsichtiger: These – des gesamten Kapitels. Sie soll nunmehr schrittweise erläutert und begründet werden.

Zuerst geht es um das grundsätzliche *Verhältnis von Ideologie und Machtpolitik*. Dazu ist festzuhalten: Die im wissenschaftlichen wie politischen Bereich bei der Beschäftigung mit Geschichte und Gegenwart sowjetischer Außenpolitik nicht selten anzutreffende alternative

Grundfragestellung »Ideologie *oder* Machtpolitik« ist irreführend, ja falsch. Denn ideologische und machtpolitische Zielsetzungen und Aspirationen sind so eng miteinander verflochten, daß sie als eine Einheit, eine gewiß komplizierte und keineswegs widerspruchsfreie, aber eben doch als Einheit anzusehen sind.

Ausgangspunkt meiner Begründung ist der wohl unbestrittene Sachverhalt, daß die sowjetkommunistische Ideologie in ihrer historisch wie aktuell realen politischen Erscheinungsform drei Hauptelemente enthält: eine eschatologische Zielsetzung, eine Gesellschafts- und Herrschaftsdoktrin und eine Methodologie des Handelns. Da diese drei Hauptbestandteile aufgrund des sogenannten dialektischen Prinzips der Einheit von Theorie und Praxis untrennbar miteinander verknüpft sind, heißt das schließlich auch, daß Ideologie und Macht, geistige Haltung und praktisches Handeln für die Träger und Gestalter der sowjetischen Innen- und Außenpolitik eine Einheit darstellen, eine Einheit wohlgemerkt, die bei all ihrem normativen Kernbestand nicht mit Starrheit verwechselt werden darf, sondern stets mit einem hohen Maß an Flexibilität, das heißt Anpassungsfähigkeit an konkret bestehende Konstellationen gekoppelt war und ist. Damit soll zum Ausdruck gebracht werden, daß das Verhalten der sowjetischen Führung gegenüber der Außenwelt durch theoretische Festlegungen zwar präformiert, aber nicht unbedingt eingeengt ist und daß mit der eben betonten Einheit sehr wohl Lenins klassische, bis heute gültige Feststellung von 1921 gesehen werden muß: »Theorie und Praxis ist zweierlei, und eine Frage praktisch oder theoretisch zu lösen, ist nicht ein und dasselbe.«

Freilich stellt auch eine solche Anweisung kein Patentrezept dar, zumal ein rein an der Opportunität orientiertes Handeln ausdrücklich verworfen wird. Gerade mit Blick auf die Außenpolitik hat man daher, in Abwandlung eines bekannten Dichterwortes, von der Sowjetunion als »Großmacht unter Parteiregime« gesagt: »Ich bin kein ausgeklügelt Buch, bin Einparteistaat mit seinem Widerspruch.« (R. Löwenthal) Nicht nur das werden unsere nächsten Untersuchungsschritte bestätigen, die die

Wechselbeziehungen im Dreiecksverhältnis von allgemeinem sowjetischem Macht- und Sicherheitsinteresse, spezifischen Funktionen der Sowjetideologie und Zusammenhalt oder gar Erweiterung des Sowjetimperiums verdeutlichen sollen.

Jeder Staat, vor allem natürlich jeder, der einen Großmachtstatus besitzt oder beansprucht, läßt sich in seinem außenpolitischen Handeln ganz wesentlich von Vorstellungen darüber leiten, was er aufgrund seiner meist keineswegs ausschließlich defensiv bestimmten Existenzräson für unverzichtbar hält und was er dementsprechend mit Zielsetzungen und Maßnahmen, die durchaus die Ausdehnung der eigenen Macht auf und über andere einschließen, unbedingt vor »Bedrohung« zu schützen entschlossen ist. Je geringer dabei die Zahl der echten Großmächte, desto stärker wird Sicherheit für jede von ihnen, unabhängig vom inneren System, zu einem relativen Begriff; und in der militärisch bipolar gewordenen Welt seit 1945 kann jeder Machtzuwachs des Rivalen durch Einflußnahme auf Dritte oder auf Kosten Dritter als Gefährdung des Gleichgewichts, mithin der eigenen Sicherheit erscheinen. Sicherheitspolitik der Groß- und erst recht der Supermächte tendiert daher stets zur weltweiten Rivalität um »Einflußzonen« oder »Füllung von Vakuen«, ohne daß sich daraus notwendig aggressive Motive dieser Rivalität herleiten oder aggressive Formen ihrer Praxis rechtfertigen lassen. In diesem allgemeinsten Sinne ist alle Sicherheitspolitik notwendig Machtpolitik, aber nicht jede Form der Machtpolitik bloße Sicherheitspolitik.

Da ferner der Ausdruck »Sicherheit« zumindest alltagssprachlich eine rein defensiv orientierte Verhaltensweise suggeriert, sollte man im außenpolitischen Bezugsrahmen vielleicht besser, weil umfassender von »Unverzichtbarkeitsvorstellungen und ihrem Schutz vor Infragestellung« (G. Wettig) sprechen. Überdies erscheint der letztlich fast unbegrenzt auslegbare russische Terminus für Sicherheit, nämlich »Gefahrlosigkeit« (bezopasnost'), geeigneter zur Erfassung einer aus defensiven und offensiven Elementen gemischten Sicherheitspolitik, wie es von Anfang an die sowjetische war. Spätestens seit 1941/1945 beinhaltet und signalisiert dabei »Gefahrlosigkeit« ein auch insoweit

übertriebenes, fast traumatisch gesteigertes Sicherheitsbedürfnis, als man versucht, immer noch zusätzliche Ga-
rantien für Festlegungen der Gegner- beziehungsweise
Partnerseite zu finden, selbst wenn diese längst unwiderruflich geworden sind, kurzum, die sowjetische Führung – um einen mit ihrer Denkweise vertrauten finni-
schen Diplomaten zu zitieren – »tausend Prozent Sicherheit« zu erreichen trachtet.

Ebenfalls aus diplomatischer Erfahrung hat im November 1985 Bonns damaliger Botschafter in Moskau, Jörg
Kastl, erklärt: »Die Sowjetunion macht ihr Verhältnis zu
anderen Staaten, insbesondere zur Bundesrepublik
Deutschland, ausschließlich von der Berücksichtigung ihrer eigenen Sicherheitsvorstellungen abhängig.« Oder
noch zugespitzter formuliert, so Ende 1981 von zwei
amerikanischen Forschern als Grundmerkmal und -di-
lemma der »imperialen Dimension der sowjetischen Mili-
tärmacht« herausgestellt: »The Soviets want not so much
unlimited power as unlimited security. But the former is
the only means to the latter.« (Problems of Communism,
Nov./Dez. 1981) In die gleiche Richtung zielte 1983 auch
Henry Kissinger mit seiner Feststellung: Wenn die Sowjetunion unter Sicherheit eine möglichst umfassende
»Gefahrlosigkeit« versteht, dann wäre eine solche Gefahrlosigkeit als absolute Sicherheit für sie gleichbedeutend mit absoluter Unsicherheit für alle anderen. Gewiß
mußte sie sich, wie ihre damalige Führungsspitze ausdrücklich zugab, in den SALT-Verträgen mit den USA
bereit erklären, grundsätzlich die vitalen und »legitimen«
Sicherheitsinteressen der anderen Seite mit einzukalkulie-
ren, und Breschnew hat im November 1977 betont, die
UdSSR strebe nicht nach eigener Überlegenheit, sondern
nur nach »gleicher Sicherheit«. Keineswegs bloß, aber
gerade auch angesichts der seitherigen Politik des Kreml
erscheint indessen die skeptische Frage berechtigt, ob der
ohnehin schwer faßbare sowjetische Begriff der »Gleichheit« auch nur annähernd mit der westlichen Vorstellung
von gleicher Sicherheit übereinstimmt. Es bleibt abzu-
warten, inwieweit Gorbatschows jüngste Abrüstungsan-
gebote den Weg zu einer solchen Übereinstimmung eb-
nen können. Die Formel von der »gleichen Sicherheit«

schlägt sich bislang praktisch nur in den »vertrauensbildenden Maßnahmen« nieder, auf die sich — ohne jede Veränderung der bestehenden militärischen Potentiale — die KSZE-Staaten im Herbst 1986 in Stockholm geeinigt haben.

Alle angeführten Beobachtungen und Einschätzungen verweisen auf jene seltsame Mischung von Macht und Unsicherheit mit daraus resultierendem Hang zu nicht nur militärischer Überversicherung, die aller bisherigen sowjetischen Außenpolitik in ihrem internationalen, darunter seit 1945 auch ihrem blockinternen Verhalten ein besonderes Gepräge gibt. Die Erklärung für ein solches Verhalten liefert ein erneut besonderes, so wohl nur der Sowjetunion eigenes Mischungsverhältnis von machtstaatlichen und ideologischen Elementen in ihrem Sicherheitsverständnis. Dessen Angelpunkt war von Anfang an und ist bis heute das ideologisch vorgegebene, durch handfeste Erfahrungen lediglich bestätigte Bewußtsein von der prinzipiellen Feindseligkeit zwischen dem ersten Staat marxistisch-leninistischen Typs und seiner kapitalistischen Umwelt. Zu der eigenen radikalen Kampfansage an sie, die mit der Formel von der »friedlichen Koexistenz« (verstanden auch als Klassenkampf auf internationaler Ebene mit allen nichtmilitärischen Mitteln) lediglich den internationalen militärischen Machtverhältnissen angepaßt worden ist, gehört als davon untrennbarer Bestandteil auch die Überzeugung von der unaufhebbaren Bedrohung durch die notwendigerweise aggressiven kapitalistischen Mächte. Deshalb ist das Sicherheitsbedürfnis so übersteigert, die grundsätzliche Haltung so kompromißlos, die eigenen teils defensiven, teilweise aber auch eindeutig offensiv-expansiven beziehungsweise subversiven Unverzichtbarkeitsvorstellungen vor Infragestellung zu schützen. Schließlich will und kann man davon kaum Abstriche machen, weil man die Auffassung, einerseits von den Imperialisten unablässig bedroht, wenn nicht gar eingekreist, andererseits jedoch dank ständig wachsender eigener Macht zweifelsfrei fähig zu sein, diese Bedrohung auszuschalten, als unerläßlich für die Geschlossenheit der Sowjetgesellschaft erachtet. Deshalb wurde und wird ihr eine in der Tat »paradoxe Dichotomie der weltpolitischen Situation« (A.B. Ulam) eingetrichtert.

Gerade dazu liefert die bisherige sowjetische Geschichte eine Fülle an konkreten Belegen. Hier sei nur auf einen weltpolitisch besonders folgenschweren Vorgang aufmerksam gemacht, weil er zugleich über innenpolitische Determinanten der sowjetischen Haltung in der Inkubationsphase des Kalten Krieges und Stalins maßgeblichen Anteil an dessen Entstehung Auskunft gibt. Bereits seit Mitte 1945 wurde die Beschwörung von »kapitalistischer Einkreisung« und neuer Kriegsgefahr, obwohl die Kreml-Führung selbst weder damals noch in der Folgezeit ernsthaft daran glaubte, als stereotype Umweltinterpretation wieder verwendet, um (erstens) die Bevölkerung, die während des Krieges infolge verschiedener Auflockerungsmaßnahmen (in den Bereichen Kirche, Wissenschaft, Kunst, Kolchosstatut) Hoffnung auf Gewährung wirklicher Freiheiten geschöpft hatte, zu disziplinieren sowie zu weiteren wirtschaftlichen Leistungen zu mobilisieren und um vor allem (zweitens) den neuen, im März 1946 auch tatsächlich so verabschiedeten Fünfjahrplan zu rechtfertigen, der, ohne Rücksicht auf Erschöpfung, Hunger, Wohnraum- und überhaupt Konsummittelmangel der Bevölkerung, total schwerindustriell ausgerichtet war. Stalin und seine Gehilfen bedienten sich der »äußeren Bedrohung« zur innerparteilichen Konsensbildung über den schwerindustriellen Wirtschaftskurs, losgelöst von tatsächlichen außenpolitischen Absichten und militärischer Lagebeurteilung. Sie diskreditierten damit jedoch alle – wahrscheinlich ganz ernst gemeinten – Beteuerungen über ihr Interesse an friedlicher Koexistenz, und ihre Wahrnehmungsfähigkeit lief nicht bloß Gefahr, Opfer der eigenen ideologischen Rechtfertigungsbedürfnisse zu werden, sondern förderte, zusammen mit ihrer Osteuropapolitik und ihrer Fehleinschätzung der in ihren Augen von einer gewaltigen Überproduktionskrise bedrohten Nachkriegswirtschaft der USA, nachhaltig eine unmittelbar in den Kalten Krieg einmündende weltpolitische Entwicklung.

Aus alledem folgt und ist als Quintessenz erneut festzuhalten: Macht als Sicherheitsinteresse und Ideologie sind nicht alternative oder gar sich widersprechende, sondern komplementäre Aspekte der – dennoch (oder gerade deshalb!) keineswegs widerspruchsfreien – sowjetischen Politik. Deren ideologischer Rahmen und der Rahmen aller macht- und sicherheitspolitischen Auseinandersetzungen ist durch das Entscheidungsmonopol einer Parteielite vorgegeben, die sich und ihr Monopol durch ein ideologisches Dogmensystem legitimiert. Die eigenen staatlichen Macht- und Sicherheitsinteressen, darunter nicht zuletzt solche hinsichtlich der Kräfteverhältnisse und Entwicklungstendenzen der Außenwelt, wurden und werden grundsätzlich (was nicht gleichbedeutend ist mit ausschließlich) im ideologischen Rahmen perzipiert; die ideologische Uniformität des eigenen Herrschaftsbereiches, einschließlich der abhängigen Verbündeten, erscheint stets selbst als ein Macht- und Sicherheitsinteresse von grundlegender Bedeutung, wurde und wird für Zusammenhalt und Sicherheit des engeren wie weiteren Imperiums als unverzichtbar angesehen; und jede noch so vorsichtige Auflockerung dieser Uniformität stellt daher als drohende Abweichung vom sowjetischen Herrschaftsmodell eine Gefährdung der inneren Sicherheit der UdSSR dar, die mit Hilfe von außenpolitischen Maßnahmen beseitigt werden muß.

Ein Paradebeispiel dafür ist die von Moskau befohlene militärische Intervention der Warschauer-Pakt-Staaten in der ČSSR 1968. Daß sie hauptsächlich aus Furcht vor einer Infektion der Sowjetgesellschaft durch reformkommunistisches Gedankengut erfolgte, belegt die Interdependenz von sowjetischer Außen- und Innenpolitik erneut ebenso konkret und nachdrücklich wie der gleich doppelte Kurswechsel Moskauer Osteuropapolitik im Laufe des Jahres 1956 (zuerst Parole von den verschiedenen Wegen zum Sozialismus, dann Eingrenzung des Polnischen Oktober und Niederwerfung des Ungarn-Aufstandes) als Folge von Chruschtschows posthumer Entthronung Stalins.

Letztendlich befindet sich die Sowjetunion gegenüber den Ländern ihres Hegemonialbereiches in Europa und Asien in unaufhebbarer Abhängigkeit von der marxistisch-leninistischen Ideologie *und* deren messianischer

Verheißung. Da sie hier an sich vom völkerrechtlich gültigen Prinzip der Souveränität der einzelnen (National-) Staaten ausgeht, ausgehen muß, kann sie dieses Prinzip nur durch Berufung auf ein übergeordnetes Prinzip relativieren. Dieses übergeordnete Prinzip liefert ihr die marxistisch-leninistische Ideologie – oder noch genauer: deren machtpolitisch relevanter Kernbestand in Gestalt von für alle Mitglieder der sozialistischen Staatengemeinschaft gültigen und sie zwingend bindenden »Grundgemeinsamkeiten«. Diese wiederholt, darunter kaum zufällig 1956 formulierten Grundgemeinsamkeiten beinhalten die alleinige, uneingeschränkte Herrschaftsausübung durch eine leninistisch organisierte, dem Leitprinzip des demokratischen Zentralismus folgende Kaderpartei, eine kollektivistisch-etatistische Wirtschaftsordnung *und* die Unterstellung unter den »sozialistischen Internationalismus«, zur nachträglichen Rechtfertigung der militärischen Intervention in der ČSSR neugefaßt als »Breschnew-Doktrin«. Sie schreibt, anknüpfend an Stalins Interpretation des »proletarischen Internationalismus« (= vorbehaltlose Unterstützung der UdSSR), die »beschränkte Souveränität« und das »beschränkte Selbstbestimmungsrecht« aller »sozialistischen Staaten« in Europa gegenüber der sowjetischen Führungsmacht fest. Ein solcher Prinzipienkatalog wiederum, der auch unter Gorbatschow fortbesteht und mit dessen Formel von der »gemeinsamen Verantwortung für den Sozialismus« nur terminologisch abgemildert erscheint, kann seine Glaubwürdigkeit nur erhalten, wenn der Gedanke an die endgültige Revolution auf weltweiter Basis nicht aufgegeben wird. Versuchte die Sowjetunion, um ihrer internationalen Glaubwürdigkeit als »friedlicher Staat« willen, davon selbst noch so vorsichtig und in noch so kleinen Schritten abzurücken, würde sie die Legitimation ihrer Vorherrschaft in Osteuropa verlieren, einer Vorherrschaft, die sie als wesentliches Element ihrer Sicherheit und unverzichtbare Grundlage ihrer Weltmachtstellung betrachtet. Insofern war, ist und bleibt die Forderung nach revolutionärer Veränderung der Welt – das klassische Leitmotiv der expansiven außenpolitischen Theorie des Marxismus-Leninismus – als Legitimationsfaktor unentbehrlicher

Eckpfeiler in einem zentralen Bereich sowjetischer Außenpolitik.

Einer solchen Sachfeststellung kann weder böswilliger
noch gar irrealer Antikommunismus unterstellt werden,
sofern man sofort auch die Kehrseite der weltrevolutionären Medaille ebenso prägnant kenntlich macht. Ihr ist
unschwer zu entnehmen, daß in der Außenpolitik aller
bisherigen Kreml-Führer das spezifische ideologische
Ziel der Ausbreitung des eigenen politischen und gesellschaftlichen Systems über die Welt nie den Vorrang hatte
oder gar heute noch zum Zuge kommt, wenn es sicher-
heits- und machtpolitische Erwägungen und Erfordernisse Sowjetrußlands zu beeinträchtigen, mit ihnen zu kolli-
dieren droht oder drohte. Selbst unter Lenin zwischen
1917 und 1921, als weltrevolutionäre Erwartungen und
Ambitionen unmittelbar aktuell und virulent waren, in
Stalins Expansionspolitik im und nach dem Zweiten
Weltkrieg oder in der zeitweisen Wiederbelebung ähnlicher Hoffnungen durch Chruschtschow am Ende der
fünfziger und zu Beginn der sechziger Jahre ist das Si-
cherheitsrisiko einer »weltrevolutionären« Politik immer
sorgfältig kalkuliert und der Bestand der eigenen Macht
nie für »ideologische« Ziele aufs Spiel gesetzt worden.
Erinnert sei – um nur einige wenige, beliebig vermehrba-
re Einzelbelege anzuführen – an Lenins Entscheidung zur
Annahme des Diktatfriedens von Brest-Litowsk (1918),
an Stalins Verzicht auf Fortführung der Blockade Berlins
und des griechischen Bürgerkrieges (1948/49) oder an
Chruschtschows Enthaltung von militärischer Intervention im Nahen Osten, in Afrika und in Berlin (1958–
1962).

In den beiden großen Berlin-Krisen handelte die Sowjetführung unter Stalin wie unter Chruschtschow hoch-
gradig rational, überlegt und vorsichtig, nahm nach sorg-
fältigen Risikoabwägungen und gründlicher Vorbereitung alle Chancen zu begrenzter Machterweiterung
wahr, baute sich in der Regel gleichzeitig immer auch
eine Rückzugsposition auf, in die sie bei einer für sie
ungünstigen Entwicklung ohne Prestigeverlust zurück-
weichen konnte, zeigte sich allerdings unnachgiebig in
der Verfolgung von (aus ihrer Sicht) vitalen Sicherheitsin-

teressen. Alles dies galt ebenfalls für die Ära Breschnew, und daran dürfte sich auch in absehbarer Zukunft ebensowenig ändern wie an der den angeführten Handlungsprinzipien klar übergeordneten Ablehnung von – in sowjetoffizieller Terminologie – »Abenteuerertum«, das heißt von eigenen »riskanten Handlungen, tollköpfigen und gefährlichen Unternehmungen, die ohne Rücksicht auf die tatsächlichen Kräfte und Verwirklichungsmöglichkeiten der gesteckten Ziele begonnen und deshalb letztlich zum Scheitern verurteilt sind«. Insoweit erscheint die sowjetische Außenpolitik im geschichtlichen Rückblick durchaus berechenbar.

Insgesamt weist das (außerhalb des eigenen Hegemonialverbandes) relative Gewicht expansiver ideologischer Ziele in der sowjetischen Machtpolitik historisch eine abnehmende Tendenz auf. Dafür dürfte nicht zuletzt die für die Sowjetunion ebenso handfeste wie bittere Erfahrung mitverantwortlich sein, daß mehr kommunistisch regierte Staaten durchaus nicht immer mehr Macht für Moskau bedeuten. Markante Belege sind Jugoslawien (seit 1948) und China (seit dem Ende der fünfziger Jahre). Von China kann man sogar – mit Solschenizyn – sagen, daß erst seit und gerade weil es kommunistisch geworden ist, dieses Reich die größte Bedrohung für Rußlands Zukunft darstellt. Der Dauerkonflikt mit Peking widerlegt nicht nur Moskaus These vom Kommunismus als natürlichem Verbündeten, ja gehorsamem Diener der Interessen des Sowjetstaates, sondern »hat sich … direkt auf den Kern der Ideologie, auf das nationale Interesse und die Weltanschauung der sowjetischen Außenpolitik ausgewirkt« (A.B. Ulam), die Kreml-Führer ideologisch in ein kaum lösbares Dilemma gestürzt. Ein beredtes Zeugnis ist Breschnews offizieller Vorschlag an Peking aus dem Jahre 1976, die Beziehungen zwischen beiden Staaten auf der Basis des Prinzips der friedlichen Koexistenz zu normalisieren, das nach sowjetischer Doktrin bekanntlich nur im Verkehr mit nichtsozialistischen Ländern gilt. Ein solcher (erneuter) Widerspruch zwischen Ideologie und Realität wird dadurch nicht gemildert, sondern eher noch verschärft, daß selbst nach inzwischen fast dreißigjähriger Konfliktdauer »Chinas Abweichung vom geraden und schmalen Pfad des ›proletarischen Internationalismus‹ . . . in der offiziellen sowjetischen Rhetorik als vorübergehender Lapsus dargestellt« (A.B. Ulam) wird.

Die zuvor angesprochene Abnahme expansiver ideologischer Ziele in der sowjetischen Außenpolitik ist im übrigen mit zwei Einschränkungen zu versehen. Eine derartige Tendenz setzt sich – wie etwa die »Befreiung« Angolas mit Hilfe kubanischer Truppen und sowjetischem Material (Ende 1975) oder die direkte militärische Intervention der UdSSR in Afghanistan (ab Dezember 1979) unmißverständlich anzeigen – keineswegs geradlinig und ohne Rückschläge durch. Vor allem aber ist von ihr ausgenommen beziehungsweise gar nicht betroffen der großrussisch oder besser (wie wir gleich sehen werden): allrussisch normierte Sowjetpatriotismus; er fungiert seit inzwischen über vier Jahrzehnten nicht zuletzt als wesentliche ideologische Antriebskraft, Stütze und Begründung sowjetischer Außenpolitik im national-imperialen Sinne. Auch diese Feststellung, die zugleich eine weitere zu Kapitelbeginn formulierte Kernfrage aufgreift, erfordert und verdient es, in einem eigenen Schritt erläutert und vertieft zu werden.

Bekanntlich sind im Zuge, als Ursache wie Folge des Zerfalls einer einheitlichen kommunistischen Weltbewegung nach dem Zweiten Weltkrieg in ihr überall Kommunismus und Nationalismus eine Symbiose eingegangen, die es rechtfertigt, von »Nationalkommunismus« als dem inzwischen bestimmenden Grundelement in praktisch allen kommunistisch regierten Ländern und nichtregierenden kommunistischen Parteien zu sprechen. Die Sowjetunion der Stalin- und Nach-Stalin-Ära war zweifellos in vielfacher Hinsicht Wegbereiterin dieses Prozesses. Ihr heutiges politisches Gesamtsystem weist »in der orthodox-kommunistischen Verhüllung einen national-konservativen Charakter« (B. Meissner) auf. Daß ein allrussisch normierter Sowjetpatriotismus längst unverzichtbarer Bestandteil und wesentlicher Kraftquell der Herrschaftsideologie ist, hat in der Außenpolitik insofern seinen unübersehbaren Niederschlag gefunden, als in ihr im und seit dem Zweiten Weltkrieg national-imperiale Zielsetzungen, Ambitionen und Argumentationen eines traditionellen russischen Expansionismus nachhaltig wirksam geworden sind. Das gilt für die Ostmittel- und Südosteuropapolitik von der Ostsee bis zu den Schwarzmeerengen genauso wie für die Nah-, Mittel- und Fernostpolitik.

An Belegen seien – erneut pars pro toto – angeführt: Molotows aus dem Frühsommer 1940 stammende und in direktem Zusammenhang mit der sowjetischen Einverleibung der baltischen Staaten stehende, ostentative Würdigung der expansiven zaristischen Ostseepolitik seit Iwan IV., die – so der damalige sowjetische Ministerpräsident und Außenminister wörtlich – »der Entwicklungsgang des russischen Staates und der russischen Nation erforderte«; ferner die auf der Teheraner alliierten Kriegskonferenz im Dezember 1943 von der Sowjetunion erhobene Forderung nach Annektion des nördlichen Ostpreußens, die unter anderem ganz offiziell, wenngleich völlig unzutreffend, damit begründet wurde, es handle sich um »historisch urslawisches Land«; vor allem natürlich Stalins öffentliche Deutung der Teilnahme der UdSSR an der Niederringung Japans im Sommer 1945 als langersehnte Tilgung des »Schandflecks« der Niederlage des russischen Kaiserreiches im Krieg gegen Japan 1904/05; sowie schließlich das spätestens seit Chruschtschow außerordentlich starke Gewicht der nationalistischen Komponente im Konflikt Moskaus mit Peking, die beim durchschnittlichen Sowjetbürger, sofern er sich überhaupt mit Fragen der Weltpolitik befaßt, offenkundig starken Anklang findet.

Keineswegs nur mit der Blickrichtung Asien hat die UdSSR die Tradition des kontinentalen Expansionismus des Zarenreiches fortgeführt, war und ist die nationalistische Komponente verbunden mit der Vorstellung eines großräumigen, allein in den vierziger Jahren um mehr als eine halbe Million Quadratkilometer erweiterten, Imperiums, in dem die Großrussen die führende Nation sind, das aber auch von den anderen ostslawischen Völkern mitgetragen wird und gewissermaßen auf der Achse Moskau-Kiew ruht. Der eben deshalb allrussische, ethnische wie imperiale Nationalismus *und* der orthodoxe Kommunismus sind die geistig-ideologischen Haupttriebkräfte der sowjetischen Außenpolitik seit dem Zweiten Weltkrieg, und aus der Verbindung beider Elemente resultiert eine Dynamik, der ein grundsätzlich aggressiv-expansiver Grundzug eigen ist.

Das alles führt beinahe zwangsläufig zu der Frage nach Art und Ausmaß der Kontinuität der sowjetischen mit der zaristischen Außenpolitik. Diese Kontinuität ist in der westlichen Welt (wie im kommunistischen China!) von Wissenschaftlern, Publizisten und Politikern immer wieder höchst nachdrücklich betont, als Dauerphänomen von auch künftig größter machtpolitischer Tragweite und Brisanz Ende 1983 (in der Wochenzeitung ›Die Zeit‹ vom 2. Dezember 1983) durch Altbundeskanzler Helmut Schmidt auf die griffige Formel gebracht worden: »Die Tradition der ›Sammler russischer Erde‹ hat sich mit der Ideologie einer diesseitig heilbringenden Gesellschafts- und Staatsform verknüpft. Der Westen muß wissen, daß dies so bleiben wird, Raketen hin oder her. Er muß wissen, daß er dies nicht ändern kann. Und daß der Versuch, es durch Übermacht zu ändern, lebensgefährlich werden könnte – für alle Beteiligten.«

Gerade weil Helmut Schmidts Schlußfolgerung, seiner Warnung an den Westen, der Sowjetunion nicht durch militärische Übermacht Einhalt gebieten zu wollen, vorbehaltlos zugestimmt wird, erscheint es gerechtfertigt und sinnvoll, die von ihm so lapidar und pauschal apostrophierte Grundeigenart und Hauptantriebskraft bisheriger wie künftiger sowjetischer Außenpolitik noch etwas genauer und vielleicht auch etwas differenzierter zu erfassen durch Verdeutlichung von einigen (längst nicht allen) Elementen der Kontinuität *und* der Diskontinuität mit dem Verhalten des 1917 untergegangenen Russischen Kaiserreiches gegenüber der Außenwelt. Für einen so zugleich und vor allem auf die Beantwortung der Titelfrage des Kapitels ausgerichteten Vergleich sind vier Sach- und Problemkomplexe von vorrangiger Bedeutung:

1. Wenn von Kontinuitätsansätzen und -merkmalen der Zaren- und der Sowjetzeit die Rede ist, wird häufig, ja besonders gerne an allererster Stelle auf jene allgemeine Entwicklungslinie aufmerksam gemacht, die vom russisch-orthodoxen Messianismus (Moskau – das dritte

Rom) über universalistischen Nationalismus und Panslawismus bis hin zum ebenfalls universalistischen sowjetkommunistischen Sendungsbewußtsein reicht. Ganz abgesehen davon, daß etwa der Panslawismus nicht nur in der sowjetischen, sondern auch in der zaristischen außenpolitischen *Praxis* nachweisbar so gut wie keine Rolle gespielt und man sich hinsichtlich des Einsatzes dieses Faktors offiziell zurückgehalten hat, handelt es sich hier um eine Kontinuitätsstereotype, die, um es bewußt polemisch zugespitzt zu formulieren, wissenschaftlich und für eine konkrete Sachanalyse genauso wenig hergibt wie jene für politisches Denken, Bewußtsein und Verhalten der Deutschen angeblich so wesentliche, wenn nicht gar typische Entwicklungslinie, die von Luther über Friedrich den Großen und Bismarck bis Hitler gezogen wird.

Als sehr viel ernsthafter und gewichtiger sind hingegen Fragen und Überlegungen einzustufen, die bestimmte, dem Zarenreich wie der Sowjetunion eigene, kollektive Attitüden und psychologische Dispositionen in bezug auf die Außenwelt zum Gegenstand haben. Den Sachverhalt, um den es dabei geht, umreißen einerseits Stichworte wie »Europäisierung«, »Rückständigkeit«, »Modernisierung« und ähnliches, gekoppelt mit der bereits aus dem Rußland des 19. Jahrhunderts stammenden, von den Bolschewiki lediglich drastisch forcierten Parole des Ein- und Überholens. Im Zarenreich wie in der Sowjetunion wurde (und wird!) Außenpolitik nicht zuletzt unter Bedingungen dauernder Rückständigkeit und nachholender Modernisierung formuliert; die Strategie der Modernisierung im keineswegs nur wirtschaftlichen, sondern umfassenden Sinne war und ist Bestandteil dieser Politik.

Zum anderen resultiert daraus ein Bedarf an ideologischer Kompensation, Selbstbestätigung und Übersteigerung der eigenen historischen Rolle, wobei die einstige These vom »verfaulten Westen« eine funktionale Entsprechung in der sowjet-marxistischen Prognose vom unausweichlichen Untergang des Kapitalismus gefunden hat. Die Kontinuität einer solchen Bewußtseinslage erstreckt sich wohl auch auf die Einstellung zu orientalischen und asiatischen Völkern: Im 19. Jahrhundert wurde vor allem die zentralasiatische Expansion des Zaren-

reiches ideologisch als »zivilisatorische Mission« Rußlands gerechtfertigt; in den zwanziger Jahren unseres
Jahrhunderts unterstrichen die Bolschewiki nachdrücklich ihre Rolle als Lehrer und Mentoren ihrer asiatischen
Brüder; und unter Stalin wurde die These von der progressiven Qualität der zaristischen Expansion zeitweilig
sogar zum Dogma erhoben. Es ist deshalb »nicht abwegig, diese besondere Beziehung zum ›Osten‹ und das Verhalten gegenüber dem ›Westen‹ in einem kommunizie-
renden System aufeinander bezogen zu sehen« (D. Geyer).

2. Formelhaft zusammengezogen, haben in den letzten
knapp zweihundert Jahren drei Konstanten Rußlands au-
ßen- und sicherheitspolitisches Verhalten entscheidend
geprägt: seine räumliche Dauerstellung in Europa und
Asien (mit identisch gebliebenem beziehungsweise wieder identisch gewordenem Staatsterritorium vor 1917
und seit 1945); seine nur kurzfristig in der Zwischenwelt-
kriegszeit unterbrochene Vorrangstellung als Groß- und
Weltmacht bei ebenfalls durchgängig sozialökonomischem Rückstand gegenüber den anderen Groß- beziehungsweise Weltmächten; sowie seine exzentrische Stellung zu den beiden großen europäischen Revolutionen
der Neuzeit, zu 1789 und 1917.

Das zuletzt genannte Stichwort besagt: Obwohl Rußland, in der Terminologie der Oktoberrevolution formuliert, im 19. Jahrhundert die feudale Reaktion, ab 1917
den sozialistischen Fortschritt verfocht, blieb es doch vor
seinem Frontwechsel wie danach Partei in einem internationalen Bürgerkrieg. Mehr noch, es hat immer, als letztes Bollwerk des Ancien Régime wie als erster »sozialistischer Staat« der Welt, an der exponiertesten Stelle dieser
Kriege gekämpft und aus dem Anspruch, Vorkämpfer
einer Partei zu sein, nicht nur rhetorische Rechtfertigun-
gen, sondern auch wirksame Energien für sein revolutionäres Hegemonialstreben seit 1917 wie für sein gegenre-
volutionäres seit 1789 gezogen.

Die in allen drei Konstanten enthaltenen »Unverzichtbarkeitsvorstellungen und ihr Schutz vor Infragestellung« im außenpolitischen Bezugsrahmen oder noch genauer: in einem jeweils besonderen internationalen Sy-

stem, als dessen Hauptverfechter und -garanten Petersburg und dann Moskau auftraten, bildeten Grundlage und Richtschnur einer Außenpolitik im 19. und 20. Jahrhundert, die zugleich Sicherheits-, Interventions- und Expansionspolitik war, auf Konservierung der eigenen politischen Ordnung mit autokratisch-diktatorialer Führungsstruktur ebenso gerichtet wie auf Schaffung, Erhaltung und Erweiterung eines breiten imperialen Vorfeldes mit direkt oder indirekt abhängigen Staaten. Nachhaltig mitbestimmt hat eine solche Position, daß Rußland dreimal in anderthalb Jahrhunderten – 1812, 1914, 1941 – in einen europäischen Weltkrieg verwickelt war, den es nach Westen hin zu führen hatte. Insofern, das heißt bei relativ starker Verallgemeinerung auf einem recht hohen Abstraktionsniveau, ist in der Tat eine bemerkenswerte Kontinuität zwischen alter zaristischer und neuer sowjetischer Außenpolitik zu konstatieren.

3. Bohrt man jedoch etwas tiefer, schaut man nur etwas genauer hin, verlieren alle skizzierten Kontinuitätsansätze und -merkmale rasch an konkretem Aussagewert, läßt sich aus ihnen keinesfalls eine für beide Imperien gültige außenpolitische Theorie und Strategie herleiten. Die Bruchstelle markiert auch hier, wie wir gleich sehen werden, der Marxismus-Leninismus.

Als das zaristische Rußland im Zuge der durch seine schwere Niederlage im Krimkrieg (1854–1856) erzwungenen, nicht zuletzt zur Wahrung seiner Großmachtstellung unerläßlichen liberalen Reformen dem Westen innenpolitisch näherrückte, schwand sein Bedürfnis, »eine Garantie gegen Infragestellungen der eigenen Unverzichtbarkeiten in der monarchisch-konservativen Verbindung mit anderen Staaten zu suchen« (G. Wettig) und zu diesem Zweck weiterhin als »Gendarm Europas« zu fungieren. Stattdessen betrieb das Russische Kaiserreich in den letzten immerhin sechs Jahrzehnten seiner Existenz eine Außen- und Sicherheitspolitik, die sich von der Außenpolitik der anderen damaligen Großmächte nicht unterschied; sie zeichnete sich durch Bündnisfähigkeit und -praxis nach allen Seiten (unter Einschluß des bisherigen Intimfeindes Frankreich!) aus; und sie folgte eigenstaatlichen Unverzichtbarkeitsvorstellungen, die sich am gemeineuropäischen Denken des damaligen nationalistisch-imperialistischen Zeitalters orientierten.

Dagegen lag und liegt der Außenpolitik Sowjetrußlands ein prinzipiell andersartiges, so nur ihr (inzwischen natürlich auch den sowjetischen Gefolgsstaaten) eigenes Einstellungs- und Verhaltensmuster zugrunde. Darüber darf und will wohl auch Gorbatschows neue, Ende 1984 aus aktuellem Anlaß (Staatsbesuch in London) geprägte und Anfang 1985 wiederholte, überdies reichlich vage Formel von »Europa – unserem gemeinsamen Haus« keinen Augenblick lang hinwegtäuschen. Während für das späte Zarenreich das internationale Staatensystem eine Einheit darstellte, der man sich uneingeschränkt zugehörig fühlte, war und ist die Welt nach offizieller sowjetkommunistischer Auffassung aufgrund der 1916 von Lenin verkündeten Imperialismus-Doktrin seit der Oktoberrevolution in zwei Lager gespalten. (Der Ausbau zur Drei-Welten-Konzeption unter Chruschtschow soll lediglich der wachsenden Bedeutung der Entwicklungsländer in der internationalen Politik insofern Rechnung tragen, als diesen beim – wie selbstverständlich unterstellt – gemeinsamen Kampf gegen das ›kolonialistisch-imperialistische‹ Lager eine gewisse Ungebundenheit und Eigenständigkeit auf Zeit zugebilligt wird.) Das Ferment des Klassenkampfes, der bezeichnenderweise auch wesentlicher Bestandteil des janusköpfigen Koexistenz-Prinzips ist, macht die Kluft zwischen ›sozialistischem‹ und ›kapitalistischem‹ Weltsystem grundsätzlich unüberbrückbar. Dadurch erhielt und besitzt die sowjetische Außenpolitik vom Ansatz her einen besonderen, weder einst dem Zarenreich noch heute den nichtkommunistischen Großmächten eigenen Zug.

Wohl ist die ihn zunächst prägende Vision vom unausweichlichen Kampf beider Systeme *auf Leben und Tod,* mit dem »Sozialismus« als historisch vorbestimmtem Sieger, spätestens seit Beginn des nuklearen Zeitalters hinfällig geworden, trägt die unter Chruschtschow verkündete Lehre von der Vermeidbarkeit von (Welt-)Kriegen der unabweisbaren Einsicht Rechnung, daß die Atombombe vor dem Klassenprinzip nicht halt macht und es, jenseits aller »Klassen«, zumindest ein gemeinsames Interesse, nämlich das am Überleben, gibt. Was jedoch bis heute nachhaltig fortwirkt und keineswegs als überholt gilt, ist die revolutionär-totalitäre Tradition eines Denkens, das Politik selbst im Frieden im Grunde nur als die Fortsetzung des Kampfes mit anderen Mitteln begreift, das in den modernen Begriff der »Kräftekorrelation« auch den gesamten Bereich des »Gesellschaftlichen«, den letztendlich determinierten historischen Prozeß, einbezieht.

4. Alledem entsprach und entspricht in der außenpolitischen Praxis eine doppelgleisige Strategie, die dem Zarenreich fremd war. Auch sie hat sich in der jetzt siebzigjährigen Geschichte Sowjetrußlands gewandelt, war starken Gewichtsverlagerungen unterworfen, ist aber bis heute nicht aufgegeben worden. Unter Lenin und Stalin fand sie ihre gewissermaßen »klassische« Ausformung in einem freilich keineswegs konflikt- und widerspruchsfreien Mit- und Nebeneinander von staatlich-nationaler und revolutionär-internationalistischer Außenpolitik. Die eine wandte sich über das Volkskommissariat für Äußeres (Narkomindel) an die Regierungen der kapitalistischen Mächte, um mit ihnen unter dem Vorzeichen »friedlicher Koexistenz« zu einem *grundsätzlich* befristeten, aber durchaus länger währenden modus vivendi zu gelangen und das Entstehen einer kapitalistischen Einkreisungsfront zu verhindern; die andere wandte sich über die 1919 in Moskau gegründete und von Moskau abhängige Komintern an das »Proletariat«, den »Klassenfeind« der Regierungen in den kapitalistischen Ländern, um in ihnen die revolutionäre Veränderung zum »Sozialismus« hin zu fördern.

Inzwischen dominiert zweifellos längst die zunehmend verstaatlichte Außenpolitik in Gestalt einer in vielfacher Hinsicht »traditonellen« Großmachtdiplomatie, deren Hauptaufgabe darin besteht, im Rahmen der seit 1945 radikal veränderten, ja neuartigen Grundstruktur der Weltpolitik, aber bei Fortdauer des Fundamentalkonflikts mit dem kapitalistischen Westen die von der Sowjetunion errungene Welt- und militärische Supermachtposition zu sichern und zu festigen, dies je nach tatsächlicher oder perzipierter eigener wie internationaler Lage durch Erhöhung oder »Nachlassen der Spannung«

(= razrjadka, übersetzt mit »Entspannung«) zu bewerkstelligen. (Zum Thema »Sowjetische Entspannungspolitik« später mehr.)

Dagegen hat die »transnationale Außenpolitik« der KPdSU, deren Adressat die kommunistischen Parteien und »gesellschaftlichen Frontorganisationen« außerhalb des sowjetischen Hegemonialbereiches sind, weniger durch die Auflösung von Komintern (1943) und Kominform (1956) als durch den Zerfall, ja das Ende der kommunistischen Weltbewegung, außerordentlich stark an Effektivität und Durchschlagskraft verloren. Weil heute dreiviertel aller Kommunisten außerhalb des weiteren Sowjetimperiums nicht länger Moskau-hörig sind, gibt es jedenfalls keine direkte Weisungs- und Kontrollfunktion der KPdSU ihnen gegenüber mehr. Andererseits zeigt sich – neben einer überdies durchgängig ambivalenten Haltung zum internationalen Völkerrecht und zum nationalen Selbstbestimmungsrecht – der nie vernachlässigbare (im zitierten Löwenthal-Aperçu plastisch zum Ausdruck gebrachte) Partei-Charakter der Groß- und Weltmacht Sowjetunion ganz konkret darin, daß sie ihren Führungsanspruch im internationalen kommunistischen Parteiensystem nach wie vor aufrechterhält und daß sie subversive Aktivitäten und Übergriffe vorrangig in der Dritten Welt, aber selbst in Europa (kommunistischer Putschversuch in Portugal 1975) keineswegs eingestellt hat. Wohl ist die Rendite ungewiß bis gering, wie der Nahe Osten, Angola oder Äthiopien exemplarisch belegen; wohl wurden kommunistische Parteien in der Dritten Welt, wie unter Stalin in Europa, immer wieder der sowjetischen Staatsräson geopfert. Aber nicht nur die Logik der Weltmachtrivalität mit den USA, sondern auch die ideologische Legitimierung des sowjetischen Parteiregimes sprechen gegen dessen Verzicht auf weitere direkte oder indirekte Macht- und Einflußausdehnung.

Die letzte Bemerkung verweist, unter dem durch sie nahegelegten Stichwort »Expansionismus«, auf einen Vorgang, der ebenfalls der Doppelstrategie von sowjetimperialer Politik zuzurechnen ist und deren eigenartigen, hier sogar einzigartigen Charakter aufzeigt. Anders als das Russische Kaiserreich bis 1917 und überhaupt sämtliche Imperien der Weltgeschichte hat die Sowjetunion ihre imperiale Expansion gekoppelt mit einem tiefgreifenden gesellschaftlichen Umwälzungsprozeß in den ihrem Herrschaftsbereich eingefügten Ländern und mit fester Anbindung der neuen politischen Eliten an die Moskauer Zentrale selbst in den Staaten ihres nur informellen Imperiums. Diese Maßnahmen haben »wesentlich dazu beigetragen, daß die Sowjetunion bisher nicht einer Dekolonisierung unterworfen war. Es ist deshalb nur natürlich, daß die sowjetische Führung auch weiterhin auf die soziale Revolution als wesentliches Element bei der Expansion des Hegemonialbereiches setzt.« (G. Simon)

Insgesamt war und ist die gerade unter dem spezifischen Aspekt ihrer Doppelstrategie skizzierte Außenpolitik der Sowjetmacht vielschichtig, und sie zeichnete und zeichnet sich durch teils größere, teils geringere Flexibilität und Effizienz aus.

Konstant und dogmatisch erstarrt ist hingegen das ideologische Selbstbild der UdSSR als einer Macht, die überhaupt nur »friedliebend« handeln kann und unter keinerlei Umständen für andere Länder eine Bedrohung darstellt. Ein solches Selbstbild und Selbstverständnis läßt den Gedanken nicht zu, daß andere Staaten eine Notwendigkeit sehen könnten, der Sowjetunion in sicherheitspolitischer Hinsicht Grenzen zu setzen und der Eventualität eines Angriffs von ihrer Seite entgegenzuwirken. Aufgrund der sowjetischen Selbsteinschätzung muß jeder, der etwas derartiges behauptet, der Heuchelei geziehen werden. Im kapitalistischen Westen könne es keine ernsthafte und begründete Befürchtung, sondern bloß einen »Mythos der Bedrohung aus dem Osten« geben, weil doch jedem die rein defensive Ausrichtung der sowjetischen Sicherheitspolitik deutlich und einsichtig sein müsse. Hierzu sei ausdrücklich angemerkt: Angesichts mehrerer für die Sowjetmacht existenzgefährdender Vorgänge, die militärische Aktionen zahlreicher fremder Staaten auf russischem Territorium (erst das kaiserliche Deutschland, dann die Westmächte und Japan, schließlich Polen) vor dem und im Bürgerkrieg (mit-)heraufbeschworen und die – zwei Jahrzehnte später – in Hitlers Überfall und Schreckensherrschaft gipfelten, wird man Moskaus Dauerthese, die eigene Macht diene allein der Abwehr militärischer Bedrohungen aus dem Westen, nicht einfach als zweckhafte Propaganda einstufen dürfen, dabei vielmehr die Opfer und Leiden des Zweiten Weltkriegs gebührend berücksichtigen müssen.

Der gleiche Schluß wie aus dem Selbstbild folgt aus dem – in seiner politischen Bedeutung schon wiederholt gewürdigten – ideologischen Feindbild der Sowjetunion, wonach der kapitalistische Westen »aggressiv« und »imperialistisch« ist, ja sein muß. Vor diesem Hintergrund ist es für Moskau unmöglich einzuräumen, daß die NATO eine auf Kriegsverhütung abgestellte Sicherheitspolitik betreibt. Vielmehr erfordert die ideologische Glaubwürdigkeit der UdSSR, daß der dem Westen zugeschriebene »aggressive« und »imperialistische« Grundcharakter auch in der Sicherheitspolitik des atlantischen Bündnisses nachgewiesen wird.

Aus allen angeführten Gründen konnte das – ebenfalls bereits genau analysierte – sowjetische Sicherheitsverständnis mit dem westlichen jedenfalls bislang nie in der Weise in Übereinstimmung gebracht werden, wie das in der Zarenzeit (auf und seit dem Wiener Kongreß von 1815) immer wieder möglich war und tatsächlich erreicht wurde. Auch insoweit ist die eingangs gestellte Frage, ob sich die Außenpolitik der Sowjetunion von der anderer Großmächte unterscheidet, gewiß zu bejahen. Das erlaubt freilich nicht die sehr viel weitergehende Schlußfolgerung, daß die sowjetische Außenpolitik auch weniger berechenbar oder gar völlig unberechenbar ist. Ein wesentliches Ziel unserer Darlegungen war es ja gerade, die Faktoren zu benennen und kritisch zu würdigen, die die bisherige Außenpolitik der Sowjetunion so geprägt und in einem solch hohen Maße festgelegt haben, daß sich daran ihre Eigenart, aber auch ihre Berechenbarkeit ablesen läßt.

Zur Kennzeichnung von beidem, der Eigenart wie der sich daraus ergebenden Berechenbarkeit, sei deshalb nochmals und teilweise zugleich weiterführend, mit Blick auf eine absehbare Zukunft, hervorgehoben:

1. Die sowjetische Außenpolitik beruht zweifellos in erster Linie auf nüchternen Machtberechnungen. Ihnen

liegt indessen kein gewöhnlicher, sondern ein »theoretischer Pragmatismus« (B. Meissner) zugrunde, handelt es sich doch um eine Realpolitik, die an von der marxistisch-leninistischen Ideologie gewiesenen Hauptzielen orientiert ist und bleiben muß, weil darauf die anders nicht herstellbare Legitimation des spezifischen sowjetkommunistischen Herrschaftssystems fußt.

2. Weil marxistisch-leninistische, nach ihren unterschiedlichen Funktionen differenzierte Ideologie und Staatsinteresse komplementäre Aspekte der Politik der Sowjetmacht sind, läßt sich deren vielschichtige und flexible Strategie gegenüber der Außenwelt mit so einfachen Kriterien wie »aggressiv-expansiv« oder »defensiv-bewahrend« kaum hinreichend erfassen. »Sowjetische Außenpolitik war niemals die Politik eines Nationalstaates im traditionellen Sinne, ihr besonderes Kennzeichen war immer eine Mischung aus nationalen und ideologischen Elementen« (H. Adomeit), aus national-imperialen und ideologischen Kerninteressen.

3. Wegen des ideologischen Elements und daraus resultierender Scheuklappen läuft eine sowjetische Führung allerdings auch Gefahr, zu Fehleinschätzungen mit schwerwiegenden außenpolitischen Folgen zu gelangen, offensichtlich am stärksten übrigens bei der Konfrontation mit spontanem und emotionalem, im marxistisch-leninistischen Sprachgebrauch »subjektivistischem« Verhalten einer aufgebrachten Bevölkerung wie bei der Berliner Blockade, als dieses Verhalten eine zentrale Rolle spielte. Nicht nur hier, sondern auch in der Inkubationsphase des Kalten Krieges schränkte ihre Wahrnehmungsfähigkeit eindeutig ein, was ihrem Handeln häufig genug besondere Flexibilität und Dynamik verliehen hat: »Die Eigenart der sowjetischen Außenpolitik, ihre prinzipielle Differenz gegenüber der traditionellen Politik, beruht auf ... theoretisch vermittelten Attitüden.« (D. Geyer)

4. Gemäß dem Grundsatz vom »Primat der Innenpolitik« kam und kommt der Festigung und Sicherung des eigenen Herrschaftssystems, als dessen Träger die Parteibürokratie anzusehen ist, vor allen Expansionszielen, ja selbst vor der Erhaltung eines bestimmten Besitzstandes, der unbedingte Vorrang zu. Daran wird sich auch in Zu-

kunft nichts ändern. Die gegenwärtige und jede kommende Sowjetführung, die den Lehren Lenins treu bleibt (und daran ist nicht zu zweifeln), dürfte und müßte sich gegebenenfalls, wenn sie vor einer solchen Alternative steht, immer für außenpolitische Zugeständnisse und Kompromißlösungen, statt für Maßnahmen im Innern entscheiden, die das bestehende Herrschaftssystem destabilisieren könnten.

Unsere damit eigentlich schon begonnene *Vorausschau*, die, abgesehen von *einer* gerade als gesichert deklarierten Prognose, auch diesmal nur mögliche bis wahrscheinliche (oder aber reichlich unwahrscheinliche!) Tendenzen für die späten achtziger und frühen neunziger Jahre benennen will, geht einerseits aus von den ganz offenkundigen Hauptaufgaben, vor die sich die sowjetische Außenpolitik seit geraumer Zeit gestellt sieht. Diese zweifellos weiter andauernden Hauptaufgaben bestehen darin,

1. die Machtausübung der KPdSU-Führung in der UdSSR und die Durchführung ihres innenpolitischen Programms in Gestalt des »Aufbaus des Kommunismus« gegen Störungen von außen abzusichern sowie mitzuhelfen bei der Schaffung von verbesserten Bedingungen für eine »Beschleunigung« des für unerläßlich erachteten innersowjetischen Modernisierungsprozesses;

2. die Kontrolle über den osteuropäischen Hegemonialbereich des Sowjetimperiums zu festigen und auswärtige Bedrohungen von der »sozialistischen Staatengemeinschaft« fernzuhalten;

3. den Konflikt mit Peking durch Normalisierung der zwischen*staatlichen* Beziehungen abzubauen und das kommunistische China als machtpolitischen wie ideologischen Rivalen und Gefahrenherd einzudämmen, wenn möglich zu isolieren;

4. durch Aufrechterhaltung des Moskauer Führungsanspruchs im internationalen kommunistischen Parteiensystem und Entwicklung prosowjetischer Regime in der Dritten Welt eine Stärkung der »Positionen des Weltsozialismus« im Sinne und zum Nutzen der Sowjetunion zu gewährleisten;

5. unter Einbeziehung aller angeführten Aufgaben, die

nicht zuletzt diesem Hauptziel dienen, die seit dem Zweiten Weltkrieg errungene Welt- und militärische Supermachtstellung der UdSSR zumindest auf Paritätsebene mit den USA festzuschreiben und auszubauen.

Andererseits kann und will unsere Vorausschau vor dem Hintergrund und im Kontext solcher Hauptaufgaben und Hauptaktionsbereiche Antworten wiederum nur zur, im Sinne der Titelfrage des Kapitels zu geben versuchen, sich mithin auf Überlegungen konzentrieren und beschränken, die darauf hinauslaufen, ob und inwieweit sich an der bisherigen Eigenart sowjetischer Außenpolitik etwas ändern könnte, oder genauer: ob und inwieweit bei den im historischen Rückblick erfaßten Triebkräften, Merkmalen und Motiven Modifikationen zu erwarten sind – mit welchen Folgen für das Grundmuster und für die Berechenbarkeit künftiger sowjetischer Außenpolitik.

Deren Beeinflussung oder gar Determinierung durch den Faktor Wirtschaft ist schon deshalb erneut unser konkreter Einstiegspunkt, weil darüber im Westen augenblicklich nicht zum erstenmal und kaum bloß kurzfristig wohl am meisten diskutiert und spekuliert wird. Vergegenwärtigen wir uns zunächst die Ausgangslage. Boris Meissner, einer der besten nicht nur wissenschaftlichen Sowjetunion-Kenner, hat sie im Frühjahr 1986, gleich nach dem XXVII. Parteitag der KPdSU und dessen eindeutiger Konzentration auf innen-, vor allem wirtschaftspolitische Themen, klar und nüchtern so umrissen: »Gorbatschow ist der Auffassung, daß die Intensivierung der wirtschaftlichen Produktion auf dem schnellsten Wege verwirklicht werden muß, wenn die Sowjetunion ihre Weltmachtstellung wahren und nicht weiter im Verhältnis zum Westen zurückbleiben will ... Dem neuen Generalsekretär ist ... von vornherein bewußt gewesen, daß eine erfolgreiche Durchführung seiner Modernisierungspolitik zugleich eine größere Offenheit der Sowjetunion nach außen und damit eine bessere außenpolitische Absicherung voraussetzte.« Oder von mir noch allgemeiner und zugleich zugespitzter als Frage formuliert: Wie eigentlich schon in der gesamten Nach-Stalin-Zeit lautet erst recht heute und in Zukunft ein, wenn nicht *das* Zentralproblem der sowjetischen Politik: Wie können bei voller Wahrung der militärischen Supermachtparität mit den USA durch langfristige Rüstungsvereinbarungen mit dem Westen nicht nur Mittel und Kapazitäten freigemacht, sondern auch effizient genutzt werden für eine absolut unerläßliche Modernisierung der eigenen Wirtschaft und Gesellschaft, ohne das bestehende Herrschaftssystem anzutasten oder gar substantiell zu verändern?

Unabhängig von allen Schwierigkeiten, die einer Lösung des Problems innenpolitisch entgegenstehen, einer Lösung, die meines Erachtens einer Quadratur des Zirkels gleichkommt, interessiert hier und jetzt allein, wie stark der weitere außenpolitische Kurs der Kreml-Führung vom Erfordernis einer schnellen Entwicklung der sowjetischen Wirtschaft bestimmt, ob er gar davon dominiert werden wird. Kann etwa als sicher gelten, was ganz im Sinne einer bei uns weit verbreiteten Auffassung Ende Juli 1986 die ›Süddeutsche Zeitung‹ Gorbatschow angesichts dessen unbezweifelbarem Interesse an weiteren Gesprächen und Verhandlungen mit US-Präsident Reagan unterstellt hat: »Wenn er das notleidende sowjetische System effizienter machen will, muß er die Raketen-statt-Brot-Politik seiner Vorgänger zurücknehmen und außenpolitisch wieder Entspannung suchen.«

Was an der Aussage irritiert, ist das apodiktische »muß«. Gewiß bleibt für die Sowjetunion, wie ihre bisherige Geschichte hinreichend belegt, jede Verschlechterung der internationalen Großwetterlage, insbesondere ihres Verhältnisses zu den USA, notwendigerweise verbunden mit erhöhten Anforderungen an ihre traditionell ohnehin dominanten Wirtschaftszweige der Schwer- und Rüstungsindustrie sowie mit erheblichen, daraus resultierenden Behinderungen und Bremswirkungen bei Prozessen, die auf Reformen zugunsten der Konsumgüterindustrie abzielen. (So führte etwa die Kuba-Krise vom Herbst 1962 postwendend zu recht einschneidenden Rezentralisierungsbeschlüssen des ZK der KPdSU, die Chruschtschows damalige Reformbewegung im Innern abbremsten.) Das alles erlaubt durchaus den Umkehrschluß, daß sowjetische Wirtschaftsreformen mit einer

Außenpolitik korrespondieren und gekoppelt sein sollten, die nicht auf Konfrontation ausgeht und sich desto
stärker um deren Abbau bemüht, je umfassender die Reformen sind, die aufgrund einer unbefriedigenden wirtschaftlichen Entwicklung für erforderlich gehalten werden. Unbedingt zu beachten ist indessen ebenfalls: Für
jede sowjetische Führung machen eigene binnenwirt-
schaftliche Reformzielsetzungen und -maßnahmen Entspannungspolitik zwar plausibel und wünschenswert,
doch nicht zwingend.

Das dürfte auch für Gorbatschow und sein Modernisie-
rungsprogramm gelten. Um es zu verwirklichen, wird er
sich außenpolitisch kaum unter Druck oder gar Zug-
zwang setzen lassen. Daß er sich Erleichterungen verschaffen, eine Sonderrunde im Rüstungswettlauf vermeiden will, ist naheliegend, erscheint glaubwürdig. Bei der
wohl noch länger offenen Frage, wie weit er (oder jeder
andere Kreml-Chef) gehen kann, dürfte sich jedoch –
früher oder später – einmal mehr als richtig und ausschlaggebend erweisen: Der klare Vorrang der Politik vor
der Wirtschaft, von machtstaatlich-imperialen Interessen
vor selbst unabweisbaren ökonomischen Reformerfor-
dernissen, wird unverändert erhalten bleiben. Die Bedeutung der Wirtschaft in der sowjetischen Innenpolitik mag
eher weiter zunehmen, ohne jedoch, trotz aller der Sowjetunion nachgesagten »ökonomischen Besessenheit«,
ihren grundsätzlich begrenzten und insoweit wohl unver-
änderten Stellenwert in der auswärtigen Politik ebenfalls
zu erhöhen, zumal die heutige UdSSR, trotz unbestreit-
barer Verwundbarkeit auf bestimmten Gebieten (Landwirtschaft, »high technology«), in erheblichem Maße –
mehr noch als die USA – wirtschaftlich autark ist und das
viel beschworene »overcommitment« als Dauergefahr für
die eurasische Weltmacht nur bedingten Charakter hat.

Wer Außmaß und Grenzen sowjetischer Kompromiß-
fähigkeit und Konzessionsbereitschaft beim wahrscheinlich noch langwierigen Verhandlungspoker mit dem
Weltmachtrivalen USA und dessen Verbündeten um Rüstungsbegrenzung, militärstrategische Parität und sonstigen Interessenausgleich realistisch einschätzen will,
sollte – neben anderem – dies alles als ein traditionelles,

vielleicht eigenartiges, aber gewiß nicht unberechenbares Merkmal Moskauer Außenpolitik auch künftig gebührend berücksichtigen. Andernfalls dürften erneute Enttäuschungen und Mißerfolge westlicher Sowjetunionpolitik kaum zu vermeiden sein. Nicht nur ihr ist dringend anzuraten, eine Perspektive stets mitzubedenken, die im April 1985 Heinz Timmermann vom Kölner Bundesinstitut für ostwissenschaftliche und internationale Studien als Ergebnis seiner Bestandsaufnahme zentraler innenwie außenpolitischer Probleme der Sowjetunion nach dem Amtsantritt Gorbatschows trefflich so umrissen hat: »Selbst bei weiter absinkendem oder stagnierendem Wirtschaftswachstum bliebe ... die Sowjetführung voraussichtlich noch auf lange Sicht in der Lage, die innere Stabilität der UdSSR zu sichern und ihren Supermachtstatus aufrechtzuerhalten.« Die Perspektive wird von Timmermann untermauert mit dem Hinweis auch auf den Sowjetpatriotismus als weiterhin stark propagierten und gewichtigen Integrationsfaktor, im übrigen ohnehin nahegelegt durch den Verlauf der jüngeren sowjetischen Geschichte.

Spätestens jetzt mag zumindest der Nichthistoriker kritisch und grundsätzlich fragen, ob gerade zur Erfassung möglicher außenpolitischer Entwicklungstrends eine kontinuitätsorientierte Argumentation nach dem Motto »Blick zurück in die Zukunft« ausreicht. In seiner höchst anregenden sozialwissenschaftlichen Abhandlung ›Die Kunst der Vorausschau‹ (Neuwied/Berlin 1967) hat Bertrand de Jouvenel bei der Beschäftigung mit dem von ihm als »Proferenz« bezeichneten gedanklichen »Vorgang, der von gegenwärtigen Gegebenheiten ausgeht, um auf eine Behauptung für die Zukunft zu schließen«, eindringlich darauf hingewiesen: »Der große Fehler in der Proferenz durch Verlängerung liegt darin, daß die Umkehrung der Tendenz nicht in Betracht gezogen wird. Daraus folgt nicht die Ablehnung der Extrapolation, sondern eine Empfehlung zur Vorsicht.« Angesichts der von uns bislang ausschließlich praktizierten »Proferenz durch Verlängerung« fordert Jouvenels zweifellos richtige und beherzigenswerte Empfehlung, bei einem solchen Verfahren die Möglichkeit stark abweichender oder gar völlig entgegengesetzter künftiger Entwicklungstendenzen nicht außer Acht zu lassen, zum Nachdenken darüber auf, ob die sowjetische Außenpolitik vielleicht doch neue Wege einschlagen und ihre derzeitige Eigenart verändern könnte.

Ganz in diesem Sinne, mit einer solchen Blickrichtung hatte in den letzten Jahren die gewiß nicht zu leugnende »Ungewißheit über die Dynamik der [künftigen; K.-H. R.] sowjetischen Entwicklung« eine Reihe westlicher Kremlologen zu Überlegungen veranlaßt, die 1980 Sidney Ploss, damals als Sowjetunionexperte im US-State Department tätig, pointiert so umriß: »Sollte das Regime durch Unrast ›unten‹ instabil werden, so könnte jemand ›oben‹ sich des reaktionären zaristischen Innenministers W. K. von Plechwe erinnern, der 1904 die Meinung vertrat, ein kurzer siegreicher Krieg [gegen Japan; K.-H. R.] werde das Prestige der Autokratie wiederherstellen.« Ploss abschließend: »Es mag sein, daß die Sowjetunion von heute so wie Deutschland nach dem Sturz Bismarcks unausweichlich den Weg des Sozialimperialismus einschlagen und weitergehen wird. Wie die antidemokratischen Kräfte im II. Deutschen Reich in den Jahren, die in den I. Weltkrieg einmündeten, so scheinen heute sowjetische Konservative bestrebt zu sein, den Druck zugunsten innerer Reformen nach außen abzuleiten und für ihr Land eine späte imperialistische Hegemonie zu erlangen.«

In der Tat trifft die hier angesprochene Funktion hegemonial-imperialer Außenpolitik als Blitzableiter für innenpolitische Schwierigkeiten für das spätzaristische Rußland und im Sinne einer »negativen Integration« auch für das Deutsche Reich vor dem Ersten Weltkrieg durchaus zu. Im Unterschied zu diesen beiden einstigen Großmächten ist jedoch die ebenfalls durch hohes und empfindliches Prestigebewußtsein ausgezeichnete Außenpolitik der Sowjetmacht – mit Ausnahme höchstens des Brest-Litowsker Friedensschlusses vom März 1918 – bisher niemals innergesellschaftlichen Pressionen ausgesetzt, dem Druck einer vom kommunistischen Parteiwillen emanzipierten »öffentlichen Meinung« unterworfen gewesen und wird nach menschlichem Ermessen auch in

Zukunft dadurch nicht beeinflußt, davon nicht abhängig sein. Der Vergleich mit dem »geborgten Imperialismus« (D. Geyer) des russischen und dem »Sozialimperialismus« (H. U. Wehler) des deutschen Kaiserreiches am Ende des 19. und zu Beginn des 20. Jahrhunderts entbehrt daher der wichtigsten gemeinsamen Grundbedingung, um für das Verhalten der Sowjetunion gegenüber der Außenwelt einst, heute und morgen wirklich aussagekräftig zu sein.

Die Frage, ob ihre Außenpolitik geeignet ist beziehungsweise dazu benutzt werden könnte, den Druck zugunsten innerer Reformen im eigenen Land und im engeren Imperium nach außen abzulenken, ist damit zwar (noch) nicht hinreichend beantwortet. Aber auf keinen Fall darf übersehen werden, daß für alle bisherigen Sowjetführungen »das Interesse an innerer Systemstabilisierung ... niemals Anlaß gewesen (ist), die Außenpolitik der UdSSR mit Risiken zu belasten, die lediglich das Prestige der herrschenden Eliten zu stärken versprachen« (D. Geyer). Warum sollte sich daran künftig etwas ändern, da, wie in vorangegangenen Kapiteln dargelegt, als höchst wahrscheinlich bis sicher unterstellt werden kann, daß in absehbarer Frist das sowjetische Parteistaatsregime zwar von innenpolitischen Dauerschwierigkeiten bedrängt bleiben, aber weder durch ihm eigene innere Zerfallserscheinungen noch gar durch »Unrast ›unten‹ instabil« werden dürfte? Und selbst »auf eine innenpolitische Krise«, sollte sie wider Erwarten bald eintreten, würden die Kreml-Führer wohl kaum »mit der künstlichen Herbeiführung einer gefährlichen internationalen Krise reagieren«.

Für den durch zahlreiche einschlägige Arbeiten hervorragend ausgewiesenen Adam B. Ulam, der 1983 (in seinem brillanten Essay ›Vom Wesen der Sowjetpolitik‹) zu dieser Einschätzung gelangte, und für viele andere westliche Experten besteht die Eigenart sowjetischer Außenpolitik auch künftig in deren unverwechselbar und unaufhebbar parteistaatlich geprägtem Charakter. Konkret heißt das: Die Sowjetführung wird aus (den beim historischen Rückblick dargelegten) Legitimitätsgründen, zwecks Wahrung ihrer Herrschaft und der sich daraus

ergebenden gesellschaftlichen Grundstruktur im engeren
wie weiteren Imperium,

1. bei ihren Machtüberlegungen gegenüber der Außenwelt ideologische Fesseln weiterhin nicht abstreifen
(können);

2. in der »sozialistischen Staatengemeinschaft« am Warschauer Paktsystem als unerläßlichem Instrument eigener Hegemonie festhalten, eine gewisse Erosion der
»Gleichschaltung« (vor allem im wirtschaftlichen Bereich) vielleicht hinnehmen (müssen), aber — auch unter Gorbatschows ambivalenter Doppellosung von den
verschiedenen Wegen zum Sozialismus, aber der »gemeinsamen Verantwortung« für ihn — keine Ansätze
zu echter Multilateralisierung zulassen;

3. ihre Dritte-Welt-Politik selbst bei zeitweiser Begren-
zung ihres (direkten) Engagements jedenfalls nie dahingehend verändern, daß, wie seit den sechziger Jahren immer wieder prognostiziert, im Nord-Süd-Kon-
flikt eine zunehmende Interessenkonvergenz zwischen
allen entwickelten Industriegesellschaften der Welt bewirkt und dadurch der Ost-West-Konflikt teilweise
entschärft wird;

4. den Moskauer Vorbild- und Führungsanspruch im internationalen kommunistischen Parteiensystem nicht
aufgeben, ihn vielmehr, durch Anpassungen an nationale Zielsetzungen und Kampfbedingungen der »Bru-
derparteien« im kapitalistischen Weltsystem und durch
Vermeidung von Auseinandersetzungen mit ihnen auf
ideologischen Nebenschauplätzen, für das konkrete
Aktionsprogramm der KPdSU in den Außenbeziehungen erneut nutzbar zu machen suchen; sowie nicht zuletzt

5. bei der außenpolitischen Entscheidungsfindung dem
ohnehin stark gewachsenen Einfluß eingeschliffener
Denkweisen und Interessen ihrer Nomenklatura im
Partei-, Staats-, Militär- und gerade auch KGB-Appa-
rat (dessen Funktionäre im Ausland rangmäßig über
den Diplomaten stehen und der inzwischen eine
Schlüsselrolle in der sowjetischen Dritte-Welt-Politik
spielt) Rechnung zu tragen haben.

Neben fehlender Autonomie des Außenministeriums

sind es die genannten, überwiegend eng konservativ ein-
gestellten Apparate, die wesentlich zum Scheitern der
Détente-Politik unter Breschnew beigetragen haben.
Daraus folgt: Art und Ausmaß der Entstalinisierung beziehungsweise Modernisierung der bürokratischen Apparate werden – analog zum Bereich der Wirtschaft – den
konkreten Weg sowjetischer Außenpolitik nachhaltig
mitbeeinflussen. Hier wird im Atomzeitalter auch das
Gewicht des Militärs, des militärischen Professionalis-
mus, nicht zu ignorieren sein, dank dessen intensiver Beteiligung im bürokratischen Wettstreit darüber, wie eine
einmal von der Kreml-Führung beschlossene politische
Linie am besten verwirklicht werden kann. Insgesamt ist
deshalb künftig von einem eindeutig erweiterten »Primat
der Innenpolitik« in der sowjetischen Außenpolitik auszugehen, diese, wie schon Breschnew erklärte, »Problem
Nr. 1« und »das große Mittel unserer Innenpolitik«, mithin die gerade angeführte »innenpolitische Komponente
auch im Sowjetregime potentiell zu einem Schlüsselpro-
blem des außenpolitischen Verhaltens geworden« (A. v.
Borcke). Deren systemspezifische Eigenart, die ideologisch bedingten Legitimationszwänge *und* das eigene
Selbstverständnis legen zugleich die Schlußfolgerung nahe, daß die Sowjetunion als »Großmacht unter Parteiregime« außenpolitisch weiterhin *nicht immer* so »normal«
wie jeder andere Staat agieren beziehungsweise reagieren
kann und wird.

Was aber besagt eine solche Perspektive für Art und
Ausmaß der sowjetischen Entspannungspolitik? Stellt sie
ein bloß taktisches Manöver dar? Inwieweit ist und bleibt
die Sowjetunion dauerhaft zu wirklicher Koexistenz mit
dem Westen bereit und fähig? Unser Antwortversuch
geht aus von einer insofern wohl allgemein, auch für
Moskau annehmbaren Bestimmung des Begriffs »Entspannung«, als darunter kein neuartiges Prinzip verstanden wird, sondern nüchtern und illusionslos »nur« eine
Methode zum »Crisis Management«, zum Abbau von
Spannungen (= razrjadka!) und, soweit möglich, teilwei-
sen Interessenausgleich im fortdauernden und nicht auf-
hebbaren Fundamentalkonflikt zwischen Ost und West.
Was Entspannung vom Kalten Krieg substantiell unter-

scheidet, ist eine offenkundige und glaubwürdige, natürlich auch praktisch umgesetzte Verhandlungsfähigkeit und -bereitschaft auf beiden Seiten, die ihnen jedenfalls zwischen 1947 und 1953 abhanden gekommen war.

Verhandlungsbereitschaft gegenwärtig und künftig als keineswegs nur vorübergehendes, obschon sicher Intensitätsschwankungen unterworfenes Merkmal sowjetischer Außenpolitik erzeugt und garantiert ein beiden »antagonistischen« Systemen nach wie vor gemeinsames Grundinteresse. Der Amerikaexperte Georgij Arbatow hat es 1981 in dem Satz zusammengefaßt: »Die Détente war das Ergebnis einer langen, ernsten und zuweilen dramatischen Geschichte, die uns lehrt, daß wir auf einem gemeinsamen Planeten leben.«

Seither ist das Bewußtsein, daß ein weiteres, ungebremstes Wettrüsten für beide Seiten unkalkulierbare Risiken und Gefahren in sich birgt, im Kreml eher noch gewachsen. So bezeichnet das Anfang März 1986 vom XXVII. Parteitag verabschiedete neue (dritte) Parteiprogramm der KPdSU »die Herstellung des militärstrategischen Gleichgewichts zwischen UdSSR und den USA, den Organisationen des Warschauer Vertrages und der NATO« ausdrücklich als »historische Errungenschaft« und die »Erhaltung dieses Gleichgewichts« ohne eine weitere Kräfteverschiebung zugunsten der Sowjetunion als »eine zuverlässige Garantie für die Sicherung des Friedens und der internationalen Sicherheit«. Darauf und auf den zehn in der Verfassung der UdSSR verankerten Prinzipien der KSZE-Schlußakte von 1975 fußend, bei denen das Parteiprogramm bemerkenswerterweise erstmalig in Übereinstimmung mit der westlichen Auffassung dem Verzicht auf Anwendung und Androhung kriegerischer wie nichtkriegerischer Gewalt die höchste Priorität einräumt, ist mit einer Politik der »friedlichen Koexistenz« die »Entwicklung des Entspannungsprozesses« voranzutreiben, der zur »Beendigung des Wettrüstens und zur Abrüstung« sowie »zur Schaffung eines umfassenden und zuverlässigen Systems der Sicherheit« führen soll. Denn, so die lapidare Eingangsfeststellung im dritten Hauptteil des jetzt richtungweisenden Parteidokuments: »Die KPdSU geht davon aus, daß die historische Auseinandersetzung zwischen den beiden gegensätzlichen Gesellschaftssystemen, in die die Welt von heute geteilt ist, mit friedlichen Mitteln entschieden werden kann und muß.«

Bei der Umsetzung dieses Konzepts in die Praxis kann es allerdings zu keineswegs bloß marginalen Abweichungen, Spannungen und Widersprüchen schon deshalb kommen, weil das Parteiprogramm von 1986 einerseits den kooperativen Aspekt der »friedlichen Koexistenz« hervorhebt und erstmals deren Kennzeichnung als »spezifische Form des Klassenkampfes« ostentativ wegläßt, andererseits jedoch ebenso nachdrücklich die Fortdauer der »ideologischen Feindschaft« und des »ideologischen Kampfes« mit der kapitalistischen Welt betont, die subversive Aktionen und Gewaltanwendung unterhalb »internationaler Kriege« überhaupt nicht ausschließen.

Unabhängig von möglichen Auswirkungen derartiger Widersprüche bleibt festzuhalten: Die zitierten Aussagen des neuen Parteiprogramms tragen in einer inzwischen höchste Besorgnis erregenden Phase des Atomzeitalters der klassischen Logik des Großmachtkonflikts als einer ganz wesentlichen, aber eben nicht der einzigen Dimension gegenwärtiger wie künftiger Außenpolitik der Sowjetunion in der Ost-West-Auseinandersetzung Rechnung. Beigetragen zu der jetzt verkündeten Perspektive hat überdies die spätestens seit Gorbatschows Amtsantritt 1985 in der Kreml-Führung vorherrschende Einsicht, daß einer expansiven sowjetischen Weltmachtpolitik bis auf weiteres enge Grenzen gesetzt sind, daß ihr einigermaßen risikolos kaum überschreitbare Barrieren entgegenstehen. »Die entscheidende Schranke ist in der Diskrepanz zu sehen, die zwischen der Stellung der Sowjetunion als einer militärischen Supermacht und ihrem im Verhältnis zu den Vereinigten Staaten viel zu geringen wirtschaftlichen Potential besteht.« (B. Meissner) Hinzu kommt schließlich Moskaus gewiß propagandistisch überzogene, aber im Kern doch nicht ganz von der Hand zu weisende, zumindest »subjektiv verständliche« These von den USA, Westeuropa, China und Japan als den vier potentiellen Feinden der Sowjetunion, die sie durchaus auch gemeinsam bedrohen könnten. (Natürlich darf deshalb keine, wie immer geartete, größere oder kleinere globale Überlegenheit der UdSSR auf militärischem Gebiet hingenommen werden.) Alles zusammengenommen erklärt und begründet die Bereitschaft der Sowjetführung zu nicht bloß kurzfristiger Entspannung in der »historischen Auseinandersetzung« mit dem kapitalistischen Westen und zu einigermaßen dauerhafter und gesicherter Koexistenz mit ihm. In Gorbatschows Abrüstungsvorschlägen in sowie vor allem seit Rejkjavik, das heißt vom Herbst 1986 und erst recht vom Frühjahr 1987, hat diese Bereitschaft einen konkreten, im Westen sehr ernstgenommenen Niederschlag gefunden.

Reicht dies nun aus, um unter Einbeziehung moderner Ansätze in der sowjetischen Theorie der internationalen Beziehungen, auf die 1983 Klaus von Beyme in seinem anregenden Buch ›Die Sowjetunion in der Weltpolitik‹ als Hauptargument verwiesen hat, für diese »Weltmacht sui generis, die nicht ohne weiteres mit anderen Ländern verglichen werden kann«, den zunehmenden »Einfluß einer Weltsystemperspektive« zu konstatieren? Meine Skepsis gegenüber einer solchen veränderten, übrigens (selbst bei v. Beyme) inhaltlich reichlich unbestimmten »Perspektive auf das internationale Weltsystem« rührt vor allem daher, daß, wie von mir immer wieder zu begründen versucht wurde, zur Erfassung von Wesen und Eigenart auch heutiger sowjetischer Außenpolitik stets die national-imperiale Dimension (= innere Logik des Großmachtkonflikts) *und* die ideologisch-parteistaatliche Dimension herangezogen, in ihrem spezifischen Mischungsverhältnis gewürdigt werden müssen. Die unbestreitbare und hoffentlich unaufhebbare Einsicht in die Unmöglichkeit, im Zeitalter nuklearer Vernichtungswaffen den Ost-West-Konflikt militärisch zu »bewältigen«, wird Rolle und Gewicht der ideologischen Momente in der säkularen Auseinandersetzung auf beiden Seiten womöglich noch verstärken. Wenn aber gerade deshalb keine grundlegende Änderung im sowjetischen Denkmuster zu erwarten ist, heißt das schließlich auch: Ideologische Legitimationszwänge und fortbestehender Immobilismus der außenpolitischen Doktrin, die im Wesen des Gesamtsystems wurzeln, erlauben keine Umwandlung des Sowjetregimes in eine konservative »Weltordnungsmacht«. Nur dann aber wäre eine Einigung auf gemeinsame Leitwerte und Strukturen eines erst dadurch wirklich neuen Systems der internationalen Beziehungen denk- und realisierbar. Auch Gorbatschows »neues Denken« enthält keine in diese Richtung weisenden Ansatzpunkte. Bei aller taktischen Flexibilität in der Auseinandersetzung um Sicherheit und Frieden wurzelt sein außenpolitisches Credo unverändert in den traditionellen antagonistischen Leitvorstellungen.

Offenbleiben mag und kaum zu beantworten ist die Frage, ob sich in absehbarer Zukunft die Kreml-Führung außenpolitisch (wie Adam B. Ulam es plastisch formuliert hat) eher von vorsichtigerer »Rentiers«- als von militanterer »Spekulanten«-Mentalität leiten lassen oder aber (wie der amerikanische Wissenschaftler annimmt) »einen mittleren Kurs zwischen diesen beiden Denkweisen steuern wird«. Ihr tatsächliches, gegebenenfalls auch in der genannten Bandbreite variierendes Verhalten dürfte wesentlich mitbestimmt werden durch die jeweilige Politik des nichtkommunistischen Westens, insbesondere der USA, sowie ebenfalls des kommunistischen China. Beide auch nur ansatzweise zu behandeln, verbietet der inhaltliche Rahmen dieses Kapitels, hätte ihn gesprengt. Für dessen Hauptfragestellung, unser erkenntnisleitendes Interesse, sind sie außerdem von nicht ausschlaggebender Bedeutung, würden sie doch kaum etwas an dem ändern können, was sowjetische Außenpolitik weiterhin »eigenartig« macht, eigenartig erscheinen läßt. Gemeint ist die fortbestehende unauflösliche Verbindung von machtstaatlich-imperialen und ideologischen Kerninteressen. Wenn wir das begreifen und nach wie vor gebührend berücksichtigen, wird diese Politik für uns auch berechenbar sein und bleiben in einer Welt, in der und für die es praktisch handhabbar offenkundig überhaupt kein übergreifendes, sie wirklich integrierendes Ordnungskonzept mehr gibt, womöglich gar nicht geben kann, weil ihr wichtige Merkmale abhandengekommen sind, die das internationale System des vorigen und vielleicht noch eines Teils dieses Jahrhunderts aufwies: eine stabile Technologie, die Vielheit der großen Mächte, die begrenzten inneren Ansprüche und die Verschiebbarkeit von Grenzen.

Eine eigentlich schon deshalb zwingend gebotene, grundlegende Neuorientierung der sowjetischen Außenpolitik, die zweifellos auch ihre bisherige Eigenart verändern würde, bleibt freilich ein (fast) ungedeckter Wechsel auf die Zukunft.

Fünftes Kapitel
Wie wichtig ist die Ideologie?

Mit historischer wie aktueller und auf die Zukunft gerichteter Blickrichtung wurde und wird die Frage dieses Kapitels in der Bundesrepublik wohl am häufigsten gestellt und diskutiert. Das ist jedenfalls mein ganz starker Eindruck nach dreißigjähriger Lehrtätigkeit an der Universität und in der politischen Erwachsenenbildung. Wesentliche Teilantworten, die vor allem Funktion und Gewicht der Ideologie im Herrschaftssystem und in der Außenpolitik der Sowjetunion betreffen, haben bereits die vorangegangenen Kapitel zu geben versucht; sie bedürfen unseres Erachtens keiner systematisierenden Zusammenfassung, geschweige denn einer detaillierteren Auffächerung. Gegenstand des Schlußkapitels soll vielmehr vorrangig jene Frage sein, die bereits am Ende des Vorworts angesprochen und kurz begründet worden ist: War, ist und bleibt für die Sowjetmacht die marxistisch-leninistische Ideologie als politisch wirksames Geschichtsbewußtsein mit utopischer Perspektive (so sinngemäß Jürgen Habermas) wichtig und unersetzlich? Oder hat ein so beschaffenes, dynamisch-zukunftsorientiertes Geschichtsbewußtsein inzwischen längst seine Wirkkraft eingebüßt, spielt die Ideologie in der Sowjetunion zumindest insoweit keine Rolle mehr? Fungiert sie nur noch »als Chiffre der Politik« (H. Dahm)?

Meine Feststellungen und Überlegungen dazu gelten schwerpunktmäßig Lenin und, allerdings erheblich knapper, Gorbatschow, wollen aber auch die zwischen 1917 und 1987 eingetretenen Veränderungen verdeutlichen und enden als Rückblick in die Zukunft nochmals mit einer Prognose zur Kapitelfrage für das nächste Jahrzehnt sowjetischer Geschichte. Vor diesen Darstellungsschritten erscheinen indessen, gewissermaßen als historischer Einstieg, einige Bemerkungen zur besonderen Bedeutung von säkularisierten Zukunftsvisionen, des Elements Zukunft in der neuzeitlichen Geschichte Rußlands angebracht, weil erst vor diesem Hintergrund voll verständlich wird, warum hier die Marx'sche Geschichtslehre als konkrete Utopie ein so aufnahmebereites Publikum fand.

Jede Zukunft, die nicht als Wiederholung des immer Gleichen oder als Wiederkehr von schon einmal Gewesenem vorgestellt wird, tritt als Kontrast der Gegenwart gegenüber und bedeutet, daß ein Zeitgenosse seine Zeitgenossenschaft von außen, aus der Ferne, und daher mit kritischen Augen betrachtet. Indem der Betrachter sich auf einen künftigen Standpunkt stellt, entfremdet er sich seiner Gegenwart und setzt ihrer Tatsächlichkeit ein Mögliches entgegen. Die Bereitschaft zu diesem Experiment im Gedanken ist, wie man weiß, zu verschiedenen Zeiten und in verschiedenen Gesellschaften sehr ungleich ausgebildet, auch in den Gesellschaften der Moderne, zu deren Grunderfahrungen die historische Veränderung und zu deren wichtigsten Orientierungshilfen der Begriff der Entwicklung gehören. In Rußland kam diese Bereitschaft mit dem Beginn des 18. Jahrhunderts in einem besonders starken, wohl ungewöhnlichen Maße zur Entfaltung dank der damals sich verdichtenden und seither nicht mehr abreißenden Verbindung zum westlichen Europa. Indem Rußland diesem näher rückte und ähnlicher wurde, lernte die Bildungsschicht oder doch ein beträchtlicher Teil von ihr, die russische Eigentümlichkeit als Zurückgebliebenheit zu interpretieren, als einen Zustand, den der Westen zwar auch gekannt, aber längst durchlaufen und überschritten hatte. Man lernte mithin, in der jeweiligen Gegenwart des Westens, wenn nicht in allen, so doch in entscheidenden Hinsichten, die Zukunft Rußlands zu sehen, ein Ziel, das als unerreichtes zwar bloß gedacht werden konnte, zugleich aber, da anderswo schon Wirklichkeit geworden, als mit Sicherheit erreichbar erscheinen mußte. So konnten Russen des 18. und 19. Jahrhunderts die Zukunft als eine Wirklichkeit erfahren und ohne Anstrengung, durch bloße Beobachtung, Distanz zu ihrer Gegenwart gewinnen. Dies war auch ein Grund dafür, daß die Selbstkritik Westeuropas und seine Zukunftsentwürfe in Rußland ein Publikum mit geschärfter Aufnahmefähigkeit und besonderer Glaubensbereitschaft gefunden haben. Man wußte von dem Blick über die Grenze, daß das bloß Gedachte sehr wohl Realität werden konnte und daß das Wirkliche keineswegs ein Argument gegen das Mögliche zu sein brauchte.

Im Rußland des 18. Jahrhunderts ist der Träger dieses Optimismus im wesentlichen die Monarchie gewesen; im 19. Jahrhundert fand er seinen sozialen Ort vor allem in der neuentstandenen Bildungsschicht der Intelligentsia, die ihrerseits im etablierten Sozialgefüge der russischen Gesellschaft keinen sicheren Platz gewann und ihn erst von einer veränderten Gesellschaft erhoffen konnte. Machtlos in ihrer Gegenwart, dachte sie erst nur kritisch, bald schon rebellierend im Namen der Zukunft, die für sie zur eigentlich sinnerfüllten Dimension der Zeit wurde. Auf der Suche nach einer sozialen Kraft, die imstande wäre, dieser Zukunft ins Leben zu helfen, hatte sie einen derartigen Verbündeten in der Bauernschaft zu entdekken geglaubt und versucht, ihn durch Aufklärung, Belehrung und mit Terror gegen die Repräsentanten der bestehenden Ordnung in Bewegung zu bringen. Die Hoffnung wurde indessen bitter enttäuscht, das Zarenattentat von 1881, das ein letztes Signal sein sollte, wurde vom Dorf nicht gehört.

Auf diesem Hintergrund wird einsichtig, daß und warum die jüngere revolutionäre Intelligentsia in Rußland etwa seit 1885 in breiter Front den Übergang zum Marxismus vollzog. Die Lehren von Karl Marx lieferten denjenigen, die mit aller Kraft auf den Sturz des autokratischen Systems hinarbeiteten, nicht nur die soziologische Methode zur Analyse und Prognose der ökonomischen Entwicklung Rußlands hin zum Kapitalismus und zur bürgerlichen Gesellschaft, sie gaben denen, die nach dem Fehlschlag der narodnitschestwo (= in das Volk Gehen) und der Terroristenattentate entmutigt waren, auch eine neue Sicherheit ihres politischen Kampfes, der nunmehr durch die historische Mission des Proletariats einen fixierten Sinn bekam. Wie sehr sich eine solche Haltung zur »objektiven«, das heißt absolut unerschütterlichen, weil mit wissenschaftlicher Beweiskraft ausgestatteten Gewißheit steigern und verdichten konnte, erhellt schlaglichtartig und grell ein Vorgang, der zugleich mitten in unsere ganz spezifische Fragestellung hineinführt: Als im

Sommer 1891 die bäuerliche Bevölkerung an der mittleren Wolga von einer schweren Hungersnot heimgesucht wird und Tausende von Menschen sterben, verhindert ein junger Mann, der damals gerade einundzwanzigjährige Iljitsch Uljanow, der sich etwas später den politischen Wahlnamen Lenin zulegen sollte, daß sein Kreis revolutionärer Gesinnungsgenossen in Samara, also mitten im ärgsten Hungergebiet, an Hilfsaktionen liberaler gesellschaftlicher Gruppen teilnimmt.

Was den Vorgang überhaupt erst verständlich und in historischer Perspektive zugleich gewichtig macht, ist die Begründung, die der junge Lenin dazu liefert und mit der er sich bei seinen politischen Freunden durchsetzt. Hungersnöte, so argumentiert er, seien direkte und notwendige Folgen der herrschenden sozialen und politischen Ordnung. Da diese Ordnung mit allen Mitteln bekämpft und vernichtet werden müsse, stellen von ihr verschuldete Hungerkatastrophen einen progressiven Faktor dar, da sie dazu beitragen, die derzeitige Grundlage bäuerlichen Wirtschaftens zu zerstören, die Bauern vom Land in die Stadt zu treiben, dadurch den unumgänglich notwendigen Prozeß der Formierung des Proletariats und der Industrialisierung zu fördern sowie insgesamt immer mehr Menschen über den wahren Charakter der kapitalistischen Gesellschaft aufzuklären. Deren Forderung, Hungernden zu helfen, sei völlig interessenbestimmt und nichts als eine – ihre innere Verlogenheit kennzeichnende – »saccharinsüße Sentimentalität«. Indem man sie entlarve und sich ihr nicht anschließe, können Hungersnöte dem bestehenden Herrschaftssystem ernsthafte soziale Schwierigkeiten bereiten und es untergraben helfen.

»Mehr ist nicht zu sagen«, kommentiert Peter Scheibert diesen Vorgang, »die Bauern müssen verhungern oder gezwungen werden, in der Stadt sich als das Proletariat zu konstituieren, das die Widersprüche der kapitalistischen Produktionsverhältnisse ans Licht bringen wird. Das ist so konsequent von der Zukunft her gedacht, daß es wohl als die vollkommenste Geschichtsphilosophie erscheinen kann. Ganz selbstverständlich wird dort die Partei sein, wo Lenin ist, und die Partei wird immer recht haben. In ihr beziehungsweise in Lenin verkörpert sich die Providenz, sie erkämpft nur noch das, was bereits in ihr offenbar geworden ist. Die Geschichte ist abgeschlossen, mittels der Taktik wird das Feld geräumt. Was gilt, ist nur noch der Feind – er definiert die Gegenwart, ihn zu übersehen oder falsch einzuschätzen, ist der allein mögliche Fehler. Die Sicherheit, daß das Ziel der Weltgeschichte Gestalt gewonnen hat, ist so groß, daß sich Lenin, wie bereits Marx vor ihm, relativ wenig Gedanken darüber machen wird, welches die Gestalt der Zukunft sein werde, die mit ›wissenschaftlicher‹ Sicherheit auf ihn zukommt.«

Die pointierten Urteile und Schlußfolgerungen des emeritierten Marburger Osteuropahistorikers werfen, selbst wenn man sie so pauschal und undifferenziert akzeptiert, eine Reihe neuer Fragen und Probleme auf. Vorab und vor allem ist zu klären, ob und inwieweit Lenin die Marx'sche Geschichts- und Gesellschaftstheorie in ihrem prognostischen Anspruch als Gesetz oder als Tendenz im Sinne einer objektiven Möglichkeit aufgefaßt hat. Der Schöpfer des Sowjetstaates gibt darauf selbst eine eindeutige Antwort. Aus der Fülle einschlägiger Äußerungen werden hier drei herausgegriffen und auszugsweise wiedergegeben. »Marx und Engels«, heißt es in seinem 1895 verfaßten Nachruf auf den gerade verstorbenen Friedrich Engels, »setzten in ihren wissenschaftlichen Arbeiten als erste auseinander, daß der Sozialismus kein Hirngespinst von Träumern ist, sondern Endziel und notwendiges Resultat der Entwicklung der Produktivkräfte in der modernen Gesellschaft ..., sie erzogen die Arbeiterklasse zur Selbsterkenntnis und Selbstbewußtsein und setzten an die Stelle der Träumereien die Wissenschaft.« Die gleiche Grundüberzeugung klingt uns 23 Jahre später aus jener Wendung Lenins in seiner Rede zum ersten Jahrestag der Oktoberrevolution entgegen, daß die beiden Begründer des modernen Kommunismus »durch ihre wissenschaftliche Analyse den Beweis erbracht haben für die Unvermeidlichkeit des Zusammenbruchs des Kapitalismus sowie seines Übergangs zum Kommunismus, in dem es keine Ausbeutung des Menschen durch den Menschen mehr geben wird. Das große weltgeschichtliche Verdienst von Marx und Engels besteht darin, daß sie den Proletariern aller Länder ihre Rolle, ihre Aufgabe, ihre Berufung aufgezeigt haben: sich als erste zum revolutionären Kampf gegen das Kapital zu erheben und in diesem Kampf alle Werktätigen und Ausgebeuteten um sich zu vereinigen.«

Das für unsere Fragestellung aufschlußreichste Zeugnis findet sich in seiner bekanntlich unmittelbar vor der bolschewistischen Machtergreifung entstandenen Schrift ›Staat und Revolution‹, in der zu Marx' wissenschaftlicher Prognose der künftigen Entwicklung so Stellung genommen wird: »Die ganze Theorie von Marx ist eine Anwendung der Entwicklungstheorie – in ihrer konsequentesten, vollkommensten und inhaltsreichsten Form – auf den modernen Kapitalismus. Es ist nur natürlich, daß sich für Marx die Frage nach der Anwendung dieser Theorie auch auf den bevorstehenden Zusammenbruch des Kapitalismus und die künftige Entwicklung des künftigen Kommunismus erhob. Aufgrund welcher Unterlagen aber kann die Frage nach der künftigen Entwicklung des künftigen Kommunismus aufgeworfen werden? Aufgrund der Tatsache, daß er aus dem Kapitalismus hervorgeht, sich historisch aus dem Kapitalismus entwickelt, das Resultat der Wirkungen einer gesellschaftlichen Kraft ist, die der Kapitalismus erzeugt hat. Bei Marx findet sich auch nicht die Spur eines Versuchs, Utopien zu konstruieren, ins Blaue hinein Mutmaßungen anzustellen über das, was man nicht wissen kann. Marx stellt die Frage des Kommunismus so, wie der Naturforscher die Frage der Entwicklung einer neuen, sagen wir, biologischen Abart stellen würde, wenn man weiß, daß sie so und so entstanden ist und sich in der und der bestimmten Richtung modifiziert.«

Insbesondere der letzte Satz, der gesetzmäßige Abläufe in der Natur und historische Prozesse in der menschlichen Gesellschaft auf einer Ebene ansiedelt, verrät den starken Einfluß von Engels, dessen Spätschriften Lenin allem Anschein nach fast gleichzeitig mit dem ›Kapital‹ gelesen hat. Aber so sehr Lenin durch Engels, der auch vielen anderen zeitgenössischen Marxisten gewissermaßen die Metaphysik zur Marx'schen Geschichts- und Gesellschaftslehre lieferte, den Weg zu Marx gefunden haben mag, suchte er sich doch von einem zu stark naturwissenschaftlich gefärbten Entwicklungsdenken sowie vor allem von jedem starren Geschichtsdeterminismus freizuhalten und einen eigenen Zugang zur Marx'schen Dialektik zu finden. Unmittelbar aus dem Prinzip der dialektischen Methode ergibt sich etwa die von ihm übernommene und bis heute für den Sowjetkommunismus verbindliche Marx'sche Unterscheidung in der Kritik des Gothaer Programms von 1875 zwischen den beiden Phasen des Sozialismus nach der politischen Machtergreifung durch die Diktatur des Proletariats.

Die erste, durch das Leistungsprinzip bestimmte »niedere« Phase kettet den Arbeiter weiterhin an seine spezialisierte Funktion, behält die – wie Marx selbst es formuliert hat – »knechtende Unterordnung der Individuen unter die Teilung der Arbeit« noch bei und damit den Antagonismus zwischen Rationalität und Freiheit; die rationale Weise, die Gesellschaft zu entwickeln, widerstreitet der Selbstverwirklichung des Individuums. Das Interesse des Ganzen erheischt auch für Marx noch das Opfer der Freiheit, und Gerechtigkeit für alle schließt weiterhin Ungerechtigkeiten ein. Dieser Antagonismus löst sich nur in dem Maße auf und leitet in die zweite, durch das Bedürfnisprinzip bestimmte »höhere« Phase des Sozialismus über, in dem die sozialisierte Produktion die materiellen und geistigen Vorbedingungen einer freien und allseitigen Befriedigung der menschlichen Bedürfnisse schafft.

Gestützt auf dieses Zwei-Phasen-Schema, geht nun Lenin in seinen der kommunistischen Zukunftsgesellschaft gewidmeten Überlegungen, die er praktisch nur einmal, nämlich 1917 in ›Staat und Revolution‹, schriftlich niedergelegt hat, davon aus, »daß die Expropriation der Kapitalisten unausbleiblich eine gewaltige Entwicklung der Produktivkräfte der menschlichen Gesellschaft zur Folge haben wird«. Er fährt fort: »Wie rasch aber diese Entwicklung weitergehen wird, wie schnell sie zur Aufhebung der Arbeitsteilung, zur Beseitigung des Gegensatzes von geistiger und körperlicher Arbeit, zur Verwandlung der Arbeit in das erste Lebensbedürfnis führen wird, das wissen wir nicht und können wir nicht wissen. Wir sind daher auch nur berechtigt, von dem unvermeidlichen Absterben des Staates zu sprechen. Dabei betonen wir, daß dieser Prozeß von langer Dauer ist und vom Entwicklungstempo der höheren Phase des Kommunismus abhängt, wobei wir die Frage der Fristen oder der konkreten Formen des Absterbens vollkommen offen lassen, denn Unterlagen zur Entscheidung dieser Fragen gibt es nicht. Der Staat wird dann völlig absterben können, wenn die Gesellschaft den Grundsatz ›Jeder nach seinen Fähigkeiten, jedem nach seinen Bedürfnissen‹ verwirklicht haben wird, das heißt, wenn die Menschen sich so an das Befolgen der Grundregeln des gesellschaftlichen Zusammenlebens gewöhnt haben werden und ihre Arbeit so produktiv sein wird, daß sie freiwillig nach ihren Fähigkeiten arbeiten werden.« Sarkastisch fügt er noch hinzu: »Vom bürgerlichen Standpunkt aus ist es leicht, eine solche Gesellschaftsstruktur als reine Utopie hinzustellen und darüber zu spotten.« Lenin selbst denkt freilich in diesem Augenblick, unmittelbar vor der Oktoberrevolution, noch utopisch genug, um annehmen zu können, die »Buchhaltung und Kontrolle«, die »für das reibungslose und richtige Funktionieren der ersten Phase der kommunistischen Gesellschaft notwendig« sind, seien bereits vom Kapitalismus »so sehr vereinfacht« worden, »daß die außerordentlich einfachen Operationen der Beobachtung, Feststellung und Quittierung von jedem verrichtet werden können, der Lesen, Schreiben und die vier Grundrechnungsarten beherrscht«. Weiter meint Lenin, derartige Funktionen könnten leicht von der »Mehrheit der Bürger« erfüllt werden, die »solche Konten führen und die Kontrolle über die Kapitalisten ausüben – die dann zu Angestellten geworden sind – wie auch über die Oberschicht der Intellektuellen, die noch an kapitalistischen Gepflogenheiten festhält«.

Als sich all dies in der russischen Wirklichkeit nach der bolschewistischen Oktoberrevolution sehr rasch als völlig illusionär erwies, scheute sich Lenin nicht, daraus die notwendigen praktischen und auch theoretischen Konsequenzen zu ziehen. Er griff ohne Zögern auf die eben noch diskreditierten Fachkräfte des alten Herrschafts- und Wirtschaftssystems zurück und hob das zunächst eingeführte Prinzip der Lohngleichheit für alle wieder auf. Zugleich gestand er offen ein, daß die Bolschewiki bei dem von ihnen inzwischen in Angriff genommenen »gigantischen Werk niemals Anspruch darauf erheben könnten – und kein einziger vernünftiger Sozialist, der über die Perspektiven der Zukunft geschrieben hat, dachte auch nur im geringsten daran –, nach irgendeiner im voraus gegebenen Weisung die Organisationsformen der neuen Gesellschaft sofort schaffen und mit einem Schlage gestalten zu können«; daß man vielmehr die »kollektive Erfahrung« von »Millionen Werktätiger« abwarten und auswerten müsse und daß bis dahin die unvermeidlich mit einer Menge an Experimenten, zahllosen Umarbeitungen und einer Unmasse von Schwierigkeiten belastete »organisatorische Arbeit ... die wichtigste, die grundlegende, die Hauptaufgabe der Sowjets« sei.

Politisch noch weit folgenreicher war der Umstand, daß Lenin die Herstellung und Festigung der neuen Ordnung nur auf dem Wege konsequenter revolutionärer Gewaltanwendung für erreichbar hielt und daß er sich in seinem diesbezüglichen Handeln erneut in voller Übereinstimmung mit der Marx'schen Theorie wußte oder zu wissen glaubte. »Es wäre ... die größte Dummheit und der unsinnigste Utopismus, wollte man annehmen, daß der Übergang vom Kapitalismus zum Sozialismus ohne Zwang und ohne Diktatur möglich sei«, erklärte er im Frühjahr 1918 in seiner Schrift ›Die nächsten Aufgaben der Sowjetmacht‹ und fuhr mit der Begründung fort: »Die Theorie von Marx hat sich schon vor sehr langer Zeit und mit aller Bestimmtheit gegen diesen kleinbürgerlich-demokratischen und anarchistischen Unsinn gewandt. Und das Rußland von 1917 und 1918 bestätigt in dieser Hinsicht die Theorie von Marx ..., daß bei jedem Übergang vom Kapitalismus zum Sozialismus die Diktatur aus zwei Hauptgründen oder in zwei Hauptrichtungen notwendig ist. Erstens kann man den Kapitalismus nicht besiegen und ausrotten ohne schonungslose Unterdrückung des Widerstandes der Ausbeuter, denen nicht mit einem Schlag ihre Reichtümer, die Vorzüge ihrer Organisiertheit und ihres Wissens genommen werden können, die folglich im Laufe einer ziemlich langen Periode unweigerlich versuchen werden, die verhaßte Macht der

Armen zu stürzen. Zweitens ist jede große Revolution, und ganz besonders eine sozialistische, auch wenn es keinen äußeren Krieg gegeben hätte, undenkbar ohne einen Krieg im Innern, das heißt einen Bürgerkrieg, der ihn noch größere Zerrüttung als ein äußerer Krieg bedeutet ... Um damit fertig zu werden, braucht man Zeit und braucht man eine eiserne Hand.«

Genau darin, in dem durch die Einsicht in die historische Notwendigkeit begründeten Entschluß und Willen zur Gewaltanwendung bei der Heraufführung des Sozialismus, sieht Lenin den entscheidenden Unterschied zwischen den, wie er sich ausdrückte, »Vertretern des wissenschaftlichen Sozialismus, Marx und seinen Anhängern« einerseits und den »utopischen Sozialisten, kleinbürgerlichen Sozialisten, intelligenzlerischen Sozialisten, schwärmerischen Sozialisten« andererseits. »Intellektuelle Schwärmer, kleinbürgerliche Sozialisten«, so ruft er im Juni 1918 Moskauer Arbeitern zu, »sie glaubten, glauben und schwärmen vielleicht noch jetzt davon, daß es gelingen werde, den Sozialismus auf dem Wege der Überzeugung einzuführen. Die Mehrheit des Volkes werde sich überzeugen, und wenn sie sich überzeugt habe, werde die Minderheit sich fügen, die Mehrheit werde abstimmen und der Sozialismus werde eingeführt werden. Nein, so glücklich ist die Erde nicht eingerichtet; ... die sozialistische Revolution bestätigt, was alle gesehen haben – den allergrößten Widerstand der Ausbeuter. Je stärker der Druck der unterjochten Klassen ist, je näher sie dabei sind, jedes Joch, jede Ausbeutung abzuschütteln, je entschiedener die unterdrückten Bauern und unterdrückten Arbeiter ihre Initiative, ihre selbständige Initiative entfalten, desto wütender wird der Widerstand der Ausbeuter.«

. Nicht zuletzt in diesem Zusammenhang ist in der kritischen Auseinandersetzung mit Lenin und dem Leninismus immer wieder betont worden, daß es dem Begründer des ersten kommunistischen Staates eigentlich nicht mehr um die Überprüfung und Festigung einer wissenschaftlichen Einsicht in die geschichtliche Notwendigkeit und Zukunft, geschweige denn um eine Ethik des neuen, fortschrittlichen Menschen gegangen sei, sondern vornehmlich, wenn nicht ausschließlich um die Bereitstellung ideologischer und taktischer Mittel für unmittelbar praktisches, in erster Linie revolutionäres Handeln. Trotzdem sollte nie übersehen werden, daß »von dem erfahrenen Taktiker, unbedenklichen Agitator und Staatsmann Lenin ... der Marxist und sozialistische Utopist nicht zu trennen« ist. Oder anders ausgedrückt: In der fordernden Zukunftsgewißheit und dem fanatischen Kampfwillen dieses Mannes sind Marx'sches Geschichtsdenken und russische Revolutionsgesinnung zu einer unlösbaren Einheit verschmolzen. Theorie und Praxis, geistige Haltung und konkretes Handeln, bedingen sich gegenseitig, wirken wechselseitig aufeinander ein. Dabei tritt die schon wiederholt angesprochene Funktion der Theorie in zwei Vorgängen von zentraler politischer Bedeutung deutlich in Erscheinung:

1. Der marxistischen Auffassung vom industriellen Proletariat als dem künftigen Träger der Menschheitsgeschichte und der vom Revisionismus beiseite geschobenen Marx'schen Parole von der Diktatur des Proletariats entnahm Lenin den Ansatz zu seiner den russischen Verhältnissen angepaßten Führungstheorie von der Ausübung dieser Diktatur des Proletariats durch dessen »Avantgarde«, die bolschewistische Partei, in deren Führung sich radikale Intelligentsia mit dem »bewußten Teil« der Arbeiterklasse zusammenfinden sollten. Auf diese Weise wurde das alte Problem von Intelligenz und Masse in der Herrschaft der Partei über die Arbeiterschaft und über die Masse »aufgehoben«. Darüber hinaus erfüllt Lenins Konzeption der revolutionären Vorhut, der es obliegt, den in der marxistischen Theorie zentral wichtigen Umschlag von Quantität in Qualität zuwege zu bringen, eine weitere dialektische Funktion: Das Marx'sche Vertrauen in die revolutionäre Aufgabe und Kraft des Proletariats wird zwar aufgegriffen; dies geschieht jedoch so, daß dem tatsächlich existierenden Proletariat in seiner Masse eine nur reformerische und gewerkschaftliche Aktion, Organisation und Bewußtheit zugesprochen und ihm damit sein grundsätzliches Unvermögen zur Selbsterfüllung und Selbstbefreiung ausdrücklich attestiert werden. Dadurch aber kann es gerade unter Berufung auf

die Zukunft, auf die Mission, die es in ihr zu erfüllen hat, realpolitisch entmachtet werden zugunsten einer organisierten Elite, die den Anspruch erhebt, nur in der totalen Gleichsetzung mit ihr und ihrem Wollen vermöge sich das Proletariat zu erfüllen und in seiner geschichtlichen Aufgabe zu vollenden. Die Theorie der revolutionären Avantgarde wird so zur Basis für jenen realpolitischen Totalitätsanspruch der Partei, der das sowjetkommunistische Herrschaftssystem bis zum heutigen Tage kennzeichnet.

2. Es war ebenfalls die Auffassung vom industriellen Proletariat als dem künftigen Träger der Menschheitsgeschichte und der damit verknüpfte Industrieoptimismus, die Lenin, trotz Paktierens mit der Agrarrevolution 1917, geradlinig und konsequent auf den Weg der Industrialisierung wiesen. Als im Frühjahr 1918 innerhalb der bolschewistischen Partei zwei völlig entgegengesetzte Grundauffassungen über den Kurs und die Methoden aufeinanderprallten, die für richtig und notwendig erachtet wurden, um in Rußland möglichst rasch den Sozialismus zu verwirklichen, wollte Lenin, unterstützt von Trotzkij, unter bewußter Einbeziehung oder zumindest Inkaufnahme in- und ausländischer Kapitalhilfe auf die Bildung eines Riesentrusts für die gesamte russische Schwerindustrie hinarbeiten. Zwar konnte er sich mit seinem von den damaligen »Linken Kommunisten« als »Sozialismus à la Rockefeller«, also als Verrat an der Arbeiterklasse gebrandmarkten Konzept zunächst nicht durchsetzen. Aber seine berühmte Formel von 1918 »Bolschewismus = Sowjetmacht + Elektrifizierung« und die Kehrtwendung vom »Kriegskommunismus« zur »Neuen Ökonomischen Politik« ab 1921 zeigen in historischer Perspektive eine grundlegende, höchst zukunftsträchtige Richtung an, in der sich der Aufstieg Sowjetrußlands zur Groß- und Weltmacht tatsächlich vollzog. »Nicht gegen die Maschine, sondern mit ihr und durch sie sollte der Weg zur Macht des Proletariats und zur Freiheit des Menschen in der Beherrschung der Natur beschritten werden.« Mit einem solchen »Westlertum« hat Lenin sein Land in den harten Trend des durch den allgemeinen und vollständigen Entschluß zur Zukunft geprägten 20. Jahr-

hunderts einbezogen, das in unserer Gegenwart von der technologischen Entwicklung beherrscht, in dem die Voraussage von der Planung abgelöst, jedenfalls in ihrer Bedeutung gemindert wird.

Gerade hier tritt freilich auch eine oft übersehene Kehrseite im prognostischen Anspruch der marxistisch-leninistischen Theorie zutage. Dieser wird nicht nur zur Bestimmung des jeweiligen Standorts und Entwicklungsstandes in der Gegenwart, zur Motivierung von Maßnahmen sowie vor allem zur Existenz- und Einsatzbegründung von Herrschafts- und Kampfinstrumenten herangezogen; vielmehr begrenzt er auch die praktischen Wahlmöglichkeiten derjenigen, die sich seiner bedienen. Die ständig notwendige Orientierung an der Zukunft als einem grundsätzlich festgelegten Endziel und Endzustand enthält Chancen und Risiken, wirkt befreiend und belastend zugleich. Sie hat – um nur ein Beispiel zu nennen – Lenin im Februar/März 1918 in seinem Entschluß, in den Verzichtfrieden von Brest-Litowsk einzuwilligen, wahrscheinlich noch bestärkt; aber sie hat gleichzeitig die Durchsetzung dieses Entschlusses innerhalb seiner Führungsmannschaft, in der bekanntlich die meisten einen solchen Vertrag mit den »deutschen Imperialisten« als Verrat an der Sache und Zukunft des Sozialismus empfanden, stark erschwert, ja im höchsten Maße gefährdet. Wenn Lenin im März 1918 vor dem VII. bolschewistischen Parteikongreß von den zahllosen »Zickzackwegen«, »diesen schroffen Wendungen der Geschichte« spricht, die »wir ... im einzelnen zurückzulegen haben werden«, dann bringt er ganz unmißverständlich zum Ausdruck, daß er sich an jedem Punkt dieses Zickzackkurses und bei jedem Schritt auf ihm vor der »allgemeinen weltgeschichtlichen Perspektive« legitimieren und rechtfertigen muß, »um den roten Faden zu sehen, der die gesamte Entwicklung des Kapitalismus und den ganzen Weg zum Sozialismus verknüpft, den wir natürlich als einen geraden Weg vorstellen und vorstellen müssen, um den Anfang, die Fortsetzung und das Ende zu sehen – im Leben wird er niemals gerade sein, er wird außerordentlich kompliziert sein –, um sich in diesen Windungen nicht zu verlieren, um in den Perioden des Zurückgehens, der Rückzüge, der zeitweiligen Niederlagen oder wenn uns die Geschichte oder der Feind zurückwirft, um sich hier nicht zu verlieren«.

Aus alledem folgt: Indem die marxistisch-leninistische Theorie eine künftige Gesellschaft prognostisch und programmatisch nicht nur vorstellt, sondern festlegt und danach Politik formt, erlaubt sie denjenigen, die diese Politik durchführen, keinen schrankenlosen Opportunismus. Sie begrenzt deren Handlungs- und Entscheidungsspielraum, hebt ihn jedoch keineswegs auf. Daß einer so geformten Politik kein automatischer und starrer Determinismus innewohnt, läßt sich, allein schon vom Denkansatz her, unschwer anhand Lenins höchst vielschichtiger Verwendung des Begriffes Geschichte nachweisen.

Wenn der zum Losschlagen entschlossene Revolutionär am Vorabend des Oktoberumsturzes ungeduldig und fordernd an das Zentralkomitee, das damalige Führungsgremium seiner Partei, schreibt: »Die Geschichte wird uns nicht verzeihen, wenn wir die Macht jetzt nicht ergreifen«, identifiziert er gewissermaßen seinen Willen mit jenen objektiv feststellbaren Entwicklungsbedingungen und -tendenzen, die nach marxistischer Auffassung den historischen Prozeß wie ein roter Faden durchdringen und ihm unabänderlich ihren Stempel aufdrücken. Davon zeugt auch Maxim Gorkijs Ausspruch über Lenin: »Immer vermitteln seine Worte den Eindruck des gleichsam körperlichen Drucks einer unwiderstehlichen Wahrheit«; er scheint »nicht in seinem eigenen Namen, sondern im Namen der Geschichte« zu sprechen.

Derselbe bedeutende Gewährsmann berichtet indessen auch von einem ganz anderen Lenin, der angesichts der Not, Angst und Verzweiflung vieler Menschen in Rußland nach der Errichtung der Diktatur des Proletariats glaubt feststellen zu müssen: »Die Geschichte gleicht einer strengen Stiefmutter, und wenn sie straft, macht sie vor nichts halt.« Er sagte das, bemerkt Gorkij, voll Trauer, wandte den Blick ab und schloß die Augen. Übersetzt in die harte Sprache des von der Richtigkeit seines Tuns überzeugten revolutionären Staatsmannes hört sich das in einem großangelegten Referat vom Juni 1918 über den Kampf gegen die Hungersnot so an: »Und wenn wir,

Genossen, wenn die russische Revolution – die gar nicht durch ein besonderes Verdienst des russischen Proletariats, sondern durch den Verlauf des allgemeinen Zuges der historischen Ereignisse hervorgerufen worden ist, die dieses Proletariat nach dem Willen der Geschichte einstweilen auf den ersten Platz gestellt und zeitweise zur Vorhut der Weltrevolution gemacht haben –, wenn die Qualen des Hungers, der schwer und immer schwerer auf uns einstürmt, besonders schwer, besonders akut für uns sind, so müssen wir uns fest einprägen, daß diese Leiden vor allem und in erster Linie ein Erbe dieses verfluchten imperialistischen Gemetzels sind, das in allen Ländern zu unerhörten Verheerungen geführt hat, nur daß sie dort vor den Massen noch geheim gehalten und der übergroßen Mehrheit der Völker einstweilen nicht bekanntgegeben werden.« Daraus folgert Lenin: »Die Geschichte hat uns nicht jene friedliche Situation gegeben, an die wir theoretisch für eine gewisse Zeit dachten und die für uns wünschenswert wäre, die uns ermöglichen würde, die Übergangszeit [vom Kapitalismus zum Sozialismus] rasch durchzumachen.«

Wie für Marx ist auch für Lenin die Geschichte in hohem Maße nicht die Manifestation der Vernunft, sondern weit eher das Gegenteil; die Vernunft betrifft nur die Zukunft der klassenlosen Gesellschaft als einer sozialen Organisation, die an der freien Entwicklung der menschlichen Bedürfnisse und Anlagen orientiert ist. Was für Hegel Geschichte ist, ist für Marx *und* Lenin noch Vorgeschichte.

Es war letztlich diese Grundüberzeugung, die es Lenin erlaubte, am 23. Dezember 1921, in einer Zeit bitterster Kälte und schlimmster Hungersnot, die die eingangs erwähnten Zustände von 1891 bei weitem übertraf, im öffentlichen Rechenschaftsbericht der Sowjetregierung zu erklären: »Materiell sind wir in ökonomischer und militärischer Hinsicht maßlos schwach, moralisch dagegen – dieser Gedanke ist natürlich nicht unter dem Gesichtspunkt der abstrakten Moral, sondern als ein reales Kräfteverhältnis aller Klassen in allen Staaten zu verstehen – sind wir stärker als alle anderen.« Die kapitalistischen Staaten verweigerten zwar der Sowjetregierung die diplomatische Anerkennung, machten aber immerhin schon mit ihr Geschäfte. Ferner habe er eine weitere gute Nachricht: »Ich muß Ihnen mitteilen, daß uns die letzten Tage ... einen sehr bedeutsamen Erfolg im Kampf gegen die Hungersnot gebracht haben. Sie haben gewiß in den Zeitungen gelesen, daß in Amerika 20 Millionen Dollar als Hilfe für die Hungernden in Rußland assigniert worden sind ...« In erster Linie bemühe sich die Sowjetregierung freilich darum, eine Verbindung zwischen Arbeiter- und Bauernschaft herzustellen. »Diese Verbindung ist der Handel.« Sie sei das Ziel der »Neuen Ökonomischen Politik«, in der der Privatkaufmann, der Privatunternehmer den Kommunisten, die besser Resolutionen entwerfen als arbeiten könnten, demonstriere, »ein Geschäft abzuwickeln – beispielsweise Rohstoffe für die Industrie zu beschaffen –, wie es Kommunisten und Gewerkschaften nie und nimmer fertigbringen«. Vor dieser Aufgabe, Arbeiter und Bauern zusammenzuschließen und bei den Kapitalisten zu lernen, stehe »nicht nur Rußland, sondern die ganze Welt«. Es sei eine Aufgabe, »vor der alle Sozialisten stehen werden. Der Kapitalismus ist zum Untergang verurteilt ... Die neue Gesellschaft, die auf dem Bündnis der Bauern und Arbeiter beruhen wird, ist unabwendbar. Früher oder später, 20 Jahre früher oder 20 Jahre später, wird sie kommen, und für sie, für diese Gesellschaft, helfen wir die Formen des Bündnisses der Arbeiter und Bauern auszuarbeiten.«

Lassen wir dazu nochmals Lenin selbst zu Wort kommen. In einem Artikel in der ›Prawda‹ vom 2. Juli 1918, der den bezeichnenden Titel ›Prophetische Worte‹ trägt und in dem Aussagen von Engels aus dem Jahr 1887 über den kommenden Weltkrieg als »geniale Voraussage« gefeiert werden, erklärt er: »Es gibt leichte und es gibt schwere Geburten: Marx und Engels, die Begründer des wissenschaftlichen Sozialismus sprachen stets von langen Geburtswehen, die unvermeidlich mit dem Übergang vom Kapitalismus zum Sozialismus verbunden sind. Und in einer Analyse der Folgen eines Weltkrieges schildert Engels einfach und klar die unstrittige und unverkennbare Tatsache, daß eine Revolution, die einem Krieg folgt, die mit dem Kriege verbunden ist ..., daß eine solche

Revolution ein besonders schwerer Geburtsfall ist.« Aus dieser allgemeinen Bestimmung des Zusammenhanges zwischen (Welt-)Krieg und Revolution, mit der natürlich zugleich und in erster Linie die damals höchst kritische Lage Sowjetrußlands erklärt werden soll, kann nun Lenin – das ist für unsere Betrachtung von entscheidender Bedeutung – direkt und ohne Zögern schlußfolgern: » ... schwere Geburten vergrößern um ein Vielfaches die Gefahr der tödlichen Erkrankung oder eines tödlichen Ausgangs. Aber wenn es vorkommt, daß Menschen bei der Geburt sterben, die neue Gesellschaft, wie sie von der alten Ordnung geboren wird, kann nicht sterben, ihre Geburt gestaltet sich nur qualvoller und langwieriger, ihr Wachstum und ihre Entwicklung vollziehen sich langsamer.«

Hier ist das Kernproblem, um das es letztlich immer wieder geht, nochmals in aller Schärfe umrissen: Warum kann (ja darf) die neue Gesellschaft, die sozialistische Zukunfts- und Endgesellschaft, die aus der alten Ordnung geboren wird, nicht sterben? Warum wird (ja muß) sie kommen? Die Antwort, die Lenin und mit ihm der gesamte Sowjetkommunismus bis zum heutigen Tag darauf geben, fußt nach Herbert Marcuse auf der Annahme, »daß die Entwicklung eines bestimmten Gesellschaftssystems und die Veränderungen, die von einem Gesellschaftssystem zum anderen führen, bestimmt werden von der Struktur, die die jeweilige Gesellschaft sich selbst gegeben hat, das heißt von der grundlegenden Teilung und Organisation der gesellschaftlichen Arbeit, und es bedeutet, daß die politischen und kulturellen Institutionen von dieser grundlegenden Teilung und Organisation hervorgebracht werden und ihr entsprechen ... Einmal institutionalisiert, bestimmt die Grundform der gesellschaftlichen Reproduktion die Entwicklungsrichtung nicht nur innerhalb der jeweiligen Gesellschaft, sondern auch über sie hinaus. In diesem Sinne ist der geschichtliche Prozeß vernünftig und unabänderlich.« Für Marcuse impliziert das die – offenkundig auch von ihm geteilte – Anerkennung objektiver, zugleich aber nicht-teleologischer historischer Gesetzmäßigkeiten. »Sie schließt keinen Zweck ein, keinen ›Sinn‹, auf den die Geschichte sich zubewegt, keine dem Prozeß zugrunde liegende metaphysische oder geistige Kraft – nur, daß er durch Institutionen determiniert ist.«

Unterstellt man nun, daß der historische Prozeß tatsächlich durch Institutionen bestimmt wird, daß ihre Existenz die ihn bestimmende Tendenz ausmacht, denkt man zugleich auch an die in eine ähnliche Richtung weisenden sowjetoffiziellen Programmaussagen von und seit 1961 vom notwendigen Fortbestehen der Institutionen der Partei als oberstem Regulator gesellschaftlicher Bedürfnisse auch nach dem »Absterben des Staates«, erhebt sich natürlich sofort die Frage, ob und inwieweit damit die von Marx wie von Lenin proklamierte Abschaffung aller (Herrschafts-)Institutionen bis hin zur völligen Institutionslosigkeit als erklärtem Ziel und konstitutivem Wesensmerkmal des künftigen, vollendeten Kommunismus noch zu vereinbaren ist. Weder eine hier feststellbare Diskrepanz noch die in jedem Fall unleugbare, in hohem Maße bereits mit Lenins Wirken verknüpfte, inzwischen nur perfektionierte Indienstnahme des prognostischen Marx'schen Ursprungsentwurfs einer freien und humanen Gesellschaftsordnung zur machtmäßigen Durchsetzung politisch-ideologischer Maximen und zur wissenschaftlich-technischen Durchdringung aller Lebensbereiche in einem ganz instrumentalen Sinn vermögen freilich den Grundtenor unserer bisherigen Darlegungen nachhaltig zu verändern.

Er läßt sich abschließend so umreißen: Unzweifelhaft hat im Denken und Handeln Lenins die Zukunft eine höchst gewichtige Rolle gespielt. Zwar nicht in dem Sinne, daß für ihn die Frage ihrer unmittelbaren Gestaltung praktisch wie theoretisch vorrangig war. Wohl aber insoweit, als die Überzeugung, daß diese Zukunft die Herstellung und Vollendung des Sozialismus (wie er ihn verstand) bringen werde, ihm die Gewißheit von der Richtigkeit und Notwendigkeit seines jeweiligen konkreten Tuns gab und es rechtfertigte, eine Gewißheit, die, wie wiederholt zu zeigen versucht wurde, in politischen Entscheidungssituationen und offensichtlichen Notlagen seiner Partei und der jungen Sowjetmacht besonders deutlich in Erscheinung trat. Deshalb sollte der Historiker, gerade wenn er weiß, wie sehr er es stets mit einer »vergangenen« und »defizienten« Zukunft (R. Wittram) zu tun hat, nicht unberücksichtigt lassen, daß auch Lenins Zukunftsvorstellungen und -erwartungen *einen* Schlüssel zum Verständnis dieser großen revolutionären Führerpersönlichkeit und seines Werkes liefern. Oder anders und noch allgemeiner, mit Blick auf unsere zentrale Kapitelfrage formuliert: Lenin und die junge Sowjetmacht bezogen nicht nur Rechtfertigung und Legitimation, sondern entscheidende dynamische Handlungsimpulse aus einer Ideologie, die in der Tat in einem politisch wirksamen Geschichtsbewußtsein mit utopischer Perspektive wurzelte, genau darin einen Dreh- und Angelpunkt hatte.

Ein Menschenalter später, am Ende der Stalin-Ära, war das von oben verordnete Geschichtsbewußtsein großrussisch-nationalistisch verengt und imperial-expansiv verzerrt, die ursprüngliche konkrete Utopie zu einer inhaltsleeren Floskel verkümmert, die Ideologie insgesamt zu einem verknöcherten Dogma verkommen. Wohl hatte Stalins Doktrin vom Sozialismus in einem Land als kategorischer Imperativ, das Werk der Oktoberrevolution in Rußland zu vollenden und so den Auftrag der Geschichte zu erfüllen, zunächst, in den ausgehenden zwanziger und beginnenden dreißiger Jahren, für eine gezielte Dynamisierung des revolutionären Sowjetmarxismus gesorgt. Sie fand ihren durchaus eindrucksvollen Niederschlag im Aufbauenthusiasmus einer jungen stalinistischen Elite, die, fasziniert von handfester Technik und scheinbar nicht minder handfester gesellschaftlicher Perspektive, beseelt von dem Glauben, unter Anleitung einer allwissenden und allmächtigen Partei durch Beseitigung jedweder Rückständigkeit im eigenen Land im höheren Interesse der Geschichte zu handeln, sowie deshalb bereit, sich selbst und allen anderen große Opfer abzuverlangen, eine neue Zukunftssicherheit verhieß.

Aber genau diese Zukunftssicherheit erwies sich rasch als ambivalent und trügerisch. Sie stand in krassem Widerspruch zu Not, Elend und Hoffnungslosigkeit einer total ausgebeuteten Bevölkerung; sie ging einher mit Unfähigkeit, dauernder Überanstrengung und barbarisch-irrationaler Perversion von angeblich so vernünftig Machbarem im unheimlich forcierten Idustrialisierungs- und Modernisierungsprozeß; und sie offenbarte ihre innere Haltlosigkeit nicht zuletzt in den selbstmörderischen Geständnissen und Selbstbezichtigungen der Alten Garde des Bolschewismus während der öffentlichen Moskauer Schauprozesse von 1936 bis 1938.

Was sich hier vor aller Welt vollzog und ohne deren Kenntnis bei Zehntausenden weniger bekannter Genossen wiederholte, war symptomatisch für die tatsächliche Entwicklung des Sowjetmarxismus unter Stalin vor wie nach dem Zweiten Weltkrieg. Kanonisiert im vom Diktator 1938 höchstpersönlich verordneten ›Kurzen Lehrgang der Geschichte der KPdSU(B)‹, dessen geistloser Inhalt mehreren Generationen von Sowjetbürgern regelrecht eingebleut wurde, degenerierte der Marxismus-Leninismus als Weltanschauung »zu einem Dogmengebäude, das den Inhabern der Macht zur Rechtfertigung jedweder Politik diente. Im Namen der materialistischen Dialektik wurden Kategorien der Vernichtung entwickelt und exekutiert, Denkverbote erteilt und Grenzen zementiert. An ihnen mußte die Dynamik zerbrechen, die noch in dem ursprünglichen Ansatz, auf die eigene Kraft zu setzen, enthalten war.« (W. Eichwede) Diese »Bilanz einer gebrochenen Utopie« unter dem stalinistischen System ist sowohl für die Sowjetunion als auch für das sozialistische Lager insgesamt zu ziehen, in das der »Sozialismus in einem Lande« nach 1945 gewaltsam expandierte.

Seither sind, was die hier allein interessierende Moskauer Vormacht anbelangt, zwei ernsthafte Versuche zu registrieren, die Ideologie im leninistischen Ursprungssinn zu revitalisieren. Den ersten unternahm vor gut einem Vierteljahrhundert Chruschtschow; er schlug fehl. Den zweiten bemüht sich gegenwärtig Gorbatschow mit aller Kraft in Gang zu setzen; sein Ergebnis ist (noch) ungewiß.

Persönlich fest überzeugt von der Überlegenheit des Sozialismus sowjetischen Typs, im subjektiv ehrlichen, bis zuletzt ungebrochenen Glauben daran, »daß die Völker der Welt ›eines Tages‹ ein Gesellschaftssystem haben werden, das auf dem Marxismus-Leninismus beruht«

(wie er noch in seinen Erinnerungen wörtlich erklärte), warb Chruschtschow in ideologischen Mobilisierungskampagnen, mit denen er das Land immer wieder überflutete, für die hehren Zukunftsziele des Sowjetkommunismus. Vor allem sollte dadurch seiner Dauerforderung nach höherer Arbeitsproduktivität Nachdruck und Legitimität verliehen werden. Unter dem Motto des »entfalteten Aufbaus des Kommunismus«, der jetzt »zur unmittelbaren praktischen Aufgabe des Sowjetvolkes geworden« sei, versprach das neue Parteiprogramm der KPdSU von 1961, das unverkennbar seine Handschrift trug, indessen nicht nur das ökonomische Ein- und Überholen der am weitesten fortgeschrittenen Länder des kapitalistischen Westens bis 1980, sondern verhieß der Sowjetunion darüber hinaus für den gleichen Zeitraum das Verschwinden der Klassen, die Aufhebung der Unterschiede zwischen körperlicher und geistiger Arbeit ebenso wie zwischen Stadt und Land.

Bekanntlich hat sich keine einzige dieser Ankündigungen, deren utopischer Charakter offenkundig ist, auch nur ansatzweise verwirklichen lassen. Genausowenig erfolgte eine echte Liberalisierung im geistig-kulturellen Bereich, die Chruschtschow ohnehin strikt ablehnte. Trotz teil- und zeitweisem »Tauwetter« hatten Literatur, Kunst und Wissenschaft weiterhin »als Dienstmagd der Partei« (G. Simon) zu fungieren, wurden alle diejenigen diffamiert und unterdrückt, die nach Ansicht der Kreml-Führung und des Parteiapparates nicht zur Stärkung des Sowjetsozialismus beitrugen. Zugleich fanden, was leider oft völlig übersehen wird, von 1959 bis 1964 in der UdSSR die brutalsten Kirchenverfolgungen seit den dreißiger Jahren statt. »Weil die marxistisch-leninistische Voraussage vom allmählichen Absterben der Religion in der sozialistischen Gesellschaft nicht eintraf, griff die Partei im Zuge des Aufbaus der kommunistischen Gesellschaft zu Zwangsmaßnahmen, um der Ideologie zur Realität zu verhelfen.« (G. Simon)

Revitalisierung der Ideologie unter Chruschtschow bedeutete mithin letztlich doch wieder Entfaltung ihrer Brems- und Unterdrückungsfunktion im innenpolitischen Entwicklungs- und Entscheidungsprozeß. Bewußte Verstärkung und einseitiger Ausbau dieser Funktion in der Breschnew-Ära ermöglichten der allmächtigen Nomenklatura, mit dem Marxismus-Leninismus ihr eigenes opportunistisches und häufig genug korruptes Verhalten zynisch zu bemänteln, während in der Gesellschaft eine Einstellung gegenüber der Ideologie vorherrschte, die von Indifferenz und Langeweile bis zu Widerwillen und Abscheu reichte. Chruschtschows Parteiprogramm von 1961 hatte immerhin eine neue Vision der Gesellschaft verkündet; die Politik unter Breschnew beruhte auf Arrangements ohne jeden Anhauch zukunftsorientierter Zielsetzungen.

»Irgendwann begann das Land, an Schwung zu verlieren, Schwierigkeiten und ungelöste Probleme fingen an sich aufzutürmen, und es tauchten Elemente der Stagnation und andere, dem Sozialismus fremde Erscheinungen auf.« So hat Gorbatschow in seiner ZK-Plenum-Grundsatzrede vom 27. Januar 1987 die Wirkungen einer ideologischen Generallinie umrissen, die als Sozialismus nur das bezeichnete und anerkannte, was es schon im sowjetischen System gab, alles andere hingegen verwarf. Noch bemerkenswerter, fast sensationell erscheinen die deshalb im vollen Wortlaut zitierten Gründe, die der derzeitige Generalsekretär verantwortlich macht für »die Gewohnheit des scholastischen Theoretisierens, die niemandes Interessen und lebenswichtige Probleme berührte«, für »die Gefahr der Intensivierung von Krisenerscheinungen in der Gesellschaft«, kurzum, für eine »Ideologie und Mentalität der Stagnation«:

»Die theoretischen Konzepte des Sozialismus verharrten in einem hohen Maße auf dem Niveau der dreißiger und vierziger Jahre, als die Gesellschaft völlig andere Aufgaben anging. Die Entwicklung des Sozialismus, die Dialektik seiner Antriebskräfte und Widersprüche und der tatsächliche Zustand der Gesellschaft wurden nicht zum Gegenstand gründlicher wissenschaftlicher Forschung. Die Ursachen für diese Lage reichen weit in die Vergangenheit zurück und wurzeln in der spezifischen geschichtlichen Situation, in der infolge wohlbekannter Umstände kraftvolle Debatten und schöpferische Gedanken aus der Theorie und den Gesellschaftswissenschaften verschwanden, während autoritäre Beurteilungen und Meinungen zu unstreitigen Wahrheiten wurden, die nur kommentiert werden durften. Die Organisationsformen der Gesellschaft, die sich in der Praxis herausgebildet hatten, wurden gewissermaßen verabsolutiert. Darüber hinaus wurden solche Vorstellungen in der Tat mit den wesentlichen Merkmalen des Sozialismus gleichgesetzt, als Konstanten angesehen und als Dogmen dargestellt, die keinen Raum für objektive wissenschaftliche Forschung mehr ließen. Es entstand ein verknöchertes Konzept der sozialistischen Produktionsverhältnisse, und deren dialektischer Zusammenhang mit den Produktivkräften wurde unterschätzt. Die soziale Struktur der Gesellschaft wurde schematisch dargestellt, sozusagen ohne Widersprüche oder ohne Dynamik der verschiedenen Interessen ihrer Schichten und Gruppen.«

Zweifellos hat bislang keine sowjetische Führung die nicht bloß vom unmittelbaren Amtsvorgänger, sondern während des ganzen letzten halben Jahrhunderts offiziell interpretierte und praktizierte Ideologie einer ähnlich umfassenden und radikalen Kritik unterzogen; verschont davon bleibt auch die Chruschtschow-Zeit nicht, auf die Gorbatschows ebenfalls in diesem Kontext stehende Bemerkung in seiner Grundsatzrede gemünzt ist: »Falsche Auffassungen vom Kommunismus und verschiedene Prophezeiungen und abstrakte Ansichten kamen in Umlauf.« Dennoch soll die Theorie des Sowjetsozialismus weder qualitativ verändert noch überhaupt substantiell angetastet, sondern lediglich durch ständigen Rekurs auf Lenins Gedanken und Ideen erneuert und dynamisiert werden. Für Gorbatschow steht dabei die Funktion der Bewußtseinsbildung im Mittelpunkt, heißt auch hier das Schlüsselwort »glasnost«, die (so der Generalsekretär wörtlich) »wohltuende Wirkung der Transparenz, die zu einer Norm des Lebens der Gesellschaft wird«. Das kritisch-selbstkritische Offenlegen tatsächlicher Mängel, Schwächen und Widersprüche im realen Sowjetsozialismus soll ein »neues Denken« und eine »neue moralische Atmosphäre« schaffen als unerläßliche Basis und Triebfeder für den angestrebten, zeitlich wie inhaltlich höchst langwierigen Prozeß des »Umbaus« (perestrojka) in Wirtschaft, Gesellschaft und Politik der Sowjetunion.

In diesem ausgesprochen dynamisch-zukunftsorientierten Erneuerungskonzept spielt für Gorbatschow, wie schon an anderer Stelle dargelegt, die wissenschaftliche und literarisch-künstlerische Intelligenz eine ausschlaggebende Rolle. Unter dem Motto: »Das Bewußtsein von Millionen Werktätigen im Geiste der Umgestaltung zu formen, ist eine der Schlüsselaufgaben der ideologischen Tätigkeit« forderte er vor dem ZK-Plenum am 27. Januar 1987 nachdrücklich, »daß die ideologischen Kader der Partei durch Leute verstärkt werden, die sich in der Ökonomie, dem Rechtswesen, der Philosophie, der Soziologie, der Literatur und Kunst gut auskennen und zutiefst von ... dem Kurs auf eine Umstrukturierung überzeugt sind.« Oder noch allgemeiner und grundsätzlicher zu Beginn derselben Rede vor demselben Gremium: »Die ersten Schritte bei der Umgestaltung des kulturellen und intellektuellen Lebens sind besonders wichtig für uns, Genossen, denn wir können nicht auf einen Erfolg hoffen, ohne entscheidend die öffentliche Mentalität zu verändern und die Psychologie, das Denken und Fühlen der Menschen neu zu formen.«

Die angesprochenen Umgestaltungsschritte sind Produkte eines ideologischen Tauwetters, das nicht nur den in der Breschnew-Ära über die sowjetische Kultur verhängten Grauschleier durchlöchert hat, sondern häufiger und intensiver als in der ersten kurzen so benannten Auflockerungsphase unter Chruschtschow Tabus über- oder unterspült und selbst vor der besonders heiklen religiösen Thematik nicht Halt macht. Angeregt durch mehrere Schriftsteller, ist 1986 im Zeichen der Glasnost (Durchschaubarkeit) eine Diskussion um Christus, Christentum und Moral in Gang gekommen, die Mitte Dezember mit einem Leserbrief Jewtuschenkos an die ›Komsomolskaja Prawda‹ einen vorläufigen Höhepunkt erreichte. Darin forderte der bekannte Schriftsteller den Staatsverlag der UdSSR zum Druck der Bibel auf, weil man ohne Kenntnis dieses »großen Kulturdenkmals« weder die russische klassische Literatur verstehen noch selbst überhaupt Atheist sein könne und im übrigen die sozialistische

Weltanschauung das Beste der christlichen Moral in sich aufgenommen habe. Nicht minder provokativ ist Jewtuschenkos Schlußfrage, warum es in der UdSSR analog zur Trennung von Staat und Kirche nicht auch eine Trennung von Atheismus und Staat geben könne?

Gewiß signalisieren derartige Vorgänge, zu denen etwa auch eine kürzlich veröffentlichte, erstaunlich positive sowjetoffiziöse Würdigung der Rolle der katholischen Kirche in Polen gehört, keineswegs (schon) die amtliche Zulassung eines offenen Wettkampfes der Ideen in der Sowjetunion. Wie aber ist die, zumindest auf den ersten Blick, sensationelle Äußerung Gorbatschows auf dem Moskauer Internationalen Friedensforum am 16. Februar 1987 zu bewerten: »Die Sowjetunion erhebt keine Ansprüche auf den Besitz der Wahrheit in letzter Instanz«? Wird hier nicht, erstmalig in der Geschichte des Sowjetkommunismus, der ideologisch begründete Anspruch, den Schlüssel zum Tempel der Wahrheit zu besitzen, von höchster Stelle eindeutig gebändigt?

Unsere Antwort darauf fällt aus vier Gründen skeptisch-verneinend aus:

1. Gorbatschow selbst ist nicht nur von der dynamisch-zukunftsorientierten Vision und Funktion, sondern von der alleinigen Richtigkeit und Wahrheit der kommunistischen Ideologie zutiefst überzeugt. Den zweifelsfreien Beleg liefert einmal mehr seine programmatische Rede vom 27. Januar 1987. Sie fordert im Namen des ZK »die Kommunisten und alle Sowjetmenschen auf, sich tiefer von der Erkenntnis und dem Verantwortungsgefühl ... für das künftige Antlitz des Sozialismus durchdringen zu lassen«, und sie gipfelt in dem eigentlich nur als konkrete Utopie einstufbaren Schlußbekenntnis über die bestimmenden Züge des künftigen Antlitzes des Sowjetsozialismus: »Wir müssen unser Land zum Modell eines hochentwickelten Staates, einer Gesellschaft mit der fortschrittlichsten Wirtschaft, der großzügigsten Demokratie, der humansten und höchsten Ethik machen, in der der arbeitende Mensch sich als vollberechtigter Eigentümer fühlt, alle Segnungen der geistigen und materiellen Kultur genießen kann, wo seine Kinder eine hoffnungsvolle Zukunft finden, wo er über alles verfügt, was für ein

lebenswertes, inhaltsreiches Leben vonnöten ist, und wo selbst Skeptiker sagen müßten: Ja, die Bolschewiki vermögen alles. Ja, und sie haben die Wahrheit auf ihrer Seite. Ja, der Sozialismus ist die Gesellschaftsordnung, die dem Wohle des Menschen, seinen sozialen und wirtschaftlichen Interessen, seiner geistigen Erbauung dient.«‹

2. So wie vor 70 Jahren Lenin an die Marx'sche Geschichtslehre als konkrete Utopie geglaubt hat, stellen gegenwärtig für Gorbatschow die Gedanken und Prinzipien Lenins den Dreh- und Angelpunkt seines politischen Credo dar. Dazu die Schlüsselaussage des derzeitigen Generalsekretärs: Die in der Tat ständige Berufung auf Ideen und Zielsetzungen, Anweisungen, Arbeitsmethoden und Handlungen des Begründers der Sowjetmacht »ist nicht einfach ein Tribut tiefer Verehrung, nicht nur eine Anerkennung von Lenins Autorität. Es ist auch das nachhaltige Bestreben, den Geist des Leninismus unter den gegenwärtigen Bedingungen wiederzubeleben und so rasch wie möglich wieder auferstehen zu lassen.« Ebenfalls höchst aufschlußreich ist die unmittelbar folgende Wendung an die ZK-Mitglieder: »Erinnern Sie sich daran, wie leidenschaftlich, wie unermüdlich Lenin lehrte: Der Erfolg des revolutionären Kampfes, der Erfolg jeder gründlichen Umgestaltung der Gesellschaft wird in vieler Hinsicht durch die Stimmung bewirkt, die man der Partei vermitteln wird.« In der Tat hat Lenin, vor allem in schwierigen Zeiten, seinen bolschewistischen Weggefährten regelrecht eingetrichtert: »Der Marxismus ist allmächtig, weil er wahr ist.«

3. Gorbatschow ist mithin sowohl nüchterner Realist und Pragmatiker als auch gläubig im gerade (unter 1. und 2.) umrissenen Sinne. Er kann deshalb von den Parteigremien, darunter nicht zuletzt vom ZK, im gleichen Atemzug und erneut unter gleichzeitiger Berufung auf Lenin fordern: »Die Erörterung muß frei, offen, mit dem Gefühl einer hohen Verantwortung und in der Atmosphäre der ideologischen Geschlossenheit sowie einer umfangreichen Zusammenstellung der Standpunkte erfolgen.« Kritik und Selbstkritik, Aufdecken von Widersprüchen und Berücksichtigung von unterschiedlichen Standpunkten, Glasnost und neues Denken sind nicht nur möglich

und wünschenswert, sondern erforderlich und unerläßlich für die Herstellung tragfähiger und glaubwürdiger ideologischer Geschlossenheit und für »die Einigung auf prinzipieller Grundlage« bei unterschiedlichen Ansichten und Resultaten »im schöpferischen Milieu«, wie Gorbatschow es Mitte 1986 in einer Unterredung mit Repräsentanten des Schriftstellerverbandes formulierte. Ganz pointiert und lapidar: Nur Glasnost stiftet wirkliche ideologische Geschlossenheit. Deshalb gewährt Gorbatschow in der Theorie anderen Spielraum, um ihn selbst zu gewinnen und wahrzunehmen.

4. Was aber geschieht, wenn die in Glasnost gesetzten Erwartungen, was ideologische Geschlossenheit anbelangt, sich nicht erfüllen? Dieses naheliegende und gewiß nicht geringe Risiko bleibt kalkulier-, limitier- und kontrollierbar durch die grundsätzliche und rigorose Ablehnung von jedwedem politisch-ideologischen Pluralismus. Kaum zufällig hat Gorbatschow sehr bald nach dem ZK-Plenum vom Januar 1987 vor Chefredakteuren der sowjetischen Massenmedien »Offenheit« und »Demokratisierung« in Informationswesen und Kultur mit entsprechenden Einschränkungen versehen; und in Sprache und Ton erheblich schroffer faßte sie Jegor Ligatschow, der zweite Mann in der Parteispitze, Anfang März auf einer Provinzreise vor Parteifunktionären und Vertretern der »schöpferischen Intelligenz« des Gebiets Saratow. Dabei betonte der stets polternde, vor allem im Kampf gegen alle Formen von Korruption engagierte »Saubermann« aus Sibirien, daß die Partei die Methoden ihres »ideologischen Einflusses« auf Literatur und Kunst »vervollkommnen« müsse und »die leitende Rolle der staatlichen Verwaltung des kulturellen Bereichs« nicht vermindert werden dürfe.

Der, wie sich gleich zeigen wird, an den zuletzt genannten Sachverhalt direkt anknüpfende Ausblick in die absehbare Zukunft geht davon aus, daß die wesentlichen geistig-ideologischen Grundlagen, die zur Entstehung und Entfaltung der Sowjetmacht geführt haben, trotz mancherlei praxisbedingter Abnutzungserscheinungen auch heute weiterwirken und nach wie vor entscheidende Maßstäbe für Möglichkeiten und Grenzen einer Modernisierung des Sowjetsystems setzen. Aus – rein zufällig erneut – vier Gründen dürfte sich daran und an einer weiterhin zentralen Rolle der marxistisch-leninistischen Ideologie auch im nächsten Jahrzehnt wenig ändern.

1. Die offizielle, für alle Sowjetbürger verbindliche Ideologie wird und muß antipluralistisch bleiben. Was vor allem bei etwaigen dauerhaften und durchschlagenden Erfolgen von Gorbatschows Glasnost-Konzept allenfalls möglich erscheint, könnten Veränderungen der Formen und Methoden, einschließlich einer Reduktion von Gewaltanwendung, bei der Verwirklichung des – nicht aufgebbaren – Anspruchs sein, die eigenen Wertvorstellungen gegen alle Träger konkurrierender Wertvorstellungen kompromißlos durchzusetzen. Dagegen wird es in der Sowjetunion auf gar keinen Fall zur Hinnahme und Duldung, geschweige denn zur offiziellen Zulassung oder gar Förderung eines wirklich offenen Wettbewerbs der Ideen kommen, weil mit einem solchen Prozeß fast zwangsläufig eine Gefährdung und Infragestellung des Kerndogmas der Ideologie, also der Legitimität und Reichweite des Herrschaftsmonopols der KPdSU verbunden wäre. Gewiß bleibt das besonders wichtig, was unterhalb der theoretischen Ebene liegt und praktisch hinauslaufen könnte auf ideologischen Pluralismus unter der Hegemonie der Partei; er wurde in Ungarn tatsächlich offiziell so (im Februar 1987) diskutiert, in der Sowjetunion ist er weiterhin schwer bis gar nicht vorstellbar.

2. Veränderungen ideologischer Grundpositionen und ideologische Eingriffe in Grundsatzfragen dürften im übrigen schon deshalb kaum zu erwarten sein, weil sie zumindest auf eine »Teil-Entleninisierung« hinauslaufen müßten. Angesichts der seit Jahrzehnten fast sakralen, unter Gorbatschow (wie wir gesehen haben) womöglich noch intensivierten Verehrung Lenins in der UdSSR erscheint ein solcher Vorgang bis auf weiteres erst recht nicht vorstell- und nicht durchführbar.

3. Der in Prinzipienfragen nicht wandlungsfähigen, antipluralistischen Ideologie wird es sehr schwerfallen, ihre bisherige Funktion in der Sowjetgesellschaft künftig etwas attraktiver und im Ertrag positiver sowie weniger

widersprüchlich zu gestalten. Diese Funktion besteht einerseits seit langem vor allem darin, die jeweils nachwachsende Generation in die Aufgaben und Ziele des Systems einzuweisen und dabei nicht so sehr als »Lehrbuch-Ideologie«, sondern mehr als in den Systemstrukturen widergespiegelte »Hintergrund-Ideologie« bewußtseinsbildend auf die Sowjetbürger einzuwirken. Insofern mag die Feststellung, an die Ideologie werde nicht »geglaubt«, sie rufe nur Indifferenz und Langeweile hervor, zwar zutreffend, aber belanglos sein und bleiben.

Andererseits hat die Ideologie gewiß Macht über die öffentliche Rede, darüber hinaus aber nur, wenn sie durch fast ständiges Verfehlen oder Verzeichnen der Realität (mit oder ohne Schönfärberei und Apologetik) der Gesellschaft ein doppeltes, schizophrenes Denken, kollektive Unaufrichtigkeit anerzieht und einimpft. Völlig ungewiß und wohl eher skeptisch zu beurteilen ist, ob Gorbatschows Erneuerungsstrategie im Zeichen von »Offenheit« und »Demokratisierung« während des nächsten Jahrfünfts oder Jahrzehnts, sofern sie dann überhaupt (noch) voll zum Zuge kommt, diese Schizophrenie und kollektive Unaufrichtigkeit beseitigen oder gar den inzwischen abhanden gekommenen Glauben an eine nicht deformierte Idee des Sozialismus wiederbeleben können wird. Dringend vonnöten, ja unerläßlich wäre, worauf Rüdiger Thomas, einer unserer besten Kenner des Marxismus-Leninismus, schon am Ausgang der Breschnew-Ära hingewiesen hat, »eine Pragmatisierung der Ideologie, ein realitätsnahes Politikverständnis, die sich auf die Befriedigung realer gesellschaftlicher Bedürfnisse und Erwartungen orientieren und die konkrete Einlösung emanzipatorischer Zielsetzungen Marx'scher Gesellschaftstheorie nicht aus ihrem Blickfeld verdrängen«, kurzum, ein »aufgeklärter Kommunismus« mit der »Chance einer neuen Politik, die auf ideologische Propaganda verzichten könnte, weil sie ihre Legitimation im politischen Handlungsvollzug erbringen würde«. Genau dies, das heißt eine nicht bloß an Effizienzsteigerung des real existierenden Systems orientierte Reform dürfte jedoch ohne einen Umbau der Ideologie nicht zu erreichen sein. Dessen Inangriffnahme wiederum erscheint aus den zuvor angeführten Gründen in absehbarer Zukunft erneut kaum vorstellbar.

4. Wie bereits am Ende des Außenpolitik-Kapitels betont, hat heute die Unmöglichkeit einer militärischen »Lösung« des Ost-West-Konflikts zur besonderen Betonung der ideologischen Elemente der säkularen Auseinandersetzung geführt. Bezogen auf unsere jetzige Kapitelfrage ergibt sich daraus in zukunftsorientierter Perspektive: Auch die derzeitige und ebenfalls jede künftige Sowjetführung werden aufgrund voll internalisierter Denkmuster und aus offenkundigen Legitimitätszwängen an der politischen Heilslehre des Marxismus-Leninismus insofern festhalten, als *ideologische* Koexistenz mit dem kapitalistischen Westen weiterhin ausgeschlossen bleibt und nicht hinnehmbar erscheint. Ohne die Anerkennung auch ideologischer Koexistenz aber kann und wird es keine Einigung auf gemeinsame Leitwerte und Strukturen eines erst dadurch wirklich tragfähigen Friedens- und Ordnungssystems der internationalen Beziehungen geben. Nicht zuletzt deshalb muß der Prognose voll zugestimmt werden, die Raymond Aron – übrigens in Wiederholung seines berühmt gewordenen Ausspruches von 1947 – bei letztem Nachdenken über ›Das Wesen des Sowjetregimes‹ 1983 auch für »die letzten Jahre des Jahrhunderts« so gestellt hat: »Der Frieden ist unmöglich, aber der Krieg ist unwahrscheinlich.«

Es ist kein Zufall, daß unsere Fragen an die sowjetische Geschichte von Lenin bis Gorbatschow mit einem solchen Rückblick in die Zukunft enden.

Zitierte Literatur

Erstes Kapitel

Altrichter, H.: Die Bauern von Tver. Vom Leben auf dem russischen Dorfe zwischen Revolution und Kollektivierung. München 1984

Arendt, H.: Über die Revolution. München 1965

Boetticher, M. v.: Industrialisierungspolitik und Verteidigungskonzeption der UdSSR 1926–1930. Herausbildung des Stalinismus und »äußere Bedrohung«. Düsseldorf 1979

Colton, T. J.: The Dilemma of Reform in the Soviet Union. New York 1984 (2. erweiterte Auflage 1986)

Eichwede, W.: Der »Sozialismus in einem Lande«. Zur Realität einer Utopie von oben, in: J. Raschke (Hrsg.): Soziale Bewegungen. Ein historisch-systematischer Grundriß. Frankfurt/Main 1985

Erler, G./W. Süß (Hrsg): Stalinismus. Probleme der Sowjetgesellschaft zwischen Kollektivierung und Weltkrieg. Frankfurt/Main 1982

Geyer, D.: Arbeiterbewegung und »Kulturrevolution« in Rußland, in: Vierteljahreshefte für Zeitgeschichte 10 (1962)

Geyer, D.: Die Russische Revolution. Historische Probleme und Perspektiven. Göttingen [2]1977 (Kleine Vandenhoeck-Reihe Bd. 1433)

Griewank, K.: Der neuzeitliche Revolutinsbegriff. Frankfurt/Main [2]1969

Kennan, G. F.: Sowjetische Außenpolitik unter Lenin und Stalin. Stuttgart 1961

Kopelew, L.: Und schuf mir einen Götzen. Lehrjahre eines Kommunisten. München 1981 (dtv 1677)

Lorenz, R.: Sozialgeschichte der Sowjetunion 1917–1945 (bes. Kap. V: Die Stalin-Ära). Frankfurt/Main 1976 (edition suhrkamp 654)

Medwedjew, Roy A.: Oktober 1917. Hamburg 1979

Rauch, G. v.: Geschichte der Sowjetunion. Stuttgart [5]1969

Raupach, H.: Wirtschaft und Gesellschaft Sowjetrußlands 1917–1977. Wiesbaden 1979

Rexheuser, R.: Modernisierung und Revolution: Rußland im Jahre 1917, in: K.-H. Ruffmann/H. Altrichter (Hrsg.): ›Modernisierung‹ versus ›Sozialismus‹. Formen und Strategien sozialen Wandels im 20. Jahrhundert. Erlangen 1983

Schramm, G. (Hrsg.): Von den autokratischen Reformen zum Sowjetstaat (1856–1945). Stuttgart 1982 (Handbuch der Geschichte Rußlands Bd. 3, Lieferung 7/8)

Stahl, Fr. J.: Die gegenwärtigen Parteien in Staat und Kirche. Berlin ³1863

Zweites Kapitel

Anweiler, O.: Monismus und Pluralismus in der sowjetischen Bildung und Erziehung, in: Bildung und Erziehung 39. Jg., Heft 1, März 1986

Colton, T. J.: The Dilemma of Reform in the Soviet Union. New York ²1986

Höhmann, H.-H.: Die Wirtschaft der UdSSR im 12. Planjahrfünft: Chancen und Probleme der »Strategie der Beschleunigung der sozialökonomischen Entwicklung«. (Berichte des BiOst 49). Köln 1986

Höhmann, H.-H.: Sozialökonomische Beschleunigung — aber wie? Die sowjetische Wirtschaftspolitik nach dem 27. Parteitag der KPdSU, in: Beilage zur Wochenzeitung ›Das Parlament‹ B 15/86 vom 12. April 1986

Löwenthal, R.: Von der totalitären Dynamik des Sowjetstaates zu seinen nachtotalitären Konflikten, in: G. Simon (Hrsg.): Weltmacht Sowjetunion. Umbrüche, Kontinuitäten, Perspektiven. Köln 1987

Meissner, B.: Die KPdSU zwischen Stagnation und Reform, in: Osteuropa 36, Heft 8/9, 1986

Schapiro, L.: Partei und Staat in der Sowjetunion. Köln 1965

Drittes Kapitel

Boettcher E./H.-J. Lieber/B. Meissner (Hrsg.): Bilanz der Ära Chruschtschow. Stuttgart 1966

Brahm, H.: Wieviel Divisionen hat ein Generalsekretär? Köln 1985 (BI Ost – Aktuelle Analysen Nr. 6/1985)

Burckhardt, J.: Das Individuum und das Allgemeine (Die Historische Größe), in: Weltgeschichtliche Betrachtungen. Stuttgart 1955

Carlyle, Th.: Über Helden, Heldenverehrung und das Heldenthümliche in der Geschichte. Leipzig 1895

Carr, E. H.: Gesellschaft und Individuum, in: Ders.: Was ist Geschichte? Stuttgart 1963

Deutscher, I.: Stalin. Eine politische Biographie. Stuttgart ²1962

Ehrenburg, I.: Menschen – Jahre – Leben. Autobiographie. Bd. 2. München 1965

Hilger, G.: Stalin. Aufstieg der UdSSR zur Weltmacht. Göttingen [2]1964

Hofmann, W.: Was ist Stalinismus?, in: Ders.: Stalinismus und Antikommunismus. Zur Soziologie des Ost-West-Konflikts. Frankfurt/Main [3]1969

Löwenthal, R.: Von Stalin zu Chruschtschow, in: Ders.: Weltpolitische Betrachtungen. Göttingen 1983

Lukács, G.: Zur Debatte zwischen China und der Sowjetunion. Theoretisch-philosophische Bemerkungen, in: Forum (Wien), Jg. 1963

Marx, K.: Die deutsche Ideologie (1845/46), in: S. Landshut (Hrsg.): Karl Marx. Die Frühschriften. Stuttgart 1953

Medwedjew, Zh.: Der Generalsekretär Michail Gorbartschow. Eine politische Biographie. Darmstadt 1986

Meissner, B.: Die Russische Revolution und ihre Folgen, in: Österreichische Militärische Zeitschrift, Sonderheft, Oktober 1967

Meissner, B.: Rußland unter Chruschtschow. München 1960

Plechanow, G. W.: Über die Rolle der Persönlichkeit in der Geschichte. Berlin (Ost) [4]1958

Simon, G.: Chruščevismus: Wie wandlungsfähig ist das Sowjetsystem? in: Ders. (Hrsg.): Weltmacht Sowjetunion. Umbrüche – Kontinuitäten – Perspektiven. Köln 1987

Stökl, G.: W. I. Lenin – Persönlichkeit und Geschichte, in: K. Rüdinger (Hrsg.): Spannungsfeld Ost-West. Strukturen und Persönlichkeiten. München 1971

Treitschke, H. v.: Politik. Bd. 1 (Einleitung). Leipzig [4]1918

Wittram, R.: Der historische Prozeß und die Biographie, in: Ders.: Anspruch und Fragwürdigkeit der Geschichte. Göttingen 1969

Viertes Kapitel

Adomeit, H.: Die Sowjetmacht in internationalen Krisen und Konflikten. Verhaltensmuster, Handlungsprinzipien, Bestimmungsfaktoren. Baden-Baden 1983

von Beyme, K.: Die Sowjetunion in der Weltpolitik. München 1983

von Borcke, A.: Die Sowjetunion in der Weltpolitik: Eine alternative Deutung. Kritische Reflexionen anläßlich eines neuen Buches von Klaus von Beyme. Sonderveröffentlichung des BiOst (Köln) Juni 1984

Bracher, K. D.: Kritische Betrachtungen zum Primat der Außenpolitik, in: G. A. Ritter/G. Ziebura (Hrsg.): Faktoren der politischen Entscheidung (Festgabe für Ernst Fraenkel). Berlin 1963

Geyer, D. (Hrsg.): Sowjetunion. Außenpolitik 1917–1955. Köln 1972

Hough, J. F.: The Soviet Union and Social Science Theory. Cambridge, Mass. 1977

Lieber, H. J./K.-H. Ruffmann (Hrsg.): Der Sowjetkommunismus. Dokumente Bd. 2: Die Ideologie in Aktion. Köln 1964

Löwenthal, R.: Zur Rolle der Ära Brežnev in der nachrevolutionären Sowjetunion, in: Sowjetsystem und Ostrecht. Festschrift für Boris Meissner. Berlin 1985

Meissner, B.: Triebkräfte und Faktoren der sowjetischen Außenpolitik, in: B. Meissner/G. Rhode (Hrsg.): Grundfragen der sowjetischen Außenpolitik. Stuttgart 1970

Meissner, B.: Gorbatschows außenpolitisches Programm, in: Außenpolitik 2/1986

Ploss, S.: Zum Nachfolgeproblem im Kreml. Überlegungen eines Beobachters, in: Osteuropa 30. Jg., 1980

Simon, G.: Russischer und sowjetischer Expansionismus in historischer Perspektive, in: H. Vogel (Hrsg.): Die sowjetische Intervention in Afghanistan. Baden-Baden 1980

Timmermann, H.: Die UdSSR unter Gorbatschow: Perspektiven einer Neuorientierung. Berichte des BiOst (Köln) 13/1985

Ulam, A. B.: Vom Wesen der Sowjetpolitik, in: Europäische Rundschau 11. Jg., Nr. 3/1983

Wettig, G.: Kontinuität und Wandel der russischen Deutschland-Politik 1815–1969, in: B. Meissner/G. Rhode (Hrsg.): Grundfragen sowjetischer Außenpolitik. Stuttgart 1970

Fünftes Kapitel

Aron, R.: Die letzten Jahre des Jahrhunderts. Stuttgart 1986

Dahm, H.: Die Ideologie als Chiffre der Politik. Berichte des BiOst (Köln) 25/1985

Eichwede, W.: Der »Sozialismus in einem Lande«. Zur Realität einer Utopie von oben, in: J. Raschke (Hrsg.): Soziale Bewegungen. Ein historisch-systematischer Grundriß. Frankfurt/Main 1985

Fischer, L.: Das Leben Lenins. Köln-Berlin 1965

Marcuse, H.: Die Gesellschaftslehre des sowjetischen Marxismus. Neuwied 1964

Markert, W.: Marxismus und russisches Erbe im Sowjetsystem, in: Ders.: Osteuropäische und abendländische Welt. Göttingen 1966

Scheibert, P.: Über Lenins Anfänge, in: Historische Zeitschrift 182 (1956)

Simon, G.: Chruščevismus: Wie wandlungsfähig ist das Sowjetsystem?, in: Ders. (Hrsg.): Weltmacht Sowjetunion. Umbrüche – Kontinuitäten – Perspektiven. Köln 1987

Thomas, R.: Ideologie und Politik in der Sowjetunion. Dimensionen, Funktionen und Kernaussagen des Marxismus-Leninismus. Stuttgart 1981 (Der Bürger im Staat. Heft Sowjetunion)

Wilson, E.: Der Weg nach Petersburg. Europas revolutionäre Tradition und die Entstehung des Sozialismus. München 1963

Wittram, R.: Zukunft in der Geschichte. Göttingen 1966

Biographische Daten der »ersten Männer« der Sowjetunion

WLADIMIR ILJITSCH LENIN (1870–1924)

1870	Am 22. April als Wladimir Iljitsch Uljanow in Simbirsk (heute Uljanowsk)/Wolga als Sohn eines Gouvernements-schulrats geboren.
1878	Hinrichtung des älteren Bruders Alexander wegen Teilnahme an einer Verschwörung zur Ermordung des Zaren Alexander III.
1887–91	Jura-Studium in Kasan und Petersburg.
1891	Juristisches Staatsexamen in Petersburg als Externer.
1893	Zulassung als Rechtsanwalt in Petersburg, Teilnahme an der revolutionären Bewegung.
1895	Im Herbst Gründung des »Kampfbundes zur Befreiung der Arbeiter«, dem Vorläufer der SDAPR; Verhaftung.
1897–1900	Verbannung nach Schuschenskoje in Sibirien.
1898	Gründung der SDAPR in Minsk; im Juli heiratet L. Nadeschda Krupskaja.
1899	Die gegen die Narodniki gerichtete Schrift ›Die Entwicklung des Kapitalismus in Rußland‹.
1900–05	Emigration nach London, München und Genf; Gründung der ›Iskra‹ mit Plechanow und Martow (1. Nummer am 24. Dezember 1900 in Leipzig).
1902	L. entwickelt in seiner Schrift ›Was tun?‹ sein Konzept einer elitären Kaderpartei.
1903	Spaltung der SDAPR hauptsächlich wegen dieser Frage in die Bolschewiki (Lenin) und die Menschewiki.
1905	Im November Rückkehr nach Petersburg: erste russische Revolution.
1907–17	Erneute Emigration nach Genf, Paris und Krakau, ab 1914 Bern und Zürich.
1912	Endgültige Spaltung der SDAPR auf dem Prager Parteikongreß, organisatorische Trennung von den Menschewiki, Bildung einer selbständigen Duma-Fraktion und im Mai 1912 der eigenen Zeitung ›Prawda‹.
1916	In seiner Schrift ›Der Imperialismus als höchstes Stadium des Kapitalismus‹ deutet Lenin den Ersten Weltkrieg als Beginn der allgemeinen Krise des Kapitalismus.
1917	Nach der Februarrevolution Rückkehr nach Petrograd (Anfang April) und Verkündung der »Aprilthesen« mit den Parolen: »Frieden um jeden Preis«, »Alles Land den Bauern«, »Alle Macht den Sowjets«; drängt auf eine Radikalisierung der bürgerlichen Revolution.

1917	Im Juli nach gescheiterter Revolte (»Juliaufstand«) flieht L. nach Finnland; dort entwickelt er in ›Staat und Revolution‹ seine Theorie des Staates.
1917	Nach dem Oktoberaufstand wird L. Vorsitzender des (bolschewistischen) Rats der Volkskommissare.
1918	L. setzt gegen innerparteilichen Widerstand und den der Sozialrevolutionäre die Annahme des Friedens von Brest-Litowsk durch.
1919	Gründung der Komintern, um auf die Weltrevolution hinzuarbeiten.
1921	Ende des »Kriegskommunismus« und Beginn der NEP; Verbot der Fraktionsbildung.
1922/23	›Testament‹, in dem er die Abberufung Stalins fordert; durch mehrere Schlaganfälle politisch handlungsunfähig.
1924	Am 21. Januar Tod Lenins in Gorkij bei Moskau.

Jossif Wissarionowitsch Stalin (1879–1953)

1879	Am 21. Dezember als Jossif Wissarionowitsch Dschugaschwili in Gori (Georgien) als Sohn eines Schusters geboren.
1888–94	Besuch der Kirchenschule in Gori, lernt hier Russisch.
1894	Eintritt in das orthodoxe Priesterseminar in Tiflis.
1898	Mitglied der SDAPR.
1899	Vom Priesterseminar wegen Verbindung zu illegalen marxistischen Zirkeln ausgeschlossen.
1901	Mitglied des ersten Parteikomitees der SDAPR, organisierte Streiks und Demonstrationen (Deckname Koba).
1902	Verhaftet und nach Sibirien verbannt.
1903	Mitglied der Fraktion der Bolschewiki.
1904	Flucht aus der Verbannung.
1912	Mitglied im ZK der Bolschewiki, Gründung der ›Prawda‹.
1913–17	Nach Verhaftung erneute Verbannung.
1917	Im März Rückkehr nach Petrograd; Mitglied des ZK-Büros, Redaktionsleitung der ›Prawda‹; ab Oktober Mitglied des Politbüros der SDAPR (B).
1917–23	Volkskommissar für Nationalitätenfragen.
1919–22	Volkskommissar für Staatskontrolle.
1922	Im April Generalsekretär des ZK.
1924	Ab Januar nach Lenins Tod Aufbau einer diktatorischen Alleinherrschaft durch Ausschaltung sämtlicher Rivalen.
1927	Ab 1927 nahezu unumschränkte Alleinherrschaft und Verwirklichung des »Sozialismus in einem Lande« mit Zwangskollektivierung und Industrialisierung ab 1928, zahlreiche »Säuberungen«.
1935–38	Schauprozesse, Höhepunkt des Terrors und der »Säuberungen«, auch in der Roten Armee.

1939	Pakt mit Hitler.
1941	Im Mai Vorsitzender des Rats der Volkskommissare, im Juli Volkskommissar für Verteidigung.
1943	Marschall.
1945	Generalissimus.
1953	Eine vorbereitete neue »Säuberungs«-Welle kommt wegen Stalins Tod am 3. März in Moskau nicht mehr zustande. (1961 wird Stalins Leichnam aus dem Lenin-Mausoleum entfernt und an der Kreml-Mauer beigesetzt.)

NIKITA SERGEJEWITSCH CHRUSCHTSCHOW (1894–1971)

1894	Am 17. April als Sohn eines Bergarbeiters in Kalinowka im Gouvernement Kursk geboren. Dorfschule, Schlosserlehre und mit 15 Arbeit als Rohrleger im Donezk-Becken.
1918	Mitglied der KPR(B).
1919	Eintritt in die Rote Armee, politischer Kommissar.
1922	Eintritt in eine Arbeiterschule in Jusowka/Donezk-Becken, Mittelschulbildung und Parteischulung.
1925	Hauptamtlicher Parteisekretär in Jusowka.
1929	Metallurgie-Studium an der Stalin-Industrie-Akademie in Moskau.
1933	Zweiter Sekretär des Moskauer Gebietskomitees.
1934	Mitglied des ZK der KPdSU(B), energischer Anhänger Stalins.
1935–38	Erster Sekretär des Stadtparteikomitees von Moskau.
1938–49	Erster Sekretär des ZK der KP der Ukraine (außer 1947), 1938 Kandidat des Politbüros.
1939	Mitglied des Politbüros.
1941–45	Im Zweiten Weltkrieg Politkommissar bei den sowjetischen Streitkräften, 1943 Generalleutnant.
1949–53	Sekretär des ZK und Erster Sekretär des Moskauer Gebietskomitees.
1953	Erster Sekretär des ZK der KPdSU.
1956	Geheimrede auf dem XX. Parteitag, Beginn der Entstalinisierung.
1958	Im März auch Ministerpräsident.
1964	Zunehmende wirtschaftliche Mißerfolge und die Verschärfung des Konflikts mit China führen zu seinem Sturz als Partei- und Regierungschef im Oktober 1964, Ausschluß aus dem Politbüro.
1966	Auch aus dem ZK ausgeschlossen, lebt zurückgezogen in Moskau.
1971	Am 11. September in Moskau gestorben.

LEONID ILJITSCH BRESCHNEW (1906–1982)

1906   Am 19. Dezember als Sohn eines Hüttenarbeiters in Dne-
            prodserschinsk/Ukraine geboren.
1923   Werkstudent.
1927   Absolvent des Technikums für Tiefbau und Melioration.
1931   Mitglied der KPdSU, Studium am Metallurgischen Institut
            seiner Heimatstadt.
1935   Abschluß des Studiums als Diplomingenieur und Arbeit als
            Ingenieur.
1937   Hauptamtlicher Parteifunktionär.
1938   Gebietssekretär von Dnepropetrowsk.
1941–45   Führender politischer Kommissar, 1943 Generalmajor und
            Chef der Politischen Verwaltung der 4. Ukrainischen
            Front.
1950   Erster Sekretär des ZK der KP Moldawiens (Moldau).
1952   Mitglied des ZK der KPdSU, ZK-Sekretär für Schwerindu-
            strie.
1953   Nach Stalins Tod Verlust seines ZK-Amtes und ins Verteidi-
            gungsministerium versetzt.
1954   Zunächst Zweiter, dann 1955 Erster Sekretär des ZK der KP
            Kasachstans; Einsatz für Chruschtschows Neuland-Kam-
            pagne und von diesem protegiert.
1956–60   Wieder ZK-Sekretär für Schwerindustrie.
1957   Mitglied des Politbüros.
1960–64   Vorsitzender des Präsidiums des Obersten Sowjet (Staats-
            oberhaupt).
1964   Mikojan löst Breschnew als Staatsoberhaupt ab, dieser wird
            am 14. Oktober als Nachfolger des gestürzten Chruscht-
            schow Erster Sekretär (ab 1966 wieder »Generalsekretär«)
            des ZK der KPdSU.
1976   Im Mai zum Marschall ernannt und Oberbefehlshaber der
            Streitkräfte.
1977   Am 16. Juni erneut Staatsoberhaupt (Vorsitzender des Präsi-
            diums des Obersten Sowjet).
1982   Am 10. November in Moskau gestorben.

JURIJ WLADIMIROWITSCH ANDROPOW (1914–1984)

1914   Am 15. Juni als Sohn eines Eisenbahners in Nagutskaja in
            der nordkaukasischen Region Stawropol geboren.
1930   Arbeitete in Mosdok (Nordossetien), dann als Matrose der
            Wolga-Flußschiffahrt und in anderen Berufen. Studium am
            Technikum und an der Universität Petrosawodsk.

1936	Hauptamtlicher Sekretär des Komsomol an der Fachhochschule für Binnenschiffahrt in Rybinsk.
1938	Erster Sekretär des Komsomol des Gebiets Jaroslawl.
1939	Mitglied der KPdSU.
1939–40	Erster Sekretär des ZK des Komsomol Kareliens.
1941	Ab Sommer 1941 Teilnahme am Partisanenkampf gegen die eingedrungenen Deutschen und Finnen.
1944	Zweiter Sekretär des Stadtparteikomitees Petrosawodsk.
1947	Zweiter Sekretär des ZK der KP Kareliens.
1949	Erster Sekretär des ZK der KP Kareliens.
1951	Wechsel in den ZK-Apparat nach Moskau, zunächst Inspektor, dann Abteilungsleiter im ZK.
1954–57	Botschafter in Ungarn.
1957	ZK-Abteilungsleiter mit dem Aufgabenbereich »sozialistische Länder«.
1961	Mitglied des ZK der KPdSU.
1962–67	Sekretär des ZK (Beziehungen zu anderen KPs).
1967	Im Mai Vorsitzender des Komitees für Staatssicherheit (KGB) und im Juni Kandidat des Politbüros.
1973	Im April Mitglied des Politbüros.
1976	Zum »Armeegeneral« befördert.
1982	Im Mai ZK-Sekretär (anstelle des verstorbenen Parteiideologen Suslow).
1982	Am 12. November als Nachfolger Breschnews zum Generalsekretär des ZK der KPdSU gewählt.
1983	Im Juni auch Staatsoberhaupt (Vorsitzender des Präsidiums des Obersten Sowjet).
1984	Am 10. Februar in Moskau gestorben.

Konstantin Ustinowitsch Tschernenko (1911–1985)

1911	Am 24. September als Sohn eines Bauern im Dorf Bolschaja Tes in der südsibirischen Region Krasnojarsk geboren.
1930–33	Als Freiwilliger in der Roten Armee (Grenztruppen).
1931	Mitglied der KPdSU.
1933–43	Parteiarbeiter für Agitation und Propaganda in seiner Heimatregion.
1943–45	Hochschule für Parteiorganisation in Moskau.
1945–48	Sekretär des Gebietskomitees der KPdSU von Pensa.
1948	Leiter der Abteilung Agitation und Propaganda des ZK der KP Moldawiens (Moldau), dessen Erster Sekretär Breschnew war.
1956	Mitarbeiter der ZK-Abteilung für Agitation und Propaganda in Moskau und Redakteur der Zeitschrift »Agitator«.
1960	Leiter des Sekretariats des Präsidiums des Obersten Sowjet.

1965	Leiter der Abteilung für allgemeine Fragen des ZK der KPdSU.
1966	Kandidat des ZK der KPdSU.
1971	Ab März Mitglied des ZK der KPdSU.
1976	ZK-Sekretär (Geschäftsbereich: Verwaltung und Sicherheit der Partei).
1977	Kandidat des Politbüros.
1978	Mitglied des Politbüros, enger Mitarbeiter Breschnews.
1982	Vorsitzender des Auswärtigen Ausschusses des Obersten Sowjet.
1984	Im Februar als Nachfolger Andropows zum Generalsekretär gewählt.
1985	Am 10. März in Moskau gestorben.

MICHAIL SERGEJEWITSCH GORBATSCHOW (* 1931)

1931	Am 2. März im Dorf Priwolnoje in der nordkaukasischen Region Stawropol als Sohn russischer Bauern geboren.
1946–50	Mechanisator in einer MTS seiner Heimatregion und Erwerb der Hochschulreife.
1950–55	Studium der Rechtswissenschaften in Moskau.
1952	Eintritt in die KPdSU.
1955	Nach der Rückkehr aus Moskau Stellvertretender Leiter der Abteilung für Agitation und Propaganda des Regionskomitees des Komsomol in Stawropol.
1956	Vorsitzender des Stadtkomitees des Komsomol von Stawropol.
1958	Zunächst Zweiter, dann Erster Sekretär des Regionskomitees des Komsomol von Stawropol.
1962	Im März Parteiorganisator der Territorialen Produktionsverwaltung der Kolchosen und Sowchosen der Region Stawropol, ab Dezember Leiter der Abteilung Parteiorgane des Regionskomitees der KPdSU von Stawropol.
1966	Ab September Erster Sekretär des Stawropoler Stadtparteikomitees.
1967	Abschluß eines Fernstudiums am Stawropoler Landwirtschaftsinstitut als wissenschaftlicher Agrarökonom.
1968	Ab August Zweiter Sekretär des Regionsparteikomitees von Stawropol.
1970	Ab April Erster Sekretär des Regionsparteikomitees von Stawropol.
1971	Mitglied des ZK der KPdSU.
1978	ZK-Sekretär für Landwirtschaft.
1979	Kandidat des Politbüros.
1980	Ab Oktober Mitglied des Politbüros.

1984	Vorsitzender der Ständigen Kommission für Auswärtige Angelegenheiten des Obersten Sowjet; er war davor Vorsitzender der ständigen Kommissionen für Jugendfragen (1974–79) und für Gesetzesvorlagen (1979–84).
1985	Am 11. März als Nachfolger Tschernenkos vom ZK-Plenum (auf Vorschlag Gromykos) zum Generalsekretär des ZK der KPdSU gewählt.

Zeittafel

Alle Daten sind nach dem Gregorianischen Kalender (»neuer Stil«) angegeben, auch die aus der Zeit vor der Kalenderreform (Februar 1918). Die Daten »alten Stils« liegen im 20. Jahrhundert 13 Tage vor denen des Gregorianischen Kalenders.

1917–1921	Revolution und Kriegskommunismus
1921–1927	Die Neue Ökonomische Politik (NEP)
1928–1953	Die Ära Stalin
	1928–1941 Die Revolution von oben
	1941–1945 Der Große Vaterländische Krieg
	1945–1953 Die Nachkriegszeit
1953/58–1964	Chruschtschow und der Beginn der Entstalinisierung
1964–1982	Die Breschnew-Zeit
1982–1985	Die Zwischenperiode
ab 1985	Gorbatschow und der Beginn der »Perestrojka«

Innenpolitik

1917

7. Nov.	Erstürmung des Winterpalais und Verhaftung der Provisorischen Regierung.
8. Nov.	»Dekret über den Frieden«, »Dekret über den Grund und Boden«, »Rat der Volkskommissare« unter Vorsitz Lenins vom Sowjetkongreß bestätigt.
15. Nov.	»Deklaration über die Rechte der Völker Rußlands«, Bildung der transkaukasischen Föderation.
22. Nov.	Georgien erklärt seine Unabhängigkeit.
28. Nov.	Der Estnische Volkstag erklärt seine Unabhängigkeit.
1. Dez.	Ende der Pressefreiheit.
6. Dez.	Finnland erklärt seine Unabhängigkeit.
8. Dez.	Wahlen zur Verfassunggebenden Versammlung (Konstituante).
15. Dez.	Verstaatlichung der Banken; Oberster Volkswirtschaftsrat sowie die Geheimpolizei Tscheka gebildet.

1918

19. Jan.	Auflösung der Konstituante.
22. Jan.	Unabhängigkeitserklärung der Ukraine. Dekret über die

	Trennung der Kirche vom Staat und der Schule von der Kirche.
6.–8. März	VII. außerordentlicher Parteikongreß: Umbenennung in Kommunistische Partei Rußlands (Bolschewiki), KPR(B).
15. März	Austritt der linken Sozialrevolutionäre aus dem Rat der Volkskommissare.
8. April	Trotzkij wird Verteidigungskommissar. Einführung von Kriegskommissaren in die Rote Armee.
22. April	Einführung der allgemeinen Wehrpflicht für Arbeiter und Bauern.
26. Mai	Unabhängige Republik Georgien unter menschewistischer Führung.
27. Mai	Bildung einer Aserbeidschanischen Republik in Tiflis.
28. Mai	Bildung einer Armenischen Republik in Tiflis.
14. Juni	Ausschluß der Menschewiki und der gemäßigten Sozialrevolutionäre aus den Sowjets.
6. Juli	Aufstand der linken Sozialrevolutionäre in Moskau.
10. Juli	Verfassung der RSFSR.
16./17. Juli	Erschießung Nikolaus II. und seiner Familie durch die Bolschewiki.
August	1. Krise des Bürgerkriegs.
15./16. August	Landung amerikanischer Truppen in Wladiwostok.
18. Nov.	Proklamation der unabhängigen Republik Lettland.

1919

18.–23. März	VIII. Parteikongreß der KPR(B): neues Parteiprogramm; Politbüro, Organisationsbüro und Sekretariat werden eingerichtet.
Oktober	2. Krise des Bürgerkriegs.
Winter 1919–20	Die Rote Armee stößt an allen Bürgerkriegsfronten vor, endgültige Niederlage der »Weißen«.

1920

29. März – 5. April	IX. Parteikongreß der KPR(B): Annahme des Elektrifizierungs-(GOELRO-)Plans.

1921

22. Febr.	Als oberste Planungsbehörde wird die Staatliche Planungskommission (Gosplan) gebildet.
2.–18. März	Kronstädter Aufstand, der blutig niedergeschlagen wird.
8.–16. März	X. Parteikongreß der KPR(B): Verbot der Fraktionsbildung, Entmachtung der Gewerkschaften, Neue Ökonomische Politik (NEP).
21. März	Einführung der Naturalsteuer.
16. Sept.	Wiedereinführung des Stücklohns in der Industrie.

1922

27. März – 2. April	XI. Parteikongreß der KPR(B) in Moskau.
3. April	Stalin wird vom ZK zum Generalsekretär gewählt.
30. Dez.	I. Allunions-Sowjetkongreß, Gründung der Union der Sozialistischen Sowjetrepubliken (UdSSR).

1923

17.–25. April	XII. Parteikongreß der KPR(B) in Moskau.
6. Juli	Allunionsverfassung gebilligt und erste Unionsregierung gewählt.
15. Dez.	Stalin eröffnet in der ›Prawda‹ Kampagne gegen den »Trotzkismus«.

1924

21. Jan.	Tod Lenins.
12. April	Einsetzung einer »Zensurkommission« (Glawlit).
23.–31. Mai	XIII. Parteikongreß der KPR(B).
Dezember	Stalin verkündet erstmals die These vom »Aufbau des Sozialismus in einem Land«.

1925

26. Jan.	Trotzkij als Kriegskommissar und Vorsitzender des Revolutionären Kriegsrates abgesetzt.
27.–29. April	XIV. Parteikonferenz der KPR(B): Stalin setzt seine These vom Aufbau des »Sozialismus in einem Land« durch.
18.–31. Dez.	XIV. Parteikongreß der KPR(B) mit »Industrialisierungsdebatte«.

1926

23., 26. Okt.	Trotzkij aus dem Politbüro ausgeschlossen.

1927

21.–23. Okt.	ZK-Ausschluß Trotzkijs und Sinowjews.
2.–19. Dez.	XV. Parteikongreß der KPdSU(B): Ausschluß Trotzkijs, Sinowjews, Kamenjews sowie weiterer Oppositioneller aus der Partei; Kollektivierung der Landwirtschaft beschlossen.

1928

	Kampagne gegen die Kulaken und Beginn der Kollektivierung der Landwirtschaft.
16. Jan.	Trotzkij nach Alma-Ata verbannt.

1929

18. Jan.	Ausweisung Trotzkijs aus der Sowjetunion.
23.–29. April	XVI. Parteikonferenz der KPdSU(B) verurteilt die »rechte Abweichung« Rykows und Bucharins und billigt den ersten Fünfjahrplan 1928/29 bis 1932/33.

1930

4. März	ZK beschließt Verlangsamung bzw. Rücknahme von Maßnahmen zur Kollektivierung der Landwirtschaft.
26. Juni – 13. Juli	XVI. Parteikongreß der KPdSU(B).
14. Aug.	Einführung der allgemeinen Schulpflicht.
25. Nov. – 7. Dez.	Prozeß gegen die »Industriepartei«.

1932

23. April	ZK beschließt die Bildung eines einzigen sowjetischen Schriftstellerverbandes und erklärt den »sozialistischen Realismus« zur verbindlichen Linie.

1934

26. Jan. – 10. Febr.	XVII. Parteikongreß der KPdSU(B): »Parteitag der Sieger«.
15. Mai	Resolution über die Erziehung zum »Sowjetpatriotismus«.
17. Aug. – 1. Sept.	Erster Allunionskongreß der sowjetischen Schriftsteller.
1. Dez.	Die Ermordung Kirows wird zum Anlaß einer neuen Welle von Massenterror.

1935

15.–17. Jan.	Prozeß gegen Sinowjew (10 Jahre Gefängnis) und Kamenjew (5 Jahre).
30./31. Aug.	Der Hauer Stachanow übertrifft die Norm um 1.300 Prozent; Beginn der Stachanow-Bewegung.

1936

19.–24. Aug.	Erster Moskauer Schauprozeß (»Prozeß der Sechzehn«); neben anderen auch Sinowjew und Kamenjew hingerichtet.
5. Dez.	Neue »demokratische« Verfassung (Stalin-Verfassung).

1937

23.–30. Jan.	Zweiter Moskauer Schauprozeß (»Prozeß der Siebzehn«) gegen Radek u. a.; 13 Todesurteile, Radek zu 10 Jahren Gefängnis verurteilt.

11. Juni	Verhaftung Tuchatschewskijs und anderer führender Militärs. Nach Geheimprozeß Hinrichtung der Angeklagten. Es folgt eine »Säuberung« der gesamten Roten Armee.

1938

2.–13. März	Dritter Moskauer Schauprozeß (»Prozeß der Einundzwanzig«) gegen Rykow, Bucharin und andere; 18 Todesurteile, u.a. gegen die genannten.
November	Stalins ›Geschichte der KPdSU(B). Kurzer Lehrgang‹ als verbindliche Darstellung der Parteigeschichte.

1939

10.–21. März	XVIII. Parteikongreß der KPdSU(B): »Parteitag des vollendeten Sieges des Sozialismus«; Stalins »Kastanienrede«.

1941

16. Juli	Wiedereinführung der politischen Kommissare in die Rote Armee.
8. Aug.	Stalin Oberbefehlshaber der Roten Armee.
28. Aug.	Beschluß über die Umsiedlung der Wolgadeutschen.
30. Sept. – 20. April 1942	Schlacht um Moskau.

1942

17. Juli – 2. Febr. 1943	Schlacht um Stalingrad.
9. Okt.	Kriegskommissare in der Roten Armee abgeschafft.

1943

31. Jan./2. Febr.	Kapitulation der deutschen Armee bei Stalingrad.
9. Sept.	Wiedereinführung des Patriarchats.

1946

18. März	Vierter Fünfjahrplan 1946–50: Wiederaufbau und Entwicklung der Volkswirtschaft.

1949

Sommer	Erste Zündung einer sowjetischen Atombombe.

1951

7. Nov.	Der allmähliche Übergang vom Sozialismus zum Kommunismus wird proklamiert.

1952

5.–14. Okt.	XIX. Parteikongreß der KPdSU(B).

1953

9. Jan.	Verhaftung von neun Kreml-Ärzten (»Ärztekomplott«), Beginn einer antisemitischen Kampagne nach der Mitteilung am 13. Januar.
5. März	Tod Stalins.
6. März	Malenkow wird Vorsitzender des Ministerrats.
10. Juli	Bekanntgabe der Amtsenthebung Berijas, der zum Tode verurteilt und (am 23. Dezember) hingerichtet wird.
8. Aug.	Verwaltungs- und Wirtschaftsreform (»Neuer Kurs«).
20. Aug.	Bekanntgabe der Zündung einer Wasserstoffbombe.
13. Sept.	Chruschtschow wird Erster Sekretär des ZK der KPdSU.

1954

27. Juni	Inbetriebnahme des ersten Atomkraftwerks bei Moskau.
15.–26. Dez.	II. Schriftstellerkongreß; »Tauwetter-Periode«.

1955

8. Febr.	Bulganin löst Malenkow als Vorsitzender des Ministerrats ab.

1956

14.–25. Febr.	Auf dem XX. Parteikongreß der KPdSU Geheimrede Chruschtschows, in der er den Personenkult und Machtmißbrauch Stalins verurteilt und die Rückkehr zu den Prinzipien Lenins fordert.
7./8. März	Unruhen in Georgien als Reaktion auf die Kritik an Stalin.
30. Juni	Abdruck von Lenins ›Testament‹ von 1922.

1957

4. Juli	Malenkow, Molotow und Kaganowitsch werden ihrer Partei- und Regierungsämter enthoben.
20. Sept.	Abbruch des sechsten Fünfjahrplans 1956–59.
4. Okt.	Start des ersten künstlichen Erdsatelliten »Sputnik«.

1958

| 27. März | Alleinherrschaft Chruschtschows durch die Übernahme auch des Vorsitzes im Ministerrat. |
| 24. Dez. | Bildungsreform. |

1959

| 27. Jan. – 5. Febr. | XXI. Parteikongreß der KPdSU: Eintritt in die »Phase des entfalteten Aufbaus des Sozialismus«; Siebenjahrplan 1959 bis 1965. |
| 3. Juni | Das neue Lehrbuch ›Geschichte der KPdSU‹ enthält eine scharfe Abrechnung mit Stalin. |

1960

| 7. Mai | Breschnew wird Staatsoberhaupt. |

1961

6. Jan.	Chruschtschows These von der »Vermeidbarkeit internationaler Kriege«.
12. April	Der sowjetische Kosmonaut Juri Gagarin im Raumschiff »Wostok I« ist als erster Mensch im Weltraum.
17.–31. Okt.	XXII. Parteikongreß der KPdSU: neues Parteiprogramm und -statut angenommen; Zwanzigjahrplan 1961–81; Ausschaltung der Parteigänger Stalins.

1962

| 19.–23. Nov. | ZK-Plenum beschließt Partei- und Verwaltungsreform. |

1963

| 13. März | Gründung des Obersten Volkswirtschaftsrates. |

1964

| 29. Aug. | Rehabilitierung der Wolgadeutschen. |
| 14. Okt. | Sturz Chruschtschows. Breschnew wird Erster Sekretär des ZK und Kossygin Vorsitzender des Ministerrats. |

1965

| 27.–29. Sept. | ZK-Plenum beschließt Maßnahmen zur Verbesserung der Wirtschaftsleitung und Planung. |

1966

29. März – 8. April	XXIII. Parteikongreß der KPdSU: Wiedereinführung des Politbüros und des Generalsekretärs (Breschnew); teilweise Rehabilitierung Stalins.

1968

26. Sept.	These von der »begrenzten Souveränität der sozialistischen Staaten im Falle einer Gefahr für das sozialistische Weltsystem« (Breschnew-Doktrin).

1971

30. März – 9. April	XXIV. Parteikongreß der KPdSU: Vorlage des neunten Fünfjahrplans 1971–75, Hebung des Volkswohlstands durch Steigerung der Effektivität und Beschleunigung des wissenschaftlich-technischen Fortschritts; Verschärfung der Parteikontrolle im Innern (u. a. Umtausch der Parteibücher) bei gleichzeitiger außenpolitischer Kooperation mit dem Westen.

1975

August	Die Veröffentlichung der KSZE-Schlußakte führt zu einer Aktivierung der Dissidenten in der Sowjetunion.
9. Okt.	Friedensnobelpreis an den sowjetischen Physiker und Bürgerrechtler Andrej Sacharow.

1976

24. Febr. – 5. März	XXV. Parteikongreß der KPdSU: Vorlage des zehnten Fünfjahrplans mit Kritik an bestimmten Teilen der Wirtschaft.
13. Mai	Neun Dissidenten geben die Gründung einer Gruppe zur Kontrolle der Erfüllung der KSZE-Beschlüsse in der Sowjetunion bekannt (Helsinki-Komitee).

1977

16. Juni	Breschnew wird Staatsoberhaupt.
7. Okt.	Neue Verfassung der UdSSR, die Führungsrolle der Partei wird verfassungsrechtlich verankert.

1978

12.–22. April	Neue Verfassungen für die Unionsrepubliken.

1979

1. Juli   Preissenkungen zwischen 10 und 50 Prozent für Konsumgü-
                 ter und Dienstleistungen.

1980

19. Juli   Eröffnung der Olympischen Spiele in Moskau, die aus Pro-
                 test gegen die sowjetische Invasion in Afghanistan von über
                 40 Staaten boykottiert werden.

1981

23. Febr. –   XXVI. Parteikongreß der KPdSU: elfter Fünfjahrplan, Vor-
3. März   rang für Hebung des Lebensstandards; Vorschlag eines Mo-
                 ratoriums für die Stationierung neuer Mittelstreckenraketen.

1982

10. Nov.   Tod Breschnews.
12. Nov.   Andropow wird neuer Generalsekretär.

1983

15. Aug.   Andropow fordert Wirtschaftsreform und Kampf gegen
                 Disziplinlosigkeit.

1984

9. Febr.   Tod Andropows.
13. Febr.   Tschernenko wird neuer Generalsekretär.
10. u. 12. April ZK der KPdSU und Oberster Sowjet beschließen neue
                 »Hauptrichtlinien der Reform der allgemeinbildenden Schu-
                 le und der Berufsschule«.

1985

10. März   Tod Tschernenkos.
11. März   Gorbatschow wird neuer Generalsekretär.
März–Mai   Nach Gorbatschows Amtsantritt werden zahlreiche Partei-
                 funktionäre von ihren Posten abgelöst. Kampagne und Maß-
                 nahmen gegen Alkoholmißbrauch. Gorbatschow spricht
                 von der Notwendigkeit, eine »neue Qualität der sowjeti-
                 schen Gesellschaft« zu erreichen.
11. Juni   Grundsatzrede Gorbatschows über die Wirtschaftspolitik.

1986

25. Febr.	XXVII. Parteikongreß der KPdSU: Gorbatschow übt Kritik an Korruption, Miß- und Vetternwirtschaft sowie Bürokratismus.
26. April	Reaktorunfall in Tschernobyl.
16.–19. Juni	Gorbatschow kritisiert auf einer ZK-Tagung die bisherige Wirtschaftspolitik und fordert die Umgestaltung der Parteiarbeit.
September	Gorbatschow fordert in einer Rede in Krasnodar mehr Transparenz und Offenheit (glasnost).
November	Oberster Sowjet verabschiedet »Gesetz über die individuelle Arbeit«.
23. Dez.	Sacharow kehrt aus der Verbannung in Gorkij nach Moskau zurück.

1987

27. Jan.	Grundsatzreferat Gorbatschows auf dem ZK-Plenum über die Umgestaltung der Gesellschaft (perestrojka) und die Kaderpolitik.
14.–26. Febr.	Internationales Friedensforum in Moskau (u. a. Reden von Gorbatschow und Sacharow).
17. Febr.	Veränderungen im Wahlsystem angekündigt (mehr als ein Kandidat).

Außenpolitik

1917

15. Dez.	Waffenstillstand von Brest-Litowsk.

1918

3. März	Frieden von Brest-Litowsk.
9. März	Beginn der Intervention der Alliierten im russischen Bürgerkrieg.
27. Aug.	Zusatzabkommen zum Frieden von Brest-Litowsk: Neutralität Deutschlands im russischen Bürgerkrieg.
13. Nov.	Sowjetrußland annulliert den Vertrag von Brest-Litowsk.

1919

2.–6. März	Gründung der III. (Kommunistischen) Internationale (Komintern) in Moskau.
25. Juli	Karachan-Erklärung gegenüber China.

1920

25. April	Polnische Truppen beginnen Offensive gegen Sowjetrußland und besetzen Kiew (7. Mai–11. Juni).
26. Mai – 16. Juni	Sowjetrussische Gegenoffensive stößt bis nahe Warschau vor.
19. Juli – 7. Aug.	II. Kongreß der Komintern in Petrograd und Moskau.
16.–25. Aug.	Schlacht bei Warschau, die Rote Armee wird zum Rückzug gezwungen (»Wunder an der Weichsel«).
12. Okt.	Vorfrieden mit Polen in Riga.

1921

16. März	Großbritannien erkennt de facto die Sowjetregierung an.
18. März	Friedensvertrag mit Polen in Riga: Grenzverlauf ca. 250 Kilometer östlich der Curzon-Linie.
6. Mai	Sowjetisch-deutsches (Handels-)Abkommen.
22. Juni – 12. Juli	III. Kongreß der Komintern in Moskau.

1922

16. April	Vertrag von Rapallo zwischen Sowjetrußland und dem Deutschen Reich: de iure-Anerkennung durch das Deutsche Reich.

1924

2. Febr.	De iure-Anerkennung der Sowjetregierung durch Großbritannien.
31. Mai	Aufnahme diplomatischer Beziehungen zu China und Vertrag über die ostchinesische Eisenbahn (gemeinsame Verwaltung).
28. Okt.	De iure-Anerkennung durch Frankreich.

1926

24. April	Neutralitätsabkommen mit dem Deutschen Reich (Berliner Vertrag).

1927

27. Mai	Großbritannien bricht die diplomatischen Beziehungen wegen kommunistischer Agitation ab (Wiederaufnahme am 3. Okt. 1929).

1928

6. Sept.	Beitritt zum Briand-Kellogg-Pakt (Kriegsächtungspakt).

1929

9. Febr.	Litwinow-Protokoll zum Briand-Kellogg-Pakt.
22. Dez.	Abkommen von Chabarowsk mit China.

1932

Jan.–Juli	Abschluß bilateraler Nichtangriffsverträge mit Finnland (21. Januar), Lettland (5. Februar), Estland (4. Mai), Polen (25. Juli).
29. Nov.	Nichtangriffs- und Neutralitätsvertrag mit Frankreich.

1933

29. Mai	Verlängerung des sowjetisch-deutschen Handelsvertrags von 1926.
2. Sept.	Nichtangriffsvertrag mit Italien.
16. Nov.	Diplomatische Anerkennung durch die USA.

1934

18. Sept.	Eintritt in den Völkerbund.

1935

2. Mai	Sowjetisch-französischer Beistandspakt.
16. Mai	Sowjetisch-tschechoslowakischer Beistandspakt.
25. Juli – 20. Aug.	VII. Kongreß der Komintern beschließt Volksfrontpolitik.

1937

21. Aug.	Nichtangriffspakt mit China (gegen Japan gerichtet).

1939

10. März	Stalins »Kastanienrede« auf dem XVIII. Parteikongreß der KPdSU (B).
ab April	Verhandlungen mit den Westmächten über gegenseitige Hilfeleistung im Angriffsfall.
11.–23. Aug.	Sowjetisch-britisch-französische Militärverhandlungen in Moskau, eine Militärkonvention scheitert an der Verweigerung des Durchmarschrechtes durch die polnische Regierung.
23. Aug.	Sowjetisch-deutscher Nichtangriffspakt mit Geheimabkom-

men über die Abgrenzung der Interessensphären in Ostmit-
teleuropa (»Hitler-Stalin-Pakt«).

17. Sept.	Besetzung ostpolnischer Gebiete bis zur mit Deutschland vereinbarten Demarkationslinie durch die Rote Armee.
28. Sept. – 10. Okt.	Beistandspakte mit Estland, Lettland und Litauen räumen der Sowjetunion Stützpunkte auf deren Territorien ein; Verhandlungen mit Finnland scheitern an diesem Punkt.
30. Nov. – 12. März 1940	Sowjetisch-finnischer Krieg (Winterkrieg).
14. Dez.	Die Sowjetunion wird als Aggressor aus dem Völkerbund ausgeschlossen.

1940

11. Febr.	Wirtschaftsabkommen mit Deutschland.
12. März	Frieden von Moskau mit Finnland.
Frühjahr	Ermordung von mehr als 4000 polnischen Offizieren in Katyn durch das NKWD.
12.–17. Juni	Die baltischen Staaten werden Sowjetrepubliken und später (3.–6. August) in die Sowjetunion eingegliedert.
28. Juni	Besetzung Bessarabiens und der Nordbukowina durch die Rote Armee; am 2. August als Moldauische SSR in die Sowjetunion eingegliedert.
21. Aug.	Trotzkij erliegt in Mexiko den Folgen eines Mordanschlags eines NKWD-Agenten vom Vortag.

1941

10. Jan.	Sowjetisch-deutsches Wirtschaftsabkommen.
13. April	Sowjetisch-japanischer Neutralitätspakt.
22. Juni	Deutscher Angriff auf die Sowjetunion ohne vorherige Kriegserklärung.
22.–27. Juni	Kriegserklärungen Rumäniens, der Slowakei, Finnlands und Ungarns an die Sowjetunion.
12. Juli	Beistandsabkommen mit Großbritannien.
2. Aug.	Abkommen mit den USA über Materiallieferungen.
25. Aug.	Einmarsch der Roten Armee (zusammen mit Briten) in Persien.

1942

26. Mai	Sowjetisch-britischer Bündnisvertrag in London.

1943

15. Mai	Auflösung der Komintern.
28. Nov. – 1. Dez.	Konferenz von Teheran (Stalin, Roosevelt, Churchill).

1944

23. Aug.	Waffenstillstand mit Rumänien.
4. Sept.	Finnland scheidet aus dem Krieg gegen die Sowjetunion aus.
9. Sept.	Waffenstillstand mit Bulgarien.
9.–20. Okt.	Moskauer Konferenz (Stalin, Churchill) über Einflußzonen in Südosteuropa.
14. Nov.	Londoner Abkommen zwischen der Sowjetunion, Großbritannien und den USA über das Kontrollverfahren in Deutschland.

1945

4.–11. Febr.	Konferenz von Jalta (Stalin, Roosevelt, Churchill).
5. April	Kündigung des Nichtangriffspaktes mit Japan, Eintritt in den Ostasienkrieg.
7./8. Mai	Gesamtkapitulation der deutschen Wehrmacht.
17. Juli – 2. Aug.	Potsdamer Konferenz.
9. Aug.	Kriegseintritt gegen Japan.
2. Sept.	Kapitulation Japans.
24. Okt.	Beitritt zur UNO.

1946

Mai	Die sowjetischen Truppen räumen Nordpersien.

1947

10. Febr.	Pariser Friedensverträge der Alliierten mit Italien, Rumänien, Bulgarien, Ungarn und Finnland.
22.–27. Sept.	»Informationsbüro der kommunistischen und Arbeiterparteien« (Kominform) mit Sitz in Belgrad gegründet.
30. Sept.	Shdanow stellt die »Zwei-Lager-These« auf.

1948

20. März	Die Sowjetunion verläßt den Alliierten Kontrollrat in Berlin.
6. April	Freundschafts- und Beistandspakt mit Finnland, Neutralitätszugeständnis an Finnland.
24. Juni – 12. Mai 1949	Berlin-Blockade.
28. Juni	Bruch mit Tito.

1949

25. Jan.	»Rat für gegenseitige Wirtschaftshilfe« (RGW, COMECON) in Moskau gegründet.

12. Mai	Aufhebung der Berlin-Blockade.
1. Okt.	Die Sowjetunion erkennt die VR China an.
7. Okt.	Gründung der DDR.

1950

14. Febr.	Freundschafts- und Beistandspakt mit der VR China.
26. Juni	Beginn des Korea-Kriegs, Nichteinmischung der Sowjetunion.

1952

10. März	Sowjetische Note über die »Grundlagen eines Friedensvertrages mit Deutschland« an die Westmächte.

1953

17. Juni	Volksaufstand in der DDR.

1954

26. April – 21. Juni	Indochina-Konferenz der vier Mächte.
29. Sept. – 12. Okt.	Chruschtschow und Bulganin in China, dessen zentrale Stellung im kommunistischen Staatensystem anerkannt wird.

1955

25. Jan.	Beendigung des Kriegszustands mit ganz Deutschland, »Zwei-Staaten-Theorie«.
14. Mai	Freundschafts- und Beistandspakt der Sowjetunion mit den europäischen Volksdemokratien (Warschauer Pakt).
15. Mai	Staatsvertrag der vier Mächte mit Österreich.
27. Mai – 2. Juni	Chruschtschow und Bulganin in Belgrad, Beilegung des sowjetisch-jugoslawischen Konflikts.
9.–13. Sept.	Adenauer in Moskau: Rückführung der Kriegsgefangenen und Aufnahme diplomatischer Beziehungen vereinbart.
20. Sept.	Staatsvertrag mit der DDR, der die volle Souveränität eingeräumt wird.

1956

17. April	Auflösung des Kominform, eingeschränkte Anerkennung verschiedener Wege zum Sozialismus.
Juni	Arbeiterunruhen in Posen.
19. Okt.	Abkommen mit Japan über die Beendigung des Kriegszustands und die Aufnahme diplomatischer Beziehungen.
Okt./Nov.	Ungarischer Aufstand, von sowjetischen Truppen niedergeschlagen.

1958

27. Nov.	Erstes sowjetisches Berlin-Ultimatum.

1959

15.–27. Sept.	Chruschtschow in den USA.

1960

1. Mai	U2-Zwischenfall: Abschuß eines amerikanischen Aufklärungsflugzeuges über der Sowjetunion.
23. Juni	Der ideologische Dissens mit der KP Chinas bricht offen aus.
18. Aug.	Beginn des Abzugs der sowjetischen Techniker aus China.

1961

3./4. Juni	Treffen Chruschtschows mit US-Präsident Kennedy in Wien.
13. Aug.	Beginn des Baus der Berliner Mauer.

1962

22. Okt.	Beginn der Kuba-Krise.
28. Okt.	Die Sowjetunion erklärt sich zum Abzug der Raketen von Kuba bereit.

1963

20. Juni	Einrichtung einer direkten Nachrichtenverbindung zwischen Moskau und Washington (»Rotes Telefon«).
25. Juli	Abkommen zwischen der Sowjetunion, Großbritannien und den USA über die teilweise Einschränkung atomarer Versuche.

1967

27. Jan.	Sowjetisch-britisch-amerikanisches Abkommen über die friedliche Nutzung des Weltraums.

1968

23. März	Breschnew warnt die ČSSR davor, den Reformkurs (»Prager Frühling«) fortzusetzen.
1. Juli	Die Sowjetunion, die USA und Großbritannien sowie weitere Staaten unterzeichnen den Vertrag über die Nichtweiterverbreitung von Kernwaffen.

15. Juli	In einem Offenen Brief warnen die osteuropäischen KP-Führer – außer Rumänien – die KP der ČSSR vor der Fortsetzung des Reformkurses.
21. Aug.	Einmarsch von Truppen aus der Sowjetunion, Polen, der DDR, Ungarn und Bulgarien in die ČSSR. Ende des Reformkurses des »Prager Frühlings«. Rumänien, Jugoslawien, China und Albanien sowie westliche kommunistische Parteien protestieren gegen die Invasion.

1969

März	Gefechte zwischen sowjetischen und chinesischen Grenztruppen am Ussuri.
5.–17. Juni	III. Weltkongreß der kommunistischen und Arbeiterparteien: kontroverse Standpunkte zur VR China und den Vorgängen in der ČSSR; Kritik von Ceausescu und Berlinguer an der KPdSU.
17. Nov. – 22. Dez.	Erste Vorgespräche zwischen der Sowjetunion und den USA über eine Begrenzung der strategischen Rüstung (SALT) in Helsinki.

1970

17. Aug.	Moskauer Vertrag zwischen der Sowjetunion und der Bundesrepublik Deutschland.

1971

3. Sept.	Viermächte-Abkommen über Berlin.
30. Sept.	Sowjetisch-amerikanisches Abkommen zur Verringerung der Gefahr eines Kernwaffenkrieges.

1972

22.–30. Mai	Staatsbesuch des US-Präsidenten Nixon in Moskau, u.a. Unterzeichnung des SALT I-Abkommens.
21. Nov.	Beginn der zweiten Verhandlungsrunde zwischen der Sowjetunion und den USA über die Begrenzung der strategischen Offensivwaffen (SALT II) in Genf.
22. Nov.	Beginn der Vorgespräche über eine Konferenz über Sicherheit und Zusammenarbeit in Europa (KSZE) in Helsinki.

1973

18.–22. Mai	Breschnew in der Bundesrepublik Deutschland.
18.–25. Juni	Breschnew in den USA, Unterzeichnung von Abkommen und Protokollen über Rüstungsbeschränkung, friedliche

	Nutzung der Kernenergie, Verhinderung eines Atomkrieges, Kultur, Verkehr, Landwirtschaft und Forschung.
30. Okt.	Beginn der Verhandlungen über eine ausgewogene beiderseitige Truppenreduzierung in Mitteleuropa (MBFR) zwischen der NATO und der WPO.

1974

23./24. Nov.	Treffen Breschnews mit US-Präsident Ford in Wladiwostok, gemeinsame SALT-Erklärung.

1975

15. Jan.	Die Sowjetunion kündigt den Handelsvertrag mit den USA.
1. Aug.	Unterzeichnung der KSZE-Schlußakte in Helsinki.

1976

15. März	Ägypten kündigt den Freundschaftsvertrag vom 27. Mai 1971 mit der Sowjetunion.

1977

13. Nov.	Somalia kündigt den Freundschaftsvertrag vom 11. Juli 1974 mit der Sowjetunion.

1978

24. Febr.	Sowjetisches Verhandlungsangebot an China zur Normalisierung der Beziehungen.
8. März	Schlußdokument des KSZE-Folgetreffens in Belgrad unterzeichnet.
27. April	Umsturz in Afghanistan. Das neue Regime Tarakis wird von der Sowjetunion unterstützt.
12. Aug.	Chinesisch-japanischer Freundschaftsvertrag in Peking.
5. Dez.	Freundschaftsvertrag der Sowjetunion mit Afghanistan.

1979

15.–18. Juni	Sowjetisch-amerikanisches Gipfeltreffen Breschnews und des US-Präsidenten Carter in Wien, Unterzeichnung des SALT II-Abkommens.
12. Dez.	Nachrüstungsbeschluß der NATO mit gleichzeitigem Verhandlungsangebot an die Sowjetunion (Doppelbeschluß).
ab 26. Dez.	Einmarsch sowjetischer Truppen in Afghanistan.

1980

4./5. Jan.   Als Reaktion auf die sowjetische Invasion in Afghanistan
               verhängt US-Präsident Carter ein (begrenztes) Handelsem-
               bargo gegen die Sowjetunion, der Senat verschiebt die Ratifi-
               zierung des SALT II-Abkommens.

1981

11. Aug.   Die Sowjetunion schlägt in einem Brief an den UNO-Gene-
               ralsekretär waffenfreien Weltraum vor.
15. Sept.   Ägypten weist den sowjetischen Botschafter aus.
 3. Nov.   Beginn der Abrüstungsverhandlungen mit den USA über
               Mittelstreckenwaffen in Genf.
 2./3. Dez.   Truppenaufmarsch an der polnischen Grenze.

1982

29. Juni   Beginn der sowjetisch-amerikanischen Verhandlungen über
               die Verringerung der strategischen Rüstungen (START) in
               Genf.

1983

 1. Sept.   Abschuß eines südkoreanischen Verkehrsflugzeugs mit 269
               Personen an Bord über sowjetischem Hoheitsgebiet.

1984

21./22. Sept. Die Außenminister der Sowjetunion und Chinas treffen sich
               am Rande der UNO-Vollversammlung zum ersten Mal seit
               15 Jahren.
 3. Okt.   Neue Kurzstreckenraketen in der DDR und der ČSSR auf-
               gestellt als Reaktion auf die Pershing-Stationierung.

1985

14. Febr.   Neuer sowjetischer MBFR-Vorschlag in Wien unterbreitet.
16. Aug.   Die Sowjetunion unterbreitet einen Vertragsentwurf zur
               friedlichen Nutzung des Weltraums.
19.–21. Nov.   Treffen Gorbatschows mit US-Präsident Reagan in Genf mit
               gemeinsamer Erklärung.

1986

15. Jan.   Erklärung Gorbatschows zu Abrüstungsfragen, Programm
               zur Beseitigung aller Kernwaffen bis zum Jahre 2000, Ver-
               längerung des Atomtest-Moratoriums.

11.–12. Okt.	Treffen Gorbatschows mit US-Präsident Reagan in Reykja-vik.

1987

28. Febr.	Gorbatschow schlägt separates Abkommen über den Abbau der Mittelstreckenwaffen in Europa vor (Abkoppelung von SDI).
10. April	Gorbatschow schlägt während eines ČSSR-Aufenthalts in Prag das Verbot aller chemischen Waffen sowie die Einbeziehung auch der Mittelstreckenraketen kürzerer Reichweite (500 – 1000 Kilometer) in die Abrüstungsverhandlungen vor (Doppelte Null-Lösung für Europa).